Daniela Böhle

SCHMETTERLINGE AUS MARZIPAN

Daniela Böhle (Jahrgang 1970) stammt aus Köln und lebt seit 1999 mit zwei Kindern in Berlin. Nach einem Kunstgeschichtsstudium und einem medizinischen Staatsexamen arbeitet sie heute beim Deutschen Zentrum für Luft- und Raumfahrt. Sie schreibt Romane, Kurzgeschichten und Hörspiele.

Bei Satyr sind von ihr erschienen:
- *Amokanrufbeantworter* (Geschichten: 2005)
- *Mein bisher bestes Jahr – Wer vorher nachdenkt, verpasst 'ne Menge* (Jugendbuch: 2016)
- *Überlebenstraining* (Roman, 2022)

DANIELA BÖHLE

SCHMETTERLINGE AUS MARZIPAN

ROMAN

SATYR VERLAG

Für meine Großmutter, die mir die Liebe fürs Backen mitgegeben hat, und für Meret, die den Staffelstab weiterträgt

Neuausgabe Januar 2023

Die Originalausgabe erschien 2019 im Deutschen Taschenbuch Verlag dtv.

www.satyr-verlag.de

Coverfoto: Susanne M. Riedel
Druck: AALEXX Druck Produktion, Großburgwedel

Der Druck dieses Buches erfolgte CO_2-neutral. Auf eine Folienkaschierung des Covers wurde ebenso verzichtet wie auf das einzelne Einschweißen des Buches.

Die Marke »Satyr Verlag« ist eingetragen auf den Verlagsgründer Peter Maassen.

ISBN: 978-3-947106-92-9

KIRSTENS REZEPT

Es gibt so viele Theorien darüber, wie lange man braucht, um über eine Trennung hinwegzukommen. Ein Jahr. Bis man jemand anderen kennengelernt hat. Genauso lang, wie man zusammen gewesen ist. Ich weiß nicht, wer diese letzte These aufgestellt hat, aber ich bin sicher, dass es ein Sadist war.

Seit ich aus unserem gemeinsamen Haus ausgezogen war – als mäßig bezahlte Krankenhaussekretärin hätte ich Christoph nie auszahlen und zum Auszug zwingen können –, war ein gutes Jahr vergangen, aber es fühlte sich an, als wäre es gestern oder höchstens letzte Woche gewesen. Ich war sicher, für Kirsten fühlte es sich länger an. Sie ist meine beste Freundin und hat mein Gejammer vom ersten Tag an ertragen.

Gerade als ich dachte, ich wäre es Kirsten schuldig, nicht erst in siebzehn Jahren mit dem Geheule fertig zu sein, sagte sie: »Ich muss dir was beichten.«

Wir saßen in unserem Wohnzimmer, in Leonhards und meinem, und Kirsten versuchte seit zwei Stunden, mich zu einer Freitagabendbeschäftigung aus der Wohnung zu locken. Leonhard war zu alt, als dass »Ich muss auf meinen Sohn aufpassen« noch ziehen würde, trotzdem fielen mir seit zwei Stunden Ausreden ein. Es war nicht das erste Wochenende, an dem Kisten sich anhören musste, dass ich mir nicht die Beine rasiert hatte, nicht die Augenbrauen gezupft, dass ich müde war, mir alternativ das linke, das rechte Knie oder beide wehtaten, dass ich ein gutes Buch lesen wollte. Meist endeten diese Abende damit, dass ich heulte, weil ich mich nur vergraben wollte, und gleichzeitig platzte vor Sehnsucht nach einem unbeschwerten Abend. Aber wie sollte ich jemals wieder einen unbeschwerten

Abend verbringen, wenn ich so herzlos gegen eine jüngere, schönere, schlankere Frau ausgetauscht werden konnte? Das war meist der Moment, in dem Kirsten kapitulierte. Dann sahen wir uns irgendeinen Mist im Fernsehen an, den man nur gemeinsam ertrug, ohne überzuschnappen, oder sie ließ mich mit einem Buch allein. Und danach stand ich den halben Abend auf meinem Crosstrainer, um mich am nächsten Wochenende endlich schlank und schön und begehrenswert zu fühlen und mit Kirsten die Stadt unsicher zu machen. Aber im Grunde meines Herzens glaubte ich nicht daran, dass dieses Wochenende jemals kommen würde.

»Was beichten?«, fragte ich. Ich fühlte mich sehr bang. Ich wollte nicht wirklich etwas wissen, was Kirsten mir beichten musste.

»Ich habe dich bei Doublecheck angemeldet, dieser Partnerbörse im Internet.«

Damit fing alles an. Es fing nicht an, als mich Christoph betrog oder als ich ihn dabei erwischte. Es fing nicht an, als ich mit unserem Sohn auszog. Damit endete etwas, sogar eine ganze Menge. Aber es war Kirstens Anmeldung, mit der die Geschichte anfing, die ich meine Geschichte nennen kann.

GNOCCHI

Mein Weg zur Arbeit war kürzer geworden, seit ich mit Leonhard ausgezogen war. Dafür bekam ich in der U-Bahn meist keinen Sitzplatz mehr.

Ich war schon viele Jahre Chefsekretärin, aber ich mochte es immer noch, auf dem Weg zur chirurgischen Station durch das hohe Steintor das Krankenhausgelände zu betreten. Nach dem Straßenlärm, der um den Platz vor dem Tor toste, war es dort ruhig wie in einer Kurklinik. Mit mir strömten wie jeden Tag Besucher und Angestellte durch das Tor, alle schweigsam und in morgendlicher Eile. Ich nickte dem Pförtner zu, der in dem breiten Durchgang seine Kabine hatte, und steuerte auf das Gebäude der chirurgischen Abteilung zu, das etwa hundert Meter die Allee hinunter auf der rechten Seite lag. Dort hatte ich mein Büro, das Vorzimmer von Professor Wolff, mit zwei f. Der Nebeneingang führte zur Ambulanz, dahin brachten die Krankenwagen die Notfälle, doch jenseits des Haupteingangs spürte man nichts von Hektik und Lebensgefahr. Ich nahm die Treppe zum ersten Stock.

»Guten Morgen!« Cindy aus der Buchhaltung grüßte immer so verblüfft, als würde sie morgens um acht noch nicht mit anderen Menschen rechnen.

»Hallo Cindy«, entgegnete ich und bog in mein Büro ab.

Professor Wolff war bereits in seinem Büro gewesen, denn auf meinem Schreibtisch lagen einige Zettel. Ich setzte mich und überflog sie, während ich den Computer startete. Eine der Nachrichten stammte von Dr. Burkhard-Stegemann, dem momentan einzigen Oberarzt der Abteilung. Ich spürte, wie sich mein Nacken verspannte. Ihm konnte man es schwer recht machen, und mir schien das noch schwerer zu fallen als anderen. »*Abtippen. B-S*« stand auf dem Post-it, das an einer Minikassette aus seinem Diktafon klebte. Die Wörter Bitte und Danke schienen ihm gänzlich unbekannt. Obwohl er nicht mein Chef war, würde ich seine Kassette wie immer als erste abtippen, aus Angst vor einem Wutausbruch. Ich verachtete mich für diese Angst, das ließ sie aber leider nicht verschwinden. Burkhard-Stegemann wurde nicht laut, wenn er sich ärgerte, er wurde gemein. Am besten war es, sich so weit wie möglich von ihm fernzuhalten. Normalerweise wäre ich als Chefsekretärin gar nicht zuständig für ihn, aber er hatte Professor Wolff erklärt, er sei kein Assistenzarzt und könne daher auch nicht die Schreibkraft der Assistenten nutzen. In ungefähr diesen Worten hatte es Professor Wolff an mich weitergegeben und mich dabei nicht ansehen können. Seitdem war ich Chef-und-Oberarzt-Sekretärin und den Launen von Burkhard-Stegemann ausgeliefert.

Nachdem ich drei der Zettel abgearbeitet hatte und mich gerade an die Minikassette machen wollte, betrat Professor Wolff mit schnellen Schritten mein Zimmer, hinter dem das seine lag.

»Guten Morgen«, grüßte er zerstreut und ich grüßte zurück. Die Besprechung war ebenso vorüber wie die Visite, sagte mir ein Blick auf die Uhr. Donnerstags begann sein Operationsprogramm später. »Die Seminarunterlagen liegen auf Ihrem Tisch«, sagte ich, »und die Zahlen habe ich Ihnen rausgesucht.«

Er sah mich überrascht an und ich musste lächeln. Inzwischen arbeitete ich schon so viele Jahre für ihn und er konnte mich für erledigte Arbeiten immer noch ansehen, als hätte mich das Christkind gebracht. Burkhard-Stegemann begegnete ich an diesem Tag nur kurz, als er in großer Eile seine Briefe aus seinem Fach holte. Ich hakte diesen Tag als guten Tag ab.

Auf dem Weg nach Hause kaufte ich für meinen Sohn und mich Gemüse und eine Packung eingeschweißter Gnocchi zum Abendessen. Leonhard war nicht zu Hause, als ich unsere gemeinsame Wohnung betrat. Seit ich mit Leonhard aus unserem Haus ausgezogen war, musste ich mit Platz ökonomisch umgehen. Wir hatten drei Zimmer – ein Zimmer für Leonhard, ein Zimmer für mich und ein Wohnzimmer. In die Küche passte gerade mal ein Tisch für zwei Personen, wir konnten also keinen Besuch bekommen, der zum Essen blieb, oder wir mussten Snacks auf dem Sofa anbieten.

Da Christoph in unserem Haus wohnen bleiben wollte, hatte er mich zur Scheidung abfinden müssen. Einen Großteil der Summe habe ich auf die hohe Kante gelegt und vom Rest unsere neue Einrichtung gekauft. Leonhard und ich waren gemeinsam zu Ikea gefahren. Dort hatte ich mich seit der Scheidung zum ersten Mal vielleicht nicht gerade glücklich, aber doch zufrieden gefühlt. Christoph hatte am liebsten Möbel aus Holz, hell oder dunkel, und über jede starke Farbe die Nase gerümpft. Deshalb waren meine zusammengewürfelten Billigmöbel allesamt auf dem Sperrmüll gelandet, als wir unser Haus bezogen. Wir waren jetzt erwachsen, wir waren jetzt Eltern, in unsere vier Wände kam nur Echtholz.

Ehe der Möbelwagen kam, um unsere restlichen Dinge und wenigen Möbel aus dem alten Haus in Leonhards und meine neue Wohnung zu transportieren, hatte ich die neue Küche gelb und den winzigen Flur hellblau gestrichen. »Jetzt fehlen nur noch Fische«, spottete Leonhard. »Meinst Du?«, hatte ich gefragt, als er das mit den Fischen gesagt hatte, und dann waren wir losgezogen, hatten bunte Farbe gekauft und gemeinsam Fische in den Flur gemalt. Sie wurden ziemlich hässlich und wir lachten viel, vielleicht zum ersten Mal, seit Christophs Betrug aufgeflogen war.

Leonhard hatte in den Wochen vor unserem Auszug seine Hausaufgaben lieber in der neuen, leeren Wohnung gemacht. Das Risiko, im Haus seinen Vater zu treffen, ging Leonhard nicht gern ein. Ich hätte mir gewünscht, unseren Sohn aus alldem heraushalten zu können. Kein Kind soll Partei für ein Elternteil ergreifen müssen, aber wie hätte das gehen sollen? Auf der einen Seite stand ich und auf der anderen sein Vater und dessen Französin. Ich nannte sie inzwischen sogar hin und wieder Fabienne, wenn ich an sie dachte. Fabienne war schwanger, wie ich von Leonhard wusste. Den Gedanken, ob das Kind demnächst Leonhards Zimmer bekommen würde, versuchte ich mir zu verbieten.

Das erste Möbelstück für Leonhards und meine Wohnung war ein knallrotes Sofa. »Augenkrebs, Mama«, hatte Leonhard bei Ikea gesagt und gegrinst. Ich hatte seinen Arm gedrückt und das rote Sofa ebenso liefern lassen wie einen grasgrünen Küchentisch und einen Wohnzimmerteppich aus bunten Quadraten. Dazu brauchte nicht einmal ich noch einen bunten Couchtisch. Die Quadrate leuchteten unter dem weißen Couchtisch besonders schön.

Während ich nun für Leonhard und mich Gnocchi zum Abendessen kochte, dachte ich an meinen Termin am nächsten Tag. Kirsten hatte behauptet, dass die Partnersuche im Internet mit den Fotos stehe und falle. »Ich kenn da ein Fotostudio, die machen die perfekten Fotos, wirst du sehen«, hatte sie gesagt und hinzugefügt: »Ich hab schon einen Termin gemacht, für Freitag.« Weil ich nicht undankbar sein und weil ich es nicht von vorneherein vermasseln wollte, hatte ich einfach nur genickt und »Okay« gesagt. Mir war es wie eine heroische Tat vorgekommen – mein erster Besuch in einem richtigen, professionellen Fotostudio. In diesem Moment wusste ich noch nicht, dass in den kommenden Wochen und Monaten noch viel heroischere Taten von mir verlangt werden würden.

HONIGKUCHEN

Um es kurz zu machen: Ich habe Fotos bekommen. Dass es zwei geschlagene Stunden gedauert hat und die Fotografin vermutlich danach über einen Berufswechsel nachgedacht hat, brauche ich nicht zu erwähnen. Obwohl das Eisbärenfell eigentlich schon eine Erwähnung wert wäre: Ich hätte mich nicht daraufgelegt, wenn ich nicht vorher eine erfolglose Stunde auf fünf verschiedenen Sitzgelegenheiten verbracht hätte. Eine davon war eine Sprossenwand, die eigentlich gar nicht als Sitzgelegenheit gezählt werden darf. Wie fühlt man sich wohl, wenn eine dünne, gelenkige Frau freundlich sagt, klettern Sie mal die Sprossenwand zur Hälfte hoch und setzen sich so seitlich hin? Ich jedenfalls bin zur Hälfte hochgeklettert. Dann habe ich meinen nicht richtig fetten, aber auch wirklich nicht dünnen und auf keinen Fall sprossenwanddünnen Hintern so zwischen die Rundhölzer zu quetschen versucht, dass es hält. Die dünne Fotografin, deren Hintern glatt durchgeflutscht wäre, starrte mich die ganze Zeit sorgenvoll an. Mehrmals öffnete sie den Mund wie ein Fisch, so als wolle sie etwas sagen, wüsste aber nicht genau, was. Währenddessen versuchte ich mein Bestes. Längst war ich über den Punkt hinweg, an dem ich sagen konnte, »haha, lustig, eine Sprossenwand! Und wohin soll ich mich jetzt *wirklich* setzen?« Die riesigen schwenkbaren Lampen leuchteten nach jedem Positionswechsel mein Elend aus.

»Das ist wirklich schon ganz toll«, hörte ich die Fotografin sagen, als sie mich in der Sprossenwand hängen sah, »aber vielleicht ist der Hocker hier noch toller!«

Die Fotos auf der Sprossenwand sind genauso mies geworden wie die, auf denen ich auf diesem einbeinigen Hocker balanciere.

Der wog weniger als meine Nur-Brieftasche-Taschenspiegel-und-Lippenstift-Handtasche und schwankte wie ein Hochseeschiff, weswegen ich ständig Grimassen zog. Die arme Fotografin zeigte mir viele Male geduldig, wie einfach es ist, auf dem Hocker zu sitzen, wenn man das Gewicht eines Goldhamsters hat. Alles, was sie damit erreichte, war, dass ich mich alt und dick fühlte. Und mich ständig entschuldigte, weil ich das alles nicht so gut konnte wie die Fotografin. Die sich dann wiederum zurückentschuldigte, weil sie einfach nicht »meine Herzensposition« fand. Den schlimmen Höhepunkt bildete dann das Eisbärenfell.

Schließlich hatte die Fotografin eine unerwartet brillante Idee und machte mir vor, was ich tun sollte. Das war so irrwitzig, dass ich richtig gute Laune bekam: Die Fotografin nahm Marilyn-Monroe-Posen ein, die in dünn wie eine Karikatur aussahen – sie streckte ihren kleinen Po raus, machte einen Schmollmund und warf der Kamera Handküsse zu. Es sah sehr merkwürdig aus, aber auch sehr lustig, und immerhin dachte ich zum ersten Mal, aha, das kann ich besser. Ich streckte also meinen entschieden Marylin-mäßigeren Hintern Richtung Kamera, verdrehte mich, warf Kusshände und grinste die ganze Zeit wie ein Honigkuchenpferd auf Drogen. Es wurden richtig gute Fotos.

Als ich nach der Fotosession in meine Wohnung kam, blinkte mich der Anrufbeantworter im Wohnzimmer an. Ich drückte auf »abspielen« und fuhr dann den Computer hoch. Kirstens verzerrte Stimme schepperte durch den Raum. »Ruf mich an, wenn du zurück bist! Du musst mir erzählen, wie es bei der Fotografin war!« Ich atmete tief durch, während ich mein Passwort in den Computer eingab. Leise brummend las der Computer die Foto-CD, dann lud ich zwei Bilder auf meine Profilseite. Glücklicherweise war alles sehr unkompliziert. Ich nahm an, dass das zum Erfolgsrezept des Internetportals gehörte – alles musste einfach genug sein, dass sogar Computerungeübte wie ich das allein schafften. Nachdem ich fertig war, rief ich Kirsten zurück.

»Ich habe Bilder reingestellt«, sagte ich.

»Brav«, antwortete Kirsten.

Ich konnte sie vor meinem inneren Auge sehen, wie sie mit dem Telefon am Ohr am Fenster stand. Sie wohnte in der Sanderstraße an der Grenze zwischen Kreuzberg und Neukölln und genoss die ruhige Seitenstraße, nur wenige Schritte vom Trubel entfernt. In der einen Richtung landete man am Kottbusser Damm, in der anderen am Maybachufer, man konnte sich also jederzeit zwischen Stadttrubel oder Naturtrubel entscheiden. An schönen Tagen saßen Kirsten und ich oft auf dem Deck der »Ankerklause«, einer Gaststätte auf einem Schiff, das genau dort lag, wo sich Kottbusser Damm und Maybachufer trafen. Dort konnte ich vergessen, dass ich in einer Großstadt war, und fühlte mich gleichzeitig so sehr in Berlin wie an wenigen anderen Orten.

Eine knappe Stunde später klingelte es und Kirsten stand vor der Tür. »Es gibt noch etwas Wichtiges zu tun«, sagte sie beim Eintreten. Zu einem anderen Zeitpunkt hätte es mich deprimiert, dass sie, ohne vorher anzurufen, davon ausgegangen war, dass ich den Freitagabend zu Hause verbringen würde. Heute aber war ich zu neugierig.

Ich hatte mir schon gedacht, dass meine Freundin mich nicht ganz uneigennützig bei dieser Partnerbörse angemeldet hatte. Kirsten schreibt für das Apotheken-Journal und wenn sie genug hat von Artikeln über Verstopfungen oder Lungenkrebs, dann schreibt sie das, was sie »buntes Zeug« nennt, zum Beispiel Reportagen über Hobbygärtner, filzende Selbsthilfegruppen oder eben Partnerbörsen im Internet. Darüber spricht sie immer abfällig, aber ich kenne sie lang genug und weiß, dass sie ein perverses Vergnügen an diesem bunten Zeug hat.

»Nina!«, rief sie gekränkt, als ich sie fragte, ob das Apotheken-Journal eigentlich meine Mitgliedsgebühr bezahlte, aber sie bekam verräterische rote Flecken im Gesicht und ich wusste, dass ich ins Schwarze getroffen hatte.

»Willst du über hoffnungslose Fälle schreiben?«, fragte ich.

Kirsten schüttelte den Kopf und sah ein wenig hilflos aus. »Hör doch mal damit auf«, sagte sie. »Ich kann echt nicht mehr hören, wie du über dich redest. Lass uns lieber dein Profil vervollständigen.«

Wir setzten uns nebeneinander vor meinem Computer. Ich dachte daran, wie oft ich mich in meinem Leben einfach nur hatte treiben lassen, und gab mir einen Ruck.

»Das ist die wichtigste Seite, quasi dein Aushängeschild, also gibt dir Mühe!«, sagte Kirsten, während sie die einzige Fragebogenseite aufrief, die ich noch ausfüllen musste. Auf den anderen Seiten hatte sie schon alles für mich angekreuzt: ob ich lieber in die Berge oder lieber ans Meer reise, wie viel ich verdiene – hatten wir darüber jemals gesprochen? –, wie wichtig mir Sex ist – darüber hatten wir ganz sicher nicht gesprochen! –, wie viele Kinder ich habe und weitere Fragen in der Art.

»›Wie sieht ein perfekter Tag für Sie aus?‹. Das ist die erste Frage. Hier kann man nichts ankreuzen, hier musst du jetzt kreativ sein.« Kirsten sah mich herausfordernd an.

Mein Gehirn streikte umgehend. Auf die anderen Fragen fiel mir auch nichts Geistreiches ein: »Was würden Sie auf eine einsame Insel mitnehmen?«, »Welches Tier wären Sie gern?«, »Was ist Ihnen besonders wichtig und was können Sie überhaupt nicht leiden?«.

Kirsten öffnete eine Flasche Weißwein, während ich mir den Kopf zerbrach. Es dauerte fast drei Gläser, bis wir schließlich einige Antworten zusammengebastelt hatten, die uns beiden gefielen.

Meine Freundin Kirsten kenne ich seit meinem Studium vor gefühlt hundert Jahren. Wir haben beide Biologie studiert, ich hatte das in der Schule immer gemocht. Das fällt mir immer nur ein, wenn ich mich zu erinnern versuche, seit wann ich Kirsten kenne, denn außer Kirsten ist mir von dem Studium nichts geblieben. Ich bin im letzten Jahr meines Studiums schwanger geworden und habe auf den letzten Drücker mein Examen gemacht. Dann kam mein Sohn Leonhard. Und danach – ich weiß, das klingt total dämlich, aber ich hatte einfach keinen Mut mehr. Ich hatte einfach nicht mehr den Mut, mich als Biologin irgendwo zu bewerben. Ich hatte nie einen echten Berufswunsch in diese Richtung gehabt – ich wollte nicht für eine Naturschutzorganisation arbeiten, nicht in der Forschung oder im Institut für Risikobewertung. Ich wollte auch nicht die Wasserqualität der Berliner Gewässer überprüfen. An solchen Orten landeten meine Studienkollegen. Ich hatte auch nie schreiben wollen wie Kirsten. Kirsten hatte gleich nach dem Studium angefangen, für Zeitungen zu arbeiten, für Wissenschaftsseiten vor allem. Schließlich war sie beim Apotheken-Journal gelandet und ist bis heute ziemlich zufrieden damit. Ich kann Leonhard prima den Unterschied zwischen Ionenbindungen und Disulfidbindungen erklären oder welche biologischen Prozesse besonders viel ATP verbrauchen, aber mehr habe ich eben nie daraus gemacht.

In der Tür stellte sich Kirsten in Positur und wackelte unternehmungslustig mit dem Kopf. »Wann kann ich vorbeikommen und mit dir Briefe lesen? Oder gibst du mir deine Zugangsdaten?«

»Bist du verrückt?«

»Komm schon«, sagte Kirsten und fingerte eine Zigarette aus ihrer Tasche. »Eine Hand wäscht die andere, du findest einen Mann und ich befriedige meine Neugier!«

Ich musste lachen. »Ich denk drüber nach«, sagte ich.

ERDBEERSCHOKOLADE

Als ich Samstagmorgen auf der Wohnzimmercouch zum ersten Mal meine Doublecheck-Seite aufrief, war ich aufgeregt wie schon lange nicht mehr. Obwohl ich darauf gehofft hatte, erschrak ich, als ich sah, dass tatsächlich Nachrichten eingegangen waren. Ich starrte die Seite mit den kleinen Brief-Symbolen sehr lang an und konnte mich nicht dazu durchringen, eines davon anzuklicken. Was genau ich fürchtete, hätte ich nicht sagen können. Enttäuschung? Leistungsdruck? Ob die Männer wohl sehen konnten, wenn ich ihre Mail gelesen hatte? War das technisch möglich? Noch während ich darüber nachdachte, bemerkte ich das kleine grüne Feld, das allen Doublecheck-Mitgliedern zeigte, dass ich online war. Reflexhaft schloss ich den Deckel des Laptops. Ich atmete ein paarmal tief durch, dann öffnete ich ihn wieder. Das Programm hatte mich aus Sicherheitsgründen rausgeworfen und ich musste mich neu einloggen. Es half wohl nichts – wenn ich die Mails abrufen wollte, musste ich in Kauf nehmen, dass die Absender es mitbekamen. Misstrauisch prüfte ich, ob die schwarze Pappe, die Leonhard vor ein paar Monaten vor die Linse meiner Laptopkamera geklebt hatte, noch hielt. Das tat sie. Selbst ein Hacker würde mich also nicht sehen können.

Ich brauchte zur Gesellschaft dringend eine Tafel Erdbeerschokolade. Kurz dachte ich darüber nach, ob ich die Tür zu meinem Zimmer öffnen sollte, um den direkten Blick auf meinen Crosstrainer zu haben. Ein Schreibtisch befand sich dort nur deswegen nicht, weil sonst mein monströses Sportgerät nicht hineingepasst hätte. Und ohne das hätte ich es längst aufgegeben, gegen meine zusätzlichen Pfunde anzukämpfen. Die Vorstellung, dass ich für jede Tafel Schokolade den halben Abend auf dem Crosstrainer verbringen musste, hielt mich in der Regel erfolgreich von einer zweiten Tafel ab.

Ich brach die Schokolade in Riegel und legte sie neben den Computer, den ersten schob ich in einem Stück in den Mund. *»Hallo Unbekannte«*, las ich. *»Mir gefällt dein Profil. Ich heiße Torsten und wohne in Tempelhof. Ich freue mich über Post.« »Hallo Unbekannte«*, fing auch die nächste Mail an. *»Ich habe bei dir sofort eine große geistige Nähe gespürt. Ich bin Wassermann mit Aszendent Waage. Willst du mir deine Kombination schicken? Viele Grüße, Werner.«* Ich seufzte.

»Liebe Doublecheckerin! Als Controller für eine große IT-Firma habe ich in den letzten Jahren so viel gearbeitet, dass mein Privatleben auf der Strecke geblieben ist. Das soll sich nun ändern! Ich suche eine verwandte Seele für gemeinsame Unternehmungen. Könntest du diese verwandte Seele sein? Viele Grüße, Jochen.«

Ein vierter Mann wünschte sich neben meinem Foto auch das meines Sohnes. Mich schauderte und ich fand instinktiv die Taste, mit der ich den Absender sperren konnte. Es fühlte sich unangenehm an, sie zu betätigen, und kurz bedauerte ich, die Mail nicht einfach nur ignoriert zu haben. Würde der unheimliche Mann jetzt wütend auf mich sein? Konnte er herausfinden, wer ich war und wo ich wohnte? Ich schalt mich einen Trottel: Selbst wenn er ein Computergenie wäre und ihm das gelingen würde – was sollte er tun? Mein Stalker werden, nur weil ich ihn bei Doublecheck abgelehnt hatte? Mal ehrlich – wer würde denn bei so einer Frage den Knopf *nicht* drücken? Trotzdem brauchte ich eine Weile, um mich wieder zu beruhigen.

Die fünfte Mail stammte von einem Arzt, der sympathisch klang, aber fünfzehn Jahre älter war als ich und im nächsten Monat wegen eines Jobwechsels nach München ziehen würde. Nur der Schreiber »Wassermann Aszendent Waage« hatte sein Foto freigegeben. Ich blickte auf einen blonden Haarkranz und eine gestreifte Weste über einem weißen Hemd.

Ich dachte gerade darüber nach, wie vollgestopft mein Kopf

mit Klischeevorstellungen war, beispielsweise bezüglich gestreifter Westen, als Leonhard nach Hause kam. Immerhin hatte unsere Wohnung einen winzigen Flur, sodass ich keinen Herzkasper bekommen musste, als ich seinen Schlüssel im Schloss hörte. Ich hatte also noch Zeit, hektisch den Laptopdeckel zuzuklappen, ehe er die Wohnzimmertür öffnete.

»Mama!« Auch er schien nicht gerade begeistert zu sein, mich zu sehen.

Mein Sohn Leonhard schlägt ziemlich nach meinem Exmann. Er ist groß und schlank, nur sein Kinn ist weniger kantig. Vermutlich denken die meisten Mütter, dass ihre Söhne gut aussehen, aber meiner sieht wirklich gut aus. Von mir geerbt hat er die vollen Lippen, die er nun kräuselte. Er fuhr sich nervös durchs dunkle Haar. Leonhard war zu lang nicht mehr beim Friseur gewesen, dachte ich. Und dann: Warum um alles in der Welt ist er so nervös wie seine Mutter bei der Partnersuche? Hinter ihm tauchte der Grund für seine Nervosität auf.

»Hallo!« Das Mädchen und hob die Hand ein wenig, um so etwas wie zu winken.

»Hallo«, antwortete ich lahm und sah meinen Sohn an.

»Das ist Diana. Diana, meine Mutter«, sagte Leonhard.

Wir lächelten uns vorsichtig an und sagten noch einmal »Hallo!«. Diana war einen halben Kopf kleiner als mein Sohn und damit knapp größer als ich. Das blonde Haar fiel ihr glatt auf die Schultern. Unscheinbar, dachte ich, bis sie lächelte. Sie hatte eine Lücke oben zwischen den Vorderzähnen, was mich schlagartig für sie einnahm. Ich hatte lang kein junges Mädchen mehr gesehen, das in der Pubertät nicht aufhörte zu essen, sich nicht die blond gefärbten Haare wachsen und nicht die Zähne regulieren ließ, um einem fragwürdigen Schönheitsideal zu entsprechen.

»Kommt rein«, sagte ich und warf einen besorgten Blick auf den Laptop, als könne er mich verraten.

»Wir wollten nur schnell etwas holen.«

Ich kenne meinen Sohn lang genug, um zu erkennen, dass er log. Aber so schlecht lügen wie er konnte ich schon lange.

»Ich muss noch einkaufen«, sagte ich und stand auf. »Brauchst du noch was aus dem Supermarkt?«

Leonhard schüttelte stumm den Kopf.

»Alles klar, wir sehen uns.« Ich und ging an ihnen vorbei in den Flur. Dort griff ich zu dem kleinen verschnörkelten Schlüsselschrank von meiner Großmutter, in dem ich diebesfreundlich sowohl meinen Schlüssel als auch meine Geldbörse aufbewahrte. Aus der Kommode holte ich einen Einkaufsbeutel, dann öffnete ich die Tür und zog sie leise hinter mir zu.

Als ich auf der Straße stand, war ich richtiggehend fassungslos über mich. War ich gerade aus meiner eigenen Wohnung geflüchtet, damit mein kaum volljähriger Sohn mit seiner neuen Freundin ungestört sein konnte? Ja, das war ich. Ich wusste nicht, wie das andere Mütter machten und weiß es bis heute nicht: Wie geht man halbwegs angemessen mit der Tatsache um, dass aus einem Wickelkind ein Erwachsener wird? Klar, das passiert nicht über Nacht, wenn es aber so weit ist, kommt es einem so vor! Und ich kann nur sagen: Einen Mitbewohner zu haben, dem man früher einmal die Windeln gewechselt hat, ist schwieriger, als man denkt. Zunächst einmal ist man immer doppelt betroffen, beispielsweise wenn er das Badezimmer nicht putzt. Das nervt, weil man alles selber machen muss, gleichzeitig fragt man sich: Hätte ich ihm das nicht beibringen müssen? Ist das im Grunde mein Fehler? Und dann erinnert man sich, dass man das dem Erwachsenen, mit dem man eine Windelvergangenheit teilt, sehr wohl beigebracht hat, und das schlechte Gewissen verwandelt sich in leise Wut. So jedenfalls war das bei mir. Ich mochte meinen Sohn und ich mochte, dass er erwachsen war, aber ich schwankte zugleich ständig zwischen schlechtem Gewissen und Verärgerung.

Und dann war da noch diese andere Sache. Das Privatleben meines Sohnes. Wenn Kinder klein sind, bringt man ihnen Obst ins Zimmer, wenn sie Besuch von Freunden haben. Wenn die Freunde zum Abendessen bleiben, lässt man sich am Esstisch Geschichten aus der Schule und von der Familie erzählen, man gibt Aufräumanweisungen, ehe der Kinderbesuch aufbricht, und wenn sie sich verkrachen, gibt man Ratschläge. Rollenbeschreibung: Versorgerin, Coach, Chefin. Diese Rollen nach so vielen Jahren auf einmal aufzugeben und meinen Sohn mit seinem Besuch ganz einfach in Ruhe zu lassen, fiel mir schwer.

Die Abendsonne stand tief und beleuchtete die Häuser sonderbar unwirklich. An unserer Wohnung mag ich nicht zuletzt, dass wir wunderbar ruhig wohnen und dennoch innerhalb weniger Minuten mitten im südberliner Einkaufstrubel sein können. Heute allerdings war mir nicht nach so vielen Menschen zumute, ich hatte ein zu großes Durcheinander im Kopf. In solchen Fällen wähle ich den Supermarkt am nördlichen Rand des Einkaufstrubels. Zwar mag ich weder die mürrischen Kassiererinnen noch die hohen Preise für so ziemlich alles, was wir regelmäßig brauchen. Dafür gefällt mir, dass der Supermarkt quer durch einen Wohnblock zwei Straßen miteinander verbindet, die Bundesallee und die Rheinstraße. Ich fühle mich immer ein wenig wie in einem Zaubertrick gefangen – Nina tritt durch den Spiegel und kommt in einer anderen Stadt wieder heraus. Zugegeben, weder Bundesallee noch Rheinstraße sahen aus wie eine Feenwelt, aber es ist dennoch immer wieder ein sonderbares und wirklich gutes Gefühl.

Nachdem ich eine halbe Stunde im Supermarkt herumgelungert und ein paar Schritte auf die Rheinstraße gemacht hatte, kehrte ich in den Supermarkt zurück und zahlte auf der Bundesallee-Seite. Die Kassiererin war weniger mürrisch als sonst, was ich als gutes Omen wertete. In meinem Einkaufsbeutel brachte ich ein Glas Kirschen, eine Dose Tomaten und eine Dose Pfirsiche mit nach Hause.

Die Luft war inzwischen wieder rein und ich loggte mich sofort bei Doublecheck ein. Ich hatte zwei neue Mails. »*Hallo Unbekannte*«, begann die erste. »*Dein Profil gefällt mir gut. Ich bin auch gern in den Bergen. Aber ich bin beruflich so viel unterwegs, dass ich in meiner Freizeit am liebsten in meinem Garten bin. Ich kann über mich sagen, dass ich ein guter Gärtner bin. Ich habe dir mein Foto freigeschaltet. Viele Grüße, Michael.«* Michael trug auf seinem Foto Schnäuzer und kurze Hosen. Ich saß lang vor diesem Foto und dachte nach. Ich hatte das Gefühl, eine Grundsatzentscheidung treffen zu müssen. Wollte ich dumme Äußerlichkeiten entscheiden lassen?

Mit einem weiten Sprung tauchte ich kopfüber in eine Zeit ein, die ich lang vergessen zu haben glaubte. Ich war fünfzehn und schrecklich verliebt in Thomas Kübler. Der ging in meine Klasse und ich konnte richtig mit ihm reden, so wie mit keinem anderen Jungen. Er war ziemlich dick, aber ich kann mich nicht erinnern, dass er deswegen jemals gehänselt worden wäre. Im Sportunterricht wurde er immer als Letzter gewählt, aber das scheinen wir alle so hingenommen zu haben, einen Jungen im Stimmbruch hätte man ja auch nicht für den Chor ausgesucht. Wenn Thomas zuhörte, lehnte er sich nach vorn, stützte sich mit den Unterarmen auf die breiten Oberschenkel und sah so konzentriert aus, als dürfe er keines meiner Worte verpassen. Er selber sprach leise, aber mit einer wunderbar dunklen Stimme. Die hatte er nicht immer gehabt, aber an seine Kinderstimme konnte ich mich nicht erinnern. Vor und nach der Schule saßen wir auf der großen Freitreppe, die zum Schulgebäude hinaufführte, einem mächtigen Backsteinbau. Thomas wartete dort immer auf mich, immer auf der obersten Stufe. Fast einen Monat lang traf ich mich dort jeden Morgen mit ihm und auch nach dem Unterricht hatten wir es nicht eilig, nach Hause zu kommen. Ich hatte jeden Tag mehr Herzklopfen. Schließlich kam der Tag, an dem er vorschlug, mich nach Hause zu bringen. Inzwischen träumte ich nahezu Tag und Nacht davon, den ersten Kuss von ihm zu bekommen. Heute würde es so weit sein, dachte ich, als wir nebeneinanderher gingen.

Meine Mutter öffnete die Tür, als ich mich gerade zu Thomas drehen wollte. Offenbar hatte sie mich durchs Fenster schon kommen sehen, die Haustür gehört und gewartet, bis wir vor der Wohnungstür standen. Ich fühlte mich, als hätte ich einen Schlag in den Magen bekommen. Wenn ich mich jetzt ihm zugewandt hätte, hätte mich Thomas ganz bestimmt geküsst, und das vor meiner Mutter. Eigentlich hätte sie gar nicht zu Hause sein dürfen, dienstags um diese Zeit war sie immer schwimmen. Doch nun stand sie in der Tür und musterte Thomas.

»Komm rein, Annette«, sagte sie mit eisiger Stimme, ohne den Blick von ihm abzuwenden. Annette nannte mich nur meine Mutter. Und weil sie es so sagte, wie sie es tat, konnte ich nicht einmal sagen »Das ist Thomas, Mama«. Ich flüsterte nur »Bis morgen« und glitt in die Wohnung.

»Was war das?«, fragte meine Mutter, als sie die Tür hinter uns geschlossen hatte. Mit »was« meinte sie ganz offensichtlich Thomas.

»Thomas.«

»Woher hast du den?«, fragte sie.

»Er geht in meine Klasse.«

»Das ist kein Umgang für dich«, sagte sie. Und dann würgte sie sie nahezu hervor: »Was hat dieser Junge für Eltern, dass sie ihn so mästen?«

Das war das Lebensthema meiner Mutter: das Fettsein. Unter dieser Flagge bin ich mein Leben lang gesegelt.

Bis heute wünsche ich mir verzweifelt, ich könnte die Uhr zurückdrehen und vor der Tür mit fester Stimme sagen: »Das ist Thomas, Mama.« Dann würde ich mich zu ihm drehen, »Bis morgen« sagen und ihm einen Kuss auf die Lippen drücken. Doch meine Mutter war, wie sie war, und Gleiches galt für mich. Seit jenem Tag habe ich nicht mehr mit Thomas gesprochen. Ich nickte ihm nur noch zum Gruß zu, und er war nicht der Typ, der mich zur Rede gestellt hätte. Ich würde gern sagen, dass es mir danach jedes Mal wehgetan hat, wenn ich Thomas begegnet bin. Aber es war, als hätte meine Mutter all meine Gefühle mit einer einzigen harschen Handbewegung vom Tisch gewischt. Als würde ich von ihr ferngesteuert. Heute tat mir das alles weh. Immerhin jetzt, nach all den Jahren, konnte ich das spüren.

Da saß ich nun vor meinem Computer und erinnerte mich an Thomas Kübler und meine ganze Erbärmlichkeit. Ich hörte meine Mutter hinter mir flüstern »Das ist kein Umgang für dich!« und klickte Michael mit dem Schnäuzer weg. Nachdem ich einige Male tief durchgeatmet und meine Mutter innerlich so weit von mir fortgeschoben hatte, wie es nur ging, öffnete ich das nächste Profil und las mir die zweite Mail durch.

»Liebe Unbekannte«, schrieb der Absender. *»Auch ich kann wohl als Einziges nicht auf meinen Sohn verzichten – aber auf die einsame Insel würde ich ihn nicht zwingen, mitzukommen. Wenn wir zusammen dort wären, könntest du mir mit dem Werkzeugkasten aushelfen und ich dir mit Feuer: Ich habe nämlich Streichhölzer dabei. Was hältst du davon? Viele Grüße, Peter.«* Peter bezog sich auf die Startseite meines Profils, auf der ich mit Kirstens Unterstützung notiert hatte, was ich auf eine einsame Insel mitnehmen würde. Es klingt albern, aber bei dieser Mail dachte ich: der oder keiner. Ich holte mir eine zweite Tafel Schokolade aus dem Schrank, legte sie aber wieder zurück. Das Putzzeug habe ich nicht wieder zurückgelegt und nach einer Stunde sah die Wohnung tipptopp aus. So etwas nennt man, ich weiß es als Biologin, Übersprungshandlung. Ich habe es nicht geschafft, Peter zu antworten.

In der Nacht träumte ich aus vermutlich total komplizierten und tiefsinnigen Gründen von zwei gefährlichen Schafherden, die mich von rechts und links von den Schienen zu schubsen versuchten, auf denen ich lief. Unterhalb der Schienen gähnte ein tiefer Abgrund, in den ein monströser Wasserfall hinunterbrodelte. Noch im Fallen wachte ich auf.

Ich dachte an das, was ich am Tag zuvor erlebt hatte. Eigentlich war wenig mehr als nichts passiert, trotzdem fühlte es sich an, als befände ich mich auf einem Weg. Ob es ein guter Weg war, würde sich noch zeigen.

KANTINENESSEN

Ich saß noch keine Stunde im Krankenhaus am Schreibtisch als klar wurde: Dieser Freitag war mir nicht so gewogen wie die vergangenen Arbeitstage. Burkhard-Stegemann stand mit zwei Briefen vor mir und funkelte mich an. Ich hatte diese Briefe noch nie gesehen und das war offenbar das Problem.

»Warum finde ich diese Briefe im Fach von Zielinski?«, herrschte er mich bereits zum zweiten Mal an.

»Ich weiß es nicht«, sagte ich. »Wenn ich die Briefe dort versehentlich abgelegt habe, tut es mir leid.«

»Es tut Ihnen leid, ja?« Sein Gesicht verzog sich zu einer höhnischen Grimasse.

Ich war so verschreckt, dass ich seine Emotionen schon gar nicht mehr sicher benennen konnte. Trotzdem versuchte ich, nach außen hin Fassung zu bewahren. »Es wird nicht mehr vorkommen, Herr Dr. Burkhard-Stegemann«, gelang es mir zu sagen. Hinter ihm tauchte Professor Wolff auf. »Hier stecken Sie, Burkhard-Stegemann«, rief er. »Kommen Sie, ich will, dass Sie sich das Lungen-CA ansehen, wir haben gerade die Bilder bekommen.«

So linkisch mein Chef in persönlichen Dingen war, so souverän war er in chirurgischen. Ohne ein weiteres Wort drehte sich Burkhard-Stegemann um und folgte ihm. Aber ich war sicher, dass der Vorfall mit dem Brief damit nicht erledigt war.

Stunden später, auf dem Weg zur Kantine, durchquerte ich den Flur der Röntgenabteilung. Als ich um die Ecke bog, schrak ich zurück. Burkhard-Stegemann stand vor Kabine drei und plauderte mit einer der Röntgenassistentinnen. Doch er hatte mich bereits gesehen und ich konnte nicht mehr umkehren.

Den Blick auf mich gerichtet, sagte er etwas zu der Assistentin und beide lachten. Da mir die junge Frau daraufhin einen verstohlenen Blick zuwarf, war ich sicher, dass sie über mich gesprochen hatten. Mit hölzernen Bewegungen stakste ich an den beiden vorbei, mein Gesicht brannte.

Ich hasse den Oberarzt, ich hasse ihn, dachte ich während des Essens wieder und wieder. Ich hätte hinterher nicht sagen können, was es eigentlich zu essen gegeben hatte. Und gebracht hatte mir dieser Gedankenstau rein gar nichts.

Auf dem Weg nach Hause hoffte ich auf freundliche Post. Auf Post von ein paar weiteren Peters. Vielleicht würde mich das aufmuntern.

Ein Joachim hatte geschrieben. Er wollte sich mit mir auf dem Minigolfplatz verabreden, das nahm mich für ihn ein. Dann rief Kirsten an.

»Wie läuft es?«, fragte sie in einem Ton, als wäre sie bei einem besonders aufregenden Pferderennen und ich ihr bestes Pferd auf der Bahn.

»Ich bekomme Post«, sagte ich lahm.

»Details«, forderte Kirsten.

»Drei Männer haben markiert, dass ihnen mein Profil gefällt, und einer hat geschrieben«, berichtete ich folgsam und las vor: *»Hallo Unbekannte. Ich habe gelesen, dass du gern Minigolf spielst. Was hältst du davon, dich mit mir zu einem Spiel zu verabreden? Ich glaube, ich habe das letzte Mal als Kind gespielt, aber mit etwas Glück ist das wie mit dem Fahrradfahren und man verlernt es nicht. Ein paar Worte zu mir: Ich arbeite in einem großen Handelsunternehmen in der Personalabteilung. Das klingt vielleicht trocken, aber ich arbeite gern mit den vielen unterschiedlichen Menschen zusammen. Ich habe gesehen, dass du in der Krankenhausverwaltung arbeitest. Das klingt interessant! Viele Grüße, Joachim.«*

»Der geht ja mächtig ran«, sagte Kirsten und ich hörte heraus, wie viel Spaß ihr die ganze Sache machte.

»Ich finde, er klingt nett«, sagte ich.

Kirsten machte zustimmende Geräusche. »Wirst du dich mit ihm verabreden?«, fragte sie.

»Bist du verrückt?«

»Ich dachte ja, dass es genau darum geht. Hast du dir sein Profil angesehen?«

Ich nickte, obwohl sie das nicht sehen konnte. »Nett«, sagte ich. »Aber irgendwie nichtssagend. Also ich meine, ich kann mir den Menschen dahinter nicht richtig vorstellen«, beeilte ich mich zu sagen. Der Gedanke, dass sich Männer mein Profil ansehen und »irgendwie nichtssagend« denken könnten, machte sich in mir breit und versperrte mir die Sicht.

»Überleg es dir, und halt mich bitte auf dem Laufenden«, sagte Kirsten. Das klang mehr wie eine Anweisung als wie eine Bitte. Ich versprach es und legte auf.

Leonhard hatte eine Nachricht auf dem Wohnzimmertisch hinterlassen, er würde bei Diana übernachten. Ich hatte seine Handynummer, verzichtete aber darauf, ihn anzurufen, um nachzufragen. Was hätte ich auch fragen sollen? Wo das genau war, damit ich mit Dianas Eltern sprechen konnte? Wohnte Diana überhaupt noch bei ihren Eltern?

Den Abend verbrachte ich mit einem Buch im Bett, nachdem ich eine halbe Stunde auf dem Crosstrainer Sport gemacht und dabei ferngesehen hatte. Irgendwo hatte ich mal gelesen, dass man beim Fernsehen weniger Kalorien verbraucht als beim einfachen Herumsitzen.

FRANKFURTER KRANZ

Das Wochenende hatte begonnen. Es war richtig warm, die Sonne schien gleißend durch mein rotes Lamellenrollo und ich konnte Zeit verplempern, so lange und wie es mir gefiel. Zehn Minuten nach diesem Gedanken saß ich in meinem Lieblingsschlafanzug wieder am Computer. Er war lila-weiß gestreift und unförmig. Das war rasend bequem, aber ich hoffte, dass Leonhard nachts nicht überraschend mit Diana nach Hause gekommen war.

Zum Wochenende kam offenbar mächtig Bewegung in die Doublecheck-Gemeinde. Ich bekam einen richtigen Schreck, als ich sah, wie viele Mails eingegangen waren. Schon der Gedanke, mir zu all diesen Männern eine Meinung bilden zu müssen, setzte mich unter Druck.

Ein Teil der Zuschriften bestand nur aus der Bemerkung *»Mir hat dein Profil gefallen, schreibst du mir?«*. Aber es gab auch fünf persönlichere Mails, auf die ich eigentlich antworten sollte. Eine Seite von mir freute sich über die Zuschriften, eine andere fühlte sich mehr als überfordert. Wenn ich nicht bald anfing, zu antworten, würde mich die schiere Arbeitsmenge lähmen, die dann vor mir liegen würde.

»Ich habe dir meine Fotos freigeschaltet. Deine Fotos würde ich auch gern sehen«, las ich. Ich hätte etwas gegeben für einen Mann, der geschrieben hätte: *»Egal wie du aussiehst, Charakter ist entscheidend.«* Aber so dachte ich selbst ja auch nicht.

Nachdem ich sämtliche Mails im Postfach mehrmals gelesen hatte, ging ich duschen. Und putzte mir die Zähne. Und zog mich an. Als ich mich bei dem Plan ertappte, die perfekt geputzte Wohnung ein zweites Mal innerhalb von knapp vierzehn

Stunden zu putzen, schüttelte ich mich wie ein nasser Hund. Es wurde Zeit, zumindest Peter zu antworten.

Mein Frühstück bestand aus drei Marmeladenbroten. Ich sterbe für gute Marmelade und habe immer ein halbes Dutzend verschiedener Sorten im Haus. Vermutlich könnte ich ohne große Probleme die magischen fünf Kilo weniger wiegen, wenn ich weder Marmelade noch Schokolade im Haus hätte. Ein Brot mit Ananasmarmelade, ein Brot mit Himbeer-Marzipan, ein Brot mit Schwarzkirsche. Nie Sauerkirsche, nur Schwarzkirsche, die beste Marmeladensorte der Welt. Ich schmierte mir die Brote in der Küche und hörte dabei Radio, bis mir die aufgedrehte Moderatorenstimme auf die Nerven ging und ich ausschaltete. Zeit, mit der Drückebergerei aufzuhören, entschied ich.

»Lieber Peter«, schrieb ich. *»vielen Dank für das Angebot mit den Streichhölzern – vermutlich ist es viel weitsichtiger, vor einer Höhle Feuer machen zu können, als in einer prima Hütte zu frieren. Wie alt ist dein Sohn? In deinem Profil habe ich gesehen, dass er nicht bei dir lebt. Wie oft siehst du ihn denn? Viele Grüße, Nina. PS: Was kontrollierst du als Controller?«* Ich las meine Mail so oft, bis ich sie vermutlich rückwärts hätte buchstabieren können. War das nett oder bemüht nett? Locker oder kindisch? Sollte ich mehr über mich schreiben? Mehr fragen? Schließlich drückte ich auf »senden« und mir fiel ein Stein vom Herzen.

Nun brauchte ich dringend Bewegung. Ich fühlte mich aufgezogen wie eines dieser wackelnden Plastiktierchen und brauchte ebenso viel Platz. Aufgezogen und beschwipst zugleich. Ich hatte eine Antwortmail geschrieben! Und sogar abgeschickt! Ich war ungeheuer stolz auf mich. Ich schlüpfte in ein lockeres Kleid und flache Ballerinas, mit denen ich weite Strecken gehen konnte. Mit dem Schlüssel in der einen und meiner Brieftasche in der anderen Hand verließ ich die Wohnung.

Kurz hing ich der Frage nach, warum ich nie ohne meine Brieftasche aus dem Haus ging. Als ich Teenager war, ging das

Gerücht um, man müsse sich jederzeit ausweisen können und immer zehn D-Mark bei sich haben. So richtig haben wir das damals nicht geglaubt, trotzdem war ich seit dieser Zeit nie ohne meine Brieftasche und das Geld, heute natürlich in Euro, unterwegs. Eines Tages würde mich ein Polizist anhalten und herrisch auffordern: »Ihre Brieftasche und die zehn Euro!« Und dann würde ich triumphierend beides hochhalten und denken: Das ist für alle, die sich immer über mich und meinen Brieftaschentick lustig gemacht haben, ganz besonders mein Exmann Christoph! Mit diesen Gedanken eilte ich die zwei Etagen hinunter und durch den breiten Hausflur mit den Briefkästen. Ich fühlte mich ganz leicht und fast ein wenig übermütig.

Im Treppenhaus hatte ich niemanden getroffen, aber vor dem Haus begegnete mir der alte Maczeyzek. Der wohnte im Erdgeschoss und fühlte sich nicht richtig lebendig, wenn er nichts zu nörgeln hatte.

»Hallo, Herr Maczeyzek!«, rief ich unangemessen fröhlich.

»Frau Scheibe!«, setzte er an und ich hörte daran, wie er seine Stimme am Ende hob, dass er mal wieder eine Beschwerde aus dem Hut zaubern würde. Meist hatte die Beschwerde nichts mit mir zu tun und glücklicherweise auch nicht mit Leonhard, ich wollte aber auch kein Lamento über andere Hausbewohner oder die Straßenreinigung hören. Ehe er also irgendetwas sagen konnte, was mich zum Anhalten zwang, legte ich einen Zahn zu. Ich bog auf den Gehweg ein und dann links um die Ecke. Hurra, geschafft! Üblicherweise gelang mir die Flucht nicht. Das ging mir bei so ziemlich allen Menschen so, ich wollte um nichts in der Welt jemanden verstimmen, auch wenn der Preis war, dass ich in Grund und Boden gequatscht wurde. Ungeduldig und gereizt durften alle sein außer mir.

Ich bog in die Taunusstraße ein, die menschenleer war, so weit ich blicken konnte. Selbst der breite Südwestkorso, der an Wochentagen stark befahren war, war um diese Zeit wie ausgestorben. Beim Überqueren musste ich nicht einmal nach rechts und links sehen, weil es genügte, nach Gehör zu gehen: kein Auto weit und breit.

Ich liebe diese klaren Morgen, an denen die Sonne mit doppelter Kraft zu scheinen scheint und die Farben so stark leuchten, dass man nur schauen und staunen kann und gar nicht denken muss. An solchen Tagen bin ich besonders glücklich darüber, dass Berlin voller Straßenbäume ist. Unter dem dichten Grün lief ich weiter, tiefer Schatten wechselte ab mit strahlenden Flecken auf dem Asphalt und beim Überqueren der schmalen Nebenstraßen beschien mich die Sonne so stark, als meinte sie nur mich.

Zügig ging ich Richtung Rüdesheimer Platz. Am Samstag würden vormittags nur wenige Bänke besetzt sein, nahm ich an. Ich behielt recht. Der Springbrunnen rauschte freundlich im Hintergrund und die Beete waren frisch bepflanzt. Ich hatte irgendwo mal gehört, dass das an einer Erbschaft lag – eine Frau hatte der Stadt Geld hinterlassen, damit dieser Platz immer herrlich mit Blumen bepflanzt werden konnte. Jedes Mal wenn ich dort sitze, denke ich voller Zuneigung an diese mir Unbekannte. In meiner Fantasie ist sie eine kleine, resolute Dame, die jeden Tag mit forschem Schritt zum Rüdesheimer Platz spaziert, um sich dort eine Blüte ins Haar zu stecken.

Ich setzte mich auf eine freie weiße Bank, stand aber sofort wieder auf. Zum Herumsitzen war ich viel zu aufgeregt. War das nicht vollkommen absurd, wegen einer lächerlichen Mail an einen wildfremden Mann derart die Fassung zu verlieren? Ich nickte im Stillen, was aber auch nichts änderte. Dann schlenderte ich an den kleinen Läden vorbei, die sich in den letzten Jahren rund um den Platz angesiedelt hatten. Ein Geschäft, in dem man sich Essig und Öl in Flaschen abfüllen konnte. Ein Laden für Steine und Kristalle. Ein Weinladen. Eine Konditorei.

Konditoreien liebte ich schon immer. Ich liebte den Geruch von Kuchen und Gebäck, die aufwendigen Verzierungen auf den Torten und die Langsamkeit, mit der die Menschen vor der Auslage standen und auswählten. Während sich die Kunden in den Supermärkten gegenseitig die Einkaufswagen in die Kniekehlen rammten, weil es alle ständig eilig hatten, schienen Konditoreien nicht von dieser Welt zu sein. Mir kam es vor, als hätten hier alle immerzu Zeit und als wären dies die einzigen Orte, an denen es nicht um das Thema Kalorien ging.

Konditoreien ließen mich an meine genießerische Tante Linde und an meine strenge Mutter zugleich denken. Konditoreien standen für alles, was ich mir nicht gönnen durfte, sie standen für Glückseligkeit und für die Strafe, die auf dem Fuße folgte. Ich brauchte ja nur eine Banane zu essen, schon spürte ich den missbilligenden Blick meiner Mutter: Hast du schon wieder Hunger, Kind? Kennst du denn gar kein Maß? Es ist nur eine Banane, Mama, wollte ich jedes Mal rufen, ich überfalle doch keine Konditorei! Aber innere Mütter lassen sich nicht mit Argumenten befrieden.

Tante Linde war die Schwester meines Vaters gewesen und ein wandelndes Mahnmal für mich, wenn es nach meiner Mutter gegangen wäre. Sie backte leidenschaftlich gerne Torten, war dick, und ich liebte es, wenn sie mich umarmte. Sie war überall weich, während meine Mutter überall knochig und sehnig war. Wir hatten die Schwester meiner Mutter damals nicht oft besucht, aber es schmerzte mich heute, dass ich das auch als junge Erwachsene nicht öfter getan habe. Ich erinnerte mich, wie ich als Kind ewig in ihren Armen hätte bleiben wollen. Doch ich wusste, dass mich meine Mutter mit Argusaugen beobachtete. Wenn sie meine Tante missbilligte, würde sie mich missbilligen, sobald ich sie zu offensichtlich gern hatte. Vielleicht ertrug ich auch die Sticheleien meiner Mutter auf der Rückfahrt nach Hause besser, wenn ich mich von meinen Gefühlen für meine Tante nicht so hinreißen ließ.

Meine Mutter hatte eine schwere Migräne, als Tante Linde beerdigt wurde, sodass ich nicht zur Beerdigung gehen konnte: Ich musste mich um meine Mutter kümmern. »Die Lebenden sind wichtiger als die Toten«, hatte sie gesagt und ich hatte nicht widersprochen.

Ich tauchte aus meinem Gedankenstrudel auf und fühlte mich ganz zerschlagen, doch ich stand immer noch vor der Konditorei und dachte: Hier hätte es meiner Tante gefallen. In der Auslage der Konditorei lag ein Zettel, auf dem stand: »Konditoreilehrling gesucht«. Handschriftlich war hinzugefügt worden: »oder Praktikant/in«. Es war warm, ich dachte an die Mail, die ich Peter geschickt hatte, an meine Tante Linde und ihre herrlichen Torten und fühlte mich unbesiegbar. Wenn etwas zu meinem Glück fehlt, dachte ich, dann ist es dieses Praktikum. Ich schob die Tür auf. Helle Glocken bimmelten zur Begrüßung.

Der Verkaufsraum war viel größer, als er von außen ausgesehen hatte. Zwei ältere Damen vor mir starrten in die Auslage. Die junge Verkäuferin hinter der Kuchentheke strahlte mich an und rief: »Wie kann ich Ihnen helfen?« Sie war schwarzhaarig, in etwa so alt wie ich und geschminkt, als hätte sie heute noch eine Menge vor: leuchtend roter Lippenstift, Lidschatten, Rouge und Wimperntusche satt. Reflexhaft fuhr ich mir mit einer Hand an die Wange und fühlte mich ungeschminkt sonderbar nackt im Gesicht. Zögernd trat ich drei Schritte vor, bis ich direkt vor der Glastheke stand. Ich spürte den wilden und leicht verzweifelten Ausdruck auf meinem Gesicht, aber die Verkäuferin ließ sich nicht irritieren und strahlte mich weiter an. Ich löste mich von ihrem Blick. Mir fehlte einfach der Mumm, nach einem Praktikum zu fragen, das wurde mir in diesem Moment klar. Stattdessen vertiefte mich in die Auslage, als wollte ich die Anordnung der Torten auswendig lernen. Als ich wieder aufblickte, sah mich die bunte Verkäuferin so entspannt an, als wäre nicht gerade mindestens eine Minute vergangen.

»Ein Stück Frankfurter Kranz«, sagte ich. Ich hatte seit vielen Jahren keinen Frankfurter Kranz mehr gegessen. Die freundliche Verkäuferin hob geschickt ein Stück auf eine Pappe.

»Darf's sonst noch etwas sein?«

Wieder senkte ich den Kopf und studierte die Auslage.

»Wie viele Stücke werden es insgesamt?«, fragte die junge Frau und ich hörte das Lächeln in ihrer Stimme.

Ich brauchte viel zu lang für eine Antwort, aber das schien hier kein Problem zu sein. »Zwei«, sagte ich ein wenig zu laut. Je länger ich die Auslage betrachtete, desto stärker machte sich der Gedanke an diesen Praktikumsplatz in mir breit. Desto konkreter versuchte ich mir vorzustellen, wie es sich wohl anfühlte, an einem Ort wie diesem zu arbeiten. Immer näher pirschte sich der Gedanke heran, dass dies mein Platz sein könnte. »Und ein Stück von der Weincremetorte.« Ein Traum in Rosa. Ich atmete ein paarmal tief durch und hoffte, dass nicht genau in dem Moment, in dem ich zu Ende gedacht haben würde, eine der alten Damen etwas sagen würde.

Ehe mich der letzte Rest Mut verließ, raunte ich: »Ich habe auf dem Schild gelesen, dass Sie eine Praktikantin suchen.« Ich musste geklungen haben wie dieser Kerl aus der Sesamstraße, der Ernie immer Buchstaben zu verkaufen versucht.

Und wie Ernie krakeelte die bunte Verkäuferin über die Theke: »Eine Praktikantin? Ja, genau, suchen wir! Ein Platz für ihre Tochter?«

Prima, das war eine Situation wie aus einem Albtraum, nur dass ich nicht aufwachen konnte. »Für mich«, sagte ich mit einer Stimme, deren Zittern ich selbst hören konnte. Dabei versuchte ich schwungvoll und freundlich auszusehen. Und jung, wenn das irgendwie möglich war.

»Oh«, sagte sie und grinste breit.

Auf einen Schlag war mir die Situation nicht mehr peinlich. Die bunte Verkäuferin sah aus, als hätte sie in Sekundenbruchteilen alles verstanden, die Peinlichkeit und die Komik, meine Not und die sonderbare Dringlichkeit. Hier vor dieser üppig bestückten Tortentheke wurde mir bewusst, dass es gerade um mein Leben ging. In mir purzelte alles durcheinander und ordnete sich dann neu und wunderbar. Mir wurde bewusst, dass ich seit Jahren nichts mehr so sehr gewollt hatte wie dieses Praktikum.

»Klar«, sagte sie und grinste noch breiter. »Der Platz ist noch frei. Kommen Sie einfach Montag um fünf Uhr hinten zur Backstube. Ist Montag für Sie okay?«

Ich nickte wie betäubt. Ich konnte gar nicht mehr aufhören zu nicken. Vermutlich sah ich aus wie ein Hund, dem gerade noch ein Bündel Würste vor der Schnauze herumgebaumelt waren, die jetzt jemand fallen gelassen hatte. Ich nannte meinen Namen und sie ihren, Wanda. Hier duzten sich alle außer dem Konditor, fügte sie hinzu. Dann ging ich und überließ sie den alten Damen, die inzwischen zu murren begonnen hatten, weil ich den Betrieb so lang aufhielt.

»Hallo?«, rief sie mir hinterher und ich drehte mich bang um. »Ihre Tortenstücke!« Sie hielt das Päckchen in die Höhe. Ich wurde so rot, dass meine Wangen vermutlich dieselbe Farbe hatten wie die von Wanda. »Vier neunzig.« Wanda lächelte. Sie sah aus, als wüsste sie alles über mich und noch mehr. Und sie sah aus, als fände sie alles genau richtig.

»Dienstag ist besser«, rief mir Wanda hinterher, als ich mich ein zweites Mal verabschiedet hatte. »Ich sage unserem Konditor am Montag Bescheid, dann fallen Sie nicht so mit der Tür ins Haus.«

Ich nickte, lächelte und hob die Hand zum Gruß.

Draußen war vorher schon ein herrlicher Tag gewesen, aber jetzt wirkte er ungleich schöner. Es war gleißend hell und alle Leute, die mir entgegenkamen, erschienen mir unglaublich schön zu sein.

Wenn ich es genau betrachte, begann meine Geschichte nicht in dem Moment, als mich Kirsten bei Doublecheck anmeldete. Sie begann, als ich vor der Tür stand, mit dem Tortenpäckchen in der Hand und einer Verabredung mit einem Konditor für den kommenden Dienstag.

Ich hatte jetzt einen Job im Krankenhaus und ein Praktikum

in einer Konditorei. Das war alles völlig verrückt und herrlich zugleich. Wie ich das machen sollte, solange mein Tag nur vierundzwanzig Stunden hatte, würde ich mir später überlegen.

Während ich noch eine Runde um den Rüdesheimer Platz drehte und mir dann die Hände im Springbrunnenwasser kühlte, wunderte ich mich über mich selbst. Wie konnte ich über so viele Schatten an einem Tag springen? Einem wildfremden Mann schreiben und eine Verabredung mit einer ebenso wildfremden Konditoreiverkäuferin treffen, beides konnte sich nur eine andere Frau getraut haben. Ich spürte die Freude bis hinauf in meinem Hals. Ein fremdartiges Gefühl aus meiner Vergangenheit. Ich hätte mir gewünscht, Berlin würde ans Meer grenzen und ich könnte mich an den Strand stellen und hinausblicken, das hätte mich vielleicht beruhigt. Doch es gab nur Asphalt und noch mehr Asphalt und so lief ich weiter in der Hoffnung, meine innere Unruhe ebenso zu erschöpfen wie meine Beine.

Unterwegs wurden die Tortenstücke in meiner Hand wärmer und wärmer und ich versuchte, mich an Momente in meinem Leben zu erinnern, in denen ich ähnlich froh gewesen war. Hätte ich mich nicht so aufgeputscht gefühlt, hätte es mich wohl stärker erschüttert, wie viele Jahre ich zurückgehen musste. Zehn Jahre, siebzehn Jahre. Bis zur Geburt von Leonhard. Nein, weiter. Das letzte Mal war der Tag nach meiner Abschlussprüfung gewesen, als ich neben Christoph auf dem kleinen Mäuerchen am Kanal gesessen hatte. Und weil ich Christoph nicht ohne das Pfeiffersche Drüsenfieber kennengelernt hatte, wanderte ich in meiner Erinnerung dorthin zurück.

Gegen Ende meines Studiums hatte ich Pfeiffersches Drüsenfieber bekommen und dadurch ein ganzes Semester verloren. Kirsten hatte ich erst danach kennengelernt. Als ich ihr damals davon erzählen wollte und gerade begonnen hatte mit »Im letzten Semester bin ich am Pfeifferschen Drüsenfieber erkrankt«, hatte ich ihr angesehen, dass sie ihren Aufmerksamkeitspegel herunterschraubte, als wollte ich berichten, dass ich kürzlich Schnupfen gehabt hatte. Ich wollte unsere frische Freundschaft nicht unnötig durch Zimperlichkeit aufs Spiel setzen und hielt meinen Mund. Den klappte ich auch in den folgenden Jahren immer schnell wieder zu, wenn auf mein »Ich hatte mal schlimm Pfeiffersches Drüsenfieber« nur dieser Ich-höre-mal-höflich-eine-lahme-Krankheitsgeschichte-Gesichtsausdruck kam.

Dabei wäre ich damals wirklich fast gestorben. Auf meine theoretisch eher harmlose Grunderkrankung hatte sich nämlich eine Lungenentzündung gesetzt und als man das endlich herausfand, ließen sich Fieber und Atemnot kaum noch kleinkriegen. Über Wochen lag ich im Krankenhaus, zeitweise sogar auf der Intensivstation, und danach pflegte mich meine Mutter noch eine halbe Ewigkeit in meinem alten Kinderzimmer gesund.

»Eine Lungenentzündung ist eine schwerwiegende Krankheit«, hatte Schwester Anja gesagt, die mich auf der Intensivstation hauptsächlich betreute. Dass auch die Ärzte dieser Ansicht waren, konnte ich ihren zahlreichen Fachgesprächen an meinem Bett entnehmen. Irgendwann durfte meine Mutter mich dann mitnehmen, um mich zu Hause weiterzupflegen. Wobei das vermutlich nicht ganz richtig ist: Meine Mutter hat eine Weile zugelassen, dass man mich im Krankenhaus pflegte. Schließlich aber hat sie den Ärzten die Erlaubnis entzogen und mich mitgenommen. Ich habe meine Mutter nie als Menschen erlebt, dem man etwas erlauben oder verbieten konnte.

Meine Mutter war eine eher eigenwillige Krankenpflegerin. Später haben mir andere erzählt, dass sie als Kind recht gern krank gewesen waren, weil ihnen dann die Mutter vorgelesen hatte, weil sie ihnen die Stirn gekühlt oder neben ihrem Bett leise Lieder gesungen habe. Meine Mutter hat solche Dinge nie gemacht. Als sie mich damals aus dem Krankenhaus holte, hätte es mich nicht gewundert, wenn sie mich zu Hause auf die Füße gestellt und gesagt hätte: »Schluss mit dem Unsinn, reiß dich einfach ein bisschen zusammen, dann geht es schon!« »Schluss mit dem Unsinn« war eine ebenso gern genutzte Formulierung wie »reiß dich ein bisschen zusammen«.

Stattdessen schaffte sie mich ins Bett und verwaltete mich. Sie maß in regelmäßigen Abständen meine Temperatur, sie befahl mir in regelmäßigen Abständen, etwas zu trinken.

Ich verlor massiv an Gewicht, aber meine Lungenentzündung heilte tatsächlich vollständig aus. Bis heute habe ich ein sonderbar zärtliches Gefühl für meine Lunge, die damals so viel aushalten musste und die so tapfer gekämpft hat.

Tief in Erinnerungen versponnen hatte ich den Breitenbachplatz, an dem ich eins der Tortenstücke hätte probieren können, hinter mir gelassen. Er war zu laut und von zu vielen großen Straßen umgeben. Und meine Erinnerungen schienen die Bewegung zu brauchen, um zu fließen.

Meine Mutter hatte mich immer zu dick gefunden, immer, immer, immer – bis zu meiner Krankheit. Ich hatte fast fünfzehn Kilo abgenommen und endlich war sie zufrieden. Sie kleidete mich komplett neu ein, dann zog ich zurück in mein Wohnheim. Und zum ersten Mal in meinem Leben fühlte ich mich wohl in meiner Haut. Vielleicht lag es gar nicht so sehr daran, dass ich mir so dünn gefiel, sondern dass ich meiner Mutter gefiel. Es war jedenfalls eine herrliche Zeit, daran erinnere ich mich. Christoph lernte ich beim Geburtstag einer Studienkollegin kennen. Wir sahen uns den ganzen Abend immer wieder an. Als mir eine Woche später dieselbe Studienkollegin vorschlug, mit ihr und Freunden mit ins Kino zu kommen, traf ich ihn wieder. Und irgendwann gegen Morgen hielt Christoph dann meine Hand. Da ging die Sonne schon wieder auf und wir saßen alle auf einer niedrigen Mauer und blickten auf den Kanal, daran erinnerte ich mich. Ich trug das neue weiße Spaghettiträgerkleid mit den kleinen Blümchen, in das ich vermutlich nie wieder passen würde, das ich aber bis heute nicht weggeben konnte. Vor mir das Wasser und neben mir Christoph. Ich tauchte aus meinem Gedankenstrudel wieder auf. Das also war der Augenblick, als ich mich zum letzten Mal so unbeschwert gefühlt hatte wie jetzt, mit meinen frischen Konditoreiplänen.

Inzwischen war ich am Finkenteich angekommen und setzte mich mit dem bangen Gefühl, gleich bunten Brei aus dem Konditoreipäckchen zu schälen. Doch wundersamerweise hatte alles der Sonne standgehalten. Ein Glück, dass niemand in der Nähe war, der mich beobachten konnte. Mit dem Zeigefinger teilte ich ein Stück Weincreme ab, es war eine ziemliche Matscherei und das zugehörige Stück Boden musste ich abbrechen. Aber wie unglaublich köstlich sie war! Süß und herb zugleich, cremig, mit einem immer noch knusprigen Boden. Ich Glückskind, dass ich in dieser Konditorei würde hinter die Kulissen blicken dürfen.

Auf dem Rückweg ließ mich die Vergangenheit nur langsam aus ihren Fängen. Es war ein berückender Moment gewesen, dort am Kanal, während es nach einer langen warmen Nacht langsam heller wurde. Es war ein Moment, mit dem ein Film hätte enden können.

Ich warf einen letzten Blick auf den Finkenteich und beeilte mich dann, nach Hause zu kommen. Die Reste der Tortenstücke würden im Kühlschrank wieder anständig fest werden und Leonhard würden sie hoffentlich so schmecken wie mir. Es gab kein eigenes Wort für »sehr, sehr schmecken«, schade.

KEKSE AUS DEM GEHEIMEN VORRATSSCHRANK

Es war verrückt, ich hatte gerade noch einen Tag Zeit, bis mein Praktikum beginnen würde. Das waren nicht einmal mehr vierundzwanzig Stunden, um meine Arbeit im Krankenhaus niederzulegen. Eine Kündigung kam nicht infrage, schließlich hatte ich außer mir auch noch Leonhard zu ernähren.

Ich muss kurz meinen Chef beschreiben, damit klarer wird, wie schwierig es war, über unbezahlten Urlaub mit ihm zu sprechen. Natürlich, ein derart kurzfristiger unbezahlter Urlaub wäre für keinen Chef alltäglich gewesen, aber mein Chef war noch dazu sehr speziell. Professor Doktor Wolff mit zwei f. Chirurg. Nach mehr als zwölf Berufsjahren in einem Krankenhaus hatte ich gelernt, wie sich die verschiedenen Fachdisziplinen voneinander unterschieden. Klischees haben sich meist deshalb entwickelt, weil die Realität nicht weit entfernt davon ist. Die meisten Chirurgen haben nach meiner Erfahrung ihre Patienten wirklich am liebsten, wenn sie narkotisiert auf einem Operationstisch liegen und weder reden können noch Ansprache brauchen. Und die Gruppe dieser Chirurgen wird angeführt von Professor Doktor Wolff.

Alle sagen, er sei ein Gott am Operationstisch. Überall sonst macht er hingegen einen eher wirren Eindruck. Allerdings weiß ich auch, dass er bei einem Fehler, bei einem Chirurgenfehler wohlgemerkt, einen ihm untergebenen Arzt schlimm runterputzen kann – ich habe schon gestandene Operateure in einer Ecke meines Büros heimlich weinen sehen. Ich könnte ihn nun lang beschreiben, meinen Chef, aber ich kann auch einfach schildern, wie der vergangene Montag verlaufen war.

Vor genau einer Woche hatten wir einen neuen Oberarzt bekommen. Mein Chef war zu mir ins Zimmer gekommen, zu dem Zeitpunkt hatte ich bereits eine Stunde gearbeitet. »Die Einladungen zum Kongress sind rausgegangen«, sagte ich, nachdem ich ihm einen guten Morgen gewünscht hatte. Grüße aller Art waren nichts für meinen Chef, aber mir hatte er das nicht abgewöhnen können. »Vielen Dank«, sagte mein Chef und lächelte überrascht. »Wenn ich Sie nicht hätte!« Ich hatte das Glück, dass meine Vorgängerin eine solche Schlafmütze gewesen war, dass er bei meiner Einstellung vor zwölf Jahren gedacht haben musste, ich wäre vom Himmel gefallen und sein persönlicher Chefsekretärinnenengel. »Der neue Oberarzt hat morgen seinen ersten Tag. Er kommt nachher wegen der organisatorischen Dinge vorbei. Und zu dem kleinen Einstand«, sagte er übergangslos. »Es ist der Kollege aus Afghanistan, Khaled Akram. Für wann haben Sie das«, er zögerte kurz, »das Buffet bestellt?« Er sah mich mit dem Gesichtsausdruck an, den ich gut von ihm kannte und der bedeutete: ›Ich habe einen Fehler gemacht, aber wenn Sie mich darauf ansprechen, falle ich auf der Stelle tot um‹. Wir wussten beide, dass er dieses Buffet mit keinem Wort erwähnt hatte. »Drei Uhr«, improvisierte ich und hoffte, dass ich das noch hinkriegen würde. Er lächelte mich an, dann senkte er den Blick, nickte und verschwand in Richtung Operationssaal.

Ein halbes Dutzend Caterer lieferten mir am Telefon Reaktionen von empört bis belustigt, als ich sie fragte, ob sie in knapp fünf Stunden einen kleinen Imbiss würden vorbeibringen können. Dann besann ich mich auf den kleinen orientalischen Laden in der Chausseestraße. Nein, so etwas machten sie normalerweise nicht, aber doch, da könnten sie sicherlich improvisieren. Ich gab ihnen Anweisungen für die Pforte an der Einfahrt zum Krankenhausgelände und legte erleichtert auf.

Wenige Stunden später stand das Buffet auf einem Tisch, den die Kantine für solche Zwecke vorrätig hatte. Am Essen lag es nicht, dass die Atmosphäre lausig war.

»Doktor Akram«, hatte Professor Wolff gesagt und sein Wasserglas erhoben. Außer meinem Chef und den beiden Oberärzten waren auch zwei der Assistenten gekommen, die anderen fünf standen noch im OP. »Willkommen in der Abteilung.« Er trank und die anderen folgten seinem Beispiel. »Ich danke für den herzlichen Empfang«, antwortete der neue Oberarzt in tadellosem Deutsch, aber mit deutlichem Akzent. »Wo haben Sie denn studiert?«, wandte sich Burkhard-Stegemann an seinen neuen Kollegen. »In Bochum«, antwortete dieser lächelnd, woraufhin Burkhard-Stegemann übertrieben die Augenbrauen hochzog. »Wirklich?«, entgegnete er mit Herablassung in der Stimme. Ich fragte mich, ob er als Antwort Kabul oder ein Nomadennest im Südwesten erwartet hatte. »Wo haben Sie studiert?«, fragte der neue Oberarzt zurück. Burkhard-Stegemann ließ Zeit vergehen, als überlegte er, ob der Neue überhaupt eine Antwort verdient hatte. »Heidelberg, München, Berlin«, ließ er schließlich aus seinem Mund plumpsen wie drei Golddublonen. »Interessant«, sagte Dr. Akram. »In Bochum ist offenbar nicht viel an ihnen klebengeblieben. Sie haben einen üblen Akzent«, stellte Burkhard-Stegemann fest. Hätte ich in diesem Moment etwas im Mund gehabt, ich hätte mich sicher verschluckt. »Wer wird seine Probleme mit Patienten lösen? Denken Sie, ich mache das?« Diese Frage hatte er an Professor Wolff gerichtet. Als hätte er nichts von alldem gehört, beugte sich Professor Wolff leicht zu dem neuen Oberarzt und sagte: »Es wird Ihnen bei uns gefallen!« Dann stellte er sein Glas ab, klatschte in die Hände wie eine Kindergärtnerin, wenn sie die Kinder auffordert, sich in Paaren aufzustellen, und sagte: »Die Arbeit wartet!« Dann schüttelte er Dr. Akram die Hand und verabschiedete sich. So also war mein Chef.

Und diesen Chef also musste ich heute, einen Tag nachdem mein Unterbewusstsein meinem Bewusstsein diesen Platz in der Konditorei besorgt hatte, wegen meines Praktikums ansprechen, das am nächsten Tag begann.

Ich betrat das Krankenhaus und mein banges Gefühl wuchs, je näher ich meinem Büro im Verwaltungstrakt kam.

»Guten Morgen!«, rief ich ins Nebenzimmer. Nataschas Lächeln war kaum mehr als ein kurzes Zucken in den Mundwinkeln. Ich blieb stehen. »Alles in Ordnung?«, fragte ich. Ich kannte meine Teilzeitkollegin nicht gut, mochte sie aber sehr. Sie war immer freundlich und hilfsbereit und von den wenigen gemeinsamen Essen in der Kantine wusste ich, dass sie drei Kinder hatte, von denen sie liebevoll erzählte. Und auch ohne gemeinsame Essen wusste ich, dass es ihr liebstes Hobby war, ihr kurzes Haar zu färben: Gewöhnlich färbte sie sich Strähnen in Blond, Weiß, Gelb, Orange und ähnlichen Tönen.

»Ja, ja.« Natascha krauste die Nase.

Warum können Leute, die »Nein« sagen wollen, nicht einfach Nein sagen? Und was ist das für eine wirre Sprache, in der die Verdoppelung das Gegenteil bedeutet? »Wie findest du meinen neuen Mantel?« »Schön, schön«, also hässlich. »Und warum nicht?«, fragte ich also und lehnte mich in den Türrahmen. In meiner Nervosität war ich zu früh gekommen und hatte daher noch etwas Zeit. Natascha seufzte. »Die Schwester von Jimmy heiratet im Sommer und er will unbedingt hin. Jetzt zahl mal von eineinhalb kleinen Gehältern für fünf Personen einen Flug nach Amerika!« Sie lächelte kläglich. »Vielleicht können wir die Kinder in Hundezwingern im Flugzeugbauch mitfliegen lassen.«

Ich lachte überrascht auf. Humor war bisher nichts, was ich mit Natascha in Verbindung gebracht hätte.

Sie hatte kurz vor der Geburt ihres ältesten Sohnes dessen Vater geheiratet, einen Fliesenleger aus den USA. Der war während seiner Europareise in unserem Krankenhaus gestrandet, weil ihm plötzlich die Knie den Dienst aufgekündigt hatten. Wie genau er nach seiner Operation Natascha kennengelernt hatte, habe ich vergessen. Jedenfalls hatten sie sich verliebt, geheiratet und das erste Kind bekommen. Fliesenleger Jimmy hatte mehr schlecht als recht Deutsch gelernt und sich zum Krankenpfleger umschulen lassen. Über die Energie, mit der die beiden in den letzten Jahren ihre große Familie aufgebaut und versorgt hatten, konnte ich nur staunen. Verständlich, dass Nataschas Mann nach acht Jahren die Kinder seiner Familie zeigen wollte. Dass die Reise sie finanziell in die Knie zwingen würde, war offensichtlich.

»Das tut mir leid«, sagte ich.

»Schon gut«, sagte Natascha und lächelte schwach. »Das wird schon irgendwie.« Sie sah aus, als wäre damit das Thema erledigt, zumindest vorerst.

»Sag mir, wenn ich irgendwie helfen kann«, sagte ich. Ein blöder Satz, ich weiß, aber mir fiel kein guter ein.

»Danke«, sagte sie und ich hob kurz die Hand zum Gruß, ehe ich die restlichen Schritte über den Flur ging und in meinem eigenen Büro verschwand.

Vermutlich hatte mir das Schicksal die Begegnung mit Natascha und ihren Schwierigkeiten geschenkt, um meine eigenen zu lösen. Ich versuchte mir zurechtzulegen, was ich Professor Wolff und der Geschäftsleitung sagen würde. In diesem Moment fegte Burkhard-Stegemann in mein Büro. Vor meinem Schreibtisch machte er eine Vollbremsung.

»Ich brauche meine Briefe von Freitag«, sagte er.

In seinem Fall fiel er mir nicht schwer, mir einen Morgengruß zu verkneifen. Ich kramte in dem Stapel mit fertigen Briefen, die ich bis weit nach Dienstschluss noch abgetippt hatte. Dann schüttelte ich den Kopf. »Tut mir leid«, sagte ich. »Wann haben Sie mir denn die Kassette reingegeben?« Ich blickte auf. Er kochte vor Wut. Ich hatte schon mehr als einmal erlebt, dass er seine Wut nicht portionieren konnte. Oder wollte. Er hatte schon einen Wutanfall in der Kantine bekommen, als sein Schnitzel kleiner als das des Assistenzarztes vor ihm gewesen war. Einen anderen hatte er gehabt, weil eine Einverständniserklärung von einem Patienten nicht unterschrieben war, der mit zwei gebrochenen Beinen eine Etage höher lag und vor dieser Unterschrift bestimmt nicht fliehen konnte. Ich wünschte, mir hätten diese Wutanfälle weniger Angst gemacht.

»Sie dumme Person«, sagte er mit leiser, schneidender Stimme. »kein Wunder, dass sich Ihr Mann was Besseres gesucht hat!« Er drehte sich um und rauschte aus meinem Zimmer.

Ich war wie betäubt. Seine Worte rumpelten durch meinen Kopf und stießen sich an den Innenwänden, ohne einen Ausgang zu finden. Als mein Chef ins Zimmer kam, hätte ich nicht sagen können, ob Sekunden oder Minuten vergangen waren.

»Wenn Sie Burkhard-Stegemann sehen, schicken Sie ihn zu mir rein«, sagte er ohne einen Gruß.

Ich wachte aus meiner hässlichen Trance auf und überraschte mich selbst, als ich sagte: »Professor Wolff, ich muss mit Ihnen sprechen«. Er warf mir einen verblüfften und beunruhigten Blick zu und machte eine vage Handbewegung. »Kommen Sie«, sagte er. Mein Zimmer war das für den Publikumsverkehr, seines das für die persönlichen Gespräche, die mein Chef so fürchtete.

Mein Körper fühlte sich sonderbar zerschlagen an, als ich ihm folgte. Noch ehe er hinter mir die Tür geschlossen hatte und wir beide saßen, hatte ich mich wieder im Griff. Es gibt Momente im Leben, da hört man den Tropfen, der das Fass zum Überlaufen bringt. Pling, hatte es gemacht. In meinem Kopf fächerte sich auf, was Burkhard-Stegemann in den vergangenen Monaten alles abgesondert hatte. »Wann haben Sie das letzte Mal Nein gesagt, als Ihnen jemand etwas zu essen angeboten hat? Oh, haben Sie etwa noch nie Nein gesagt?« »Was meinen Sie, warum ich Oberarzt bin und Sie nur Sekretärin?« »Stellen Sie sich das Krankenhaus als Pyramide vor, dann sind Sie ganz, ganz unten. Und ich, ich bin an der Spitze. Was meinen Sie, warum das so ist?« »Wären Sie nicht nur Sekretärin, wäre dieser Tippfehler ein falscher Schnitt und der Patient wäre tot. So ein Glück, dass Sie nur Sekretärin sind!« Ich wollte an einem Ort sein, an dem mir solche Dinge nicht gesagt wurden. Oder an einem Ort, an dem ich einen Chef hatte, der so etwas unterband. Hier war nicht dieser Ort.

»Bitte«, sagte Professor Wolff und deutete auf den einen Stuhl an seinem kleinen Besprechungstisch. Ich war froh, dass er nicht hinter seinem Schreibtisch sitzen würde und ich davor. Wir setzten uns und mein Chef zog seinen Stuhl ein wenig nach hinten. Er mochte mich, da war ich sicher, aber körperlich durfte man ihm nur nah kommen, wenn man ihm im OP die Instrumente reichte.

Ich stützte mich mit den Unterarmen fest auf die Armlehnen. Professor Wolff kramte nervös in seiner Kitteltasche und förderte eine Kassette zutage. »Ah«, sagte er, »die Kassette von Burkhard-Stegemann, er hatte sie im Gerät vergessen. Tippen Sie sie noch ab?« Er lächelte fahrig.

Ich atmete ein paarmal tief durch, bevor ich zu sprechen begann. Gern hätte ich etwas über den bösen Oberarzt gesagt, aber um ihn ging es in diesem Moment nur mittelbar. Er hatte mich beleidigt, während mein Chef die vermisste Kassette mit sich herumgetragen hatte. »Jetzt ist doch alles geklärt«, würde mein Chef sagen, wenn ich das vortragen würde. Ich wollte einen Monat Urlaub haben, weil diese Konditorei seit vielen Jahren das Erste war, was ich wirklich haben wollte. Burkhard-Stegemann hatte mir nur deutlich gemacht, dass ich außerdem eine Auszeit brauchte. Ich hatte mich vielleicht nie so sehr am falschen Platz gefühlt wie heute früh in diesem Krankenhaus. Noch vor dem Wochenende hatte ich es nie anders als »mein Krankenhaus« genannt. Jetzt war es, als wäre eine Tür hinter mir zugefallen. Ich konnte hier keinen Tag länger arbeiten, zumindest jetzt, genau jetzt nicht mehr, ich musste genau jetzt gehen und das Praktikum antreten. Ich fühlte unvermittelt eine Gänsehaut auf meinen Armen, als würde mich mein Schicksal mit einem Flügel streifen. Ganz feierlich fühlte ich mich und zugleich wie das dümmste, naivste Huhn der Welt. Die Chefsekretärin, die gern Konditorin wäre! Ich übertönte meine innere Stimme, indem ich sagte: »Herr Professor Wolff, ich brauche ab morgen vier Wochen unbezahlten Urlaub. Es ist eine dringende persönliche Angelegenheit.«

Als ich den schockierten Ausdruck in seinen Augen sah, setzte ich hinzu: »Bitte! Ich habe in all den Jahren nie um etwas gebeten. Bitte geben Sie mir vier Wochen Urlaub und klären das für mich mit der Geschäftsleitung. Bitte!«

Mir war selbst das Haarsträubende an der Situation bewusst, aber ich konnte längst nicht mehr zurück. »Ich muss kündigen, wenn das nicht geht«, sagte ich und spürte, dass es tatsächlich die Wahrheit war. Ich würde kündigen und mich, wenn nötig, bis zum Ende der Kündigungsfrist krankschreiben lassen müssen. Ich hatte in den zwölf Jahren keinen Tag gefehlt, doch jetzt war ich zu allem bereit.

Mein Chef fing an, sich so hektisch zu bewegen, als hätte ich auf den Vorspulknopf gedrückt. »Frau Scheibe!«, rief er, »Wer soll denn Ihre Arbeit machen? Wie stellen Sie sich das denn vor?«

Ich hatte einen Baustein vergessen. »Natascha Kuhl aus dem Nebenbüro könnte Stunden aufstocken. Ich bin sicher, Sie werden zufrieden sein.« Damit hatte ich den Mund reichlich voll genommen, aber je länger ich sprach und je länger wir einander gegenüber saßen, desto leichter fühlte ich mich. »Ich werde zu Frau Kuhl gehen und dann zur Geschäftsleitung. Bitte rufen Sie dort an und klären das. Bitte!«

Professor Wolff war, wie ich überrascht bemerkte, weder befremdet noch verärgert. Er war nur besorgt. Dass er nicht befremdet war, lag vermutlich nur daran, dass er generell zwischenmenschliche Komplikationen so wenig einordnen konnte. Er nahm sie nur hin und versuchte nicht einmal, sie zu verstehen. So nahm er vermutlich auch Komplikationen wie Verwachsungen oder Tumore bei einer vermeintlichen Routineoperation hin. Dass er nicht verärgert war, lag, wie ich sonderbar deutlich spürte, nur an mir. Nie zuvor war mir so klar gewesen, wie wichtig ich für ihn war. Es war ein gutes Gefühl. Und es bedeutete genau so viel Macht, wie ich brauchte, um umzusetzen, was ich mir wünschte. Was ich mir mehr wünschte als irgendetwas, an das ich mich erinnern konnte.

»Ich rufe die Verwaltung an«, sagte Professor Wolff nach einer langen Pause. Er kratzte sich mit den Fingern der rechten Hand den linken Unterarm und hörte gar nicht mehr auf damit. »Aber Sie müssen zurückkommen«, fügte er hinzu.

Ich wunderte mich über mich, dass die Freude darüber, dass er auf mich als Sekretärin nicht verzichten wollte, meinen Plan nicht zu überschatten vermochte. Ich hätte mir auch sagen können, wenn Professor Wolff, König der Problemevermeider, meinetwegen sogar mit der Verwaltung telefoniert, dann gehe ich niemals fort von hier. Stattdessen dachte ich nur daran, dass ich das Praktikum antreten würde. Ich würde das wirklich tun!

»Ich danke Ihnen vielmals«, sagte ich förmlich, aber mit großem Nachdruck, und stand auf. Ich wartete, dass er aufstand und zu seinem Telefon griff. Dann nickte ich und öffnete die Tür zu meinem Büro.

Auf dem Weg zur Geschäftsführerin dachte ich darüber nach, was ich mir in meinem Leben wirklich gewünscht hatte. Also so gewünscht, dass es wehtat. Eine romantische Hochzeit in Weiß zum Beispiel.

Christoph und ich hatten schließlich standesamtlich geheiratet. Ich war so glücklich über seinen Antrag gewesen und hatte damals gedacht, wir würden das schönste Paar der Welt sein. Ich würde in einem Traum in Weiß und Christoph in einem eleganten Anzug vor den Altar treten, die Kirchenorgel würde schmettern und alle würden weinen, weil es so schön war.

Und dann hatte ich an meine Mutter gedacht.

Ich hatte es nicht gekonnt. Ich hatte Christoph nicht kirchlich heiraten können. Noch heute konnte ich nicht daran denken. Ich steckte schon vor dem Schmerz fest, ich steckte fest und fest und fest, es konnte keine Freude dort geben, wo mich meine Mutter ansehen konnte. Kein großes Fest mit meiner Mutter und mir, kein Glück, kein Überfluss, von nichts.

Tat es heute weniger weh als damals? Nein, das tat es nicht.

Und den Laden hatte ich mir gewünscht. Meine Freundin Sonja war an einem Montag in mein Vorzimmer geplatzt. Sie ist Röntgenassistentin im Krankenhaus und sie hatte mir damals auch von der freien Sekretärinnenstelle erzählt, aber das ist eine andere Geschichte. Jedenfalls war sie in mein Zimmer geplatzt, hatte sich vor meinem Schreibtisch aufgebaut und gesagt: »Ich brauche eine Miteigentümerin für einen Strickladen und ich dachte dabei an dich!«

Der Strickladen bei Sonja um die Ecke war schließlich verkauft worden, doch nicht an uns beide. Der Laden hatte genau die richtige Größe gehabt, wir konnten beide auch gut genug stricken, wie wir dachten, und hätten Hilfe bei der Buchhaltung gehabt. Aber Jan hatte Sonja gestoppt und ohne Sonja hatte ich mich nicht getraut. Jan war Komponist und ihr Lebensgefährte. Ich kannte ihn nicht gut, aber die wenigen Begegnungen und Sonjas Erzählungen genügten mir, um ihn nicht leiden zu können. Er war meist mürrisch und ließ sich seine erfolglose Komponiererei von Sonja finanzieren, ohne auch nur im Geringsten angemessen mit dieser Tatsache umzugehen.

»Er lebt nur für die Musik«, sagte Sonja manchmal entschuldigend, wenn ich fragte, ob er endlich beabsichtigte, Geld zu verdienen. »Er macht halt nicht Musik für die Massen. Manche Künstler werden erst von der Nachwelt erkannt.«

Sie bekam immer einen ganz verträumten Gesichtsausdruck, wenn sie solche Dinge sagte. Sicher waren sie alle auf Jans Mist gewachsen. Sollte das heißen, dass die Nachwelt eines Tages seine Kompositionen finden und zu schätzen wissen würde? Und dann sagen würde: »Gut, dass der große Meister eine Röntgenassistentin hatte, die ihn durchgefüttert hat«? Diese Möglichkeit verstimmte mich gleich noch mehr. Dann würde der Name des

Komponistenrüpels in die Geschichte eingehen und der Name der Röntgenassistentin, ohne die das alles niemals möglich gewesen wäre, in der Versenkung verschwinden.

Der Laden hatte in der Bismarckstraße im nördlichen Steglitz gelegen, ich hätte ihn mit dem Fahrrad im Handumdrehen erreichen können. Dass ich ein Auto hatte, vergaß ich manchmal beinahe, weil ich die Parkplatzsuche so hasste, dass ich es oft wochenlang stehenließ. Das Geschäft lag ein wenig von der Straße zurückgesetzt im Hochparterre, ein schmales Schaufenster links, ein schmales rechts von der gläsernen Eingangstür und groß genug für vielleicht sechs Kundinnen und Kunden, für Sonja und mich. Noch waren die Schaufenster vor allem zugerümpelt, doch Sonja hatte sofort Ideen gehabt, wie wir daraus einen fröhlichen Blickfang hätten machen können.

Nachdem wir uns den Laden angesehen hatten und mit der Vorbesitzerin die Bücher durchgegangen waren, hatte Jan interveniert. Und Sonja hatte das Projekt sofort gestoppt. »Wir brauchen ein gesichertes Einkommen«, hatte sie gesagt. »Für dich ist das ja einfacher, du hast schließlich Christoph.«

Am Abend hatte ich im Bett gelegen und in mir nachgehorcht, ob ich weinen könnte. Ob mich das erleichtern würde. Oder ob ich doch genug Mut zusammenkratzen könnte, den Laden allein zu übernehmen. Christoph hatte mir zugeraten – nicht gerade enthusiastisch zugeraten, aber immerhin. Doch ich konnte weder weinen noch das Risiko eingehen. In jener Nacht habe ich lang, lang wachgelegen. Und jetzt, da als ich mich zurückerinnerte, dachte ich, offenbar hatte ich das damals nicht genug gewollt. Nicht so schmerzhaft intensiv gewollt wie diese Praktikumsstelle, so intensiv, dass ich deswegen sogar gekündigt hätte und nicht einmal über die Konsequenzen nachdachte. Die Hochzeit in Weiß und der Strickladen waren wie Wichtel zu den Füßen eines Riesen – und der Riese konnte Torten backen.

Vor dem Büro der Geschäftsführerin fühlte ich mich ganz zitterig. Bei meinem Chef war ich schon nervös gewesen, doch das war nicht zu vergleichen mit dem, was mir nun bevorstand. Ich versuchte, so gut ich konnte, an die Konditorei zu denken, die auf mich wartete. Leider versagte in diesem Moment meine Vorstellungskraft. Ich bin kein mutiger Mensch – dieser Gedanke kroch mir den Rücken hinauf.

Lang musste ich nicht auf dem Plastikstuhl vor dem Büro warten, bis mich Frau Dr. Wiese persönlich hereinrief. Das letzte Mal war ich bei meiner Einstellung in diesem Raum gewesen, bei ihrem Vorgänger Herrn Hunziger. Damals war, wenn ich mich richtig erinnerte, die Einrichtung des Raumes zusammengewürfelter gewesen als jetzt. Inzwischen war es ein gediegenes Büro in dunkelbraunem Holz. Die Geschäftsführerin hatte eine Stupsnase und kinnlanges, stahlgraues Haar, wie mit dem Lineal gezogen. Immer wenn sie uns irgendwo über den Weg lief, stieß mir Sonja in die Seite um fassungslos auf mich einzuflüstern. »Sie sieht zwanzig Jahre jünger aus, als sie ist, ist das nicht abartig?«, oder: »Erinnerst du dich an Nancy Reagan? Die sah auch irgendwann aus wie eine alte Barbiepuppe!« Ich fand nie, dass sie zwanzig Jahre jünger aussah. Ihre Haut mochte zwar zu glatt sein für ihr Alter, aber ich sah vor allem den Stahl in ihrem Blick. Den erarbeitete man sich nicht in dreißig oder auch in vierzig Lebensjahren. Und alle wussten, dass mit ihr nicht zu spaßen war. Nur an diesem Tag durfte mich das nicht erschrecken.

»Sie wissen, dass Sie mit Ihrem Ansinnen sämtliche Vorgaben unseres Hauses unterlaufen«, sagte Frau Dr. Wiese, nachdem ich meinen Wunsch vorgetragen hatte. Sie war promovierte Betriebswirtschafterin, wie die Ärztinnen und Ärzte im Haus mit gerümpfter Nase weitererzählten. Sie saß hinter ihrem schweren Schreibtisch und sprach, als würde sie aus einer Broschüre vorlesen, was sonderbar einschüchternd war. Ehe ich etwas antworten konnte, fuhr sie fort: »Sie haben Glück, dass sich Herr Professor Wolff so energisch für Sie einsetzt. Wir haben daher beschlossen, Ihrer Bitte zu entsprechen.« Sie machte eine kurze Pause und sah so streng aus, dass ich mich nicht traute,

Freude oder Erleichterung zu zeigen. »Sie müssen sich bewusst sein, dass wir Ihnen kein Gehalt zahlen und am Jahresende Ihr Weihnachtsgeld anteilig reduzieren werden.«

Ich nickte eifrig und fand auch endlich Worte: »Ja, natürlich, ja, vielen Dank.« Schlagfertigkeit sieht anders aus. Ruckartig stand die Geschäftsführerin auf, reichte mir aber nicht die Hand. Auch ohne einen Handschlag war mir klar, dass ich aus dem Gespräch entlassen war.

Ich wusste nachher kaum noch, wie ich in mein Büro zurückgekommen war. Mein Kopf war eine Weile ganz leergefegt, vermutlich, weil er so viele fremde Ereignisse nicht auf einmal verarbeiten konnte. Ich hatte meinen Chefarzt erpresst und ich war mit dieser Erpressung durchgekommen. Ich hatte alles riskiert und alles gewonnen. Hatte ich wirklich alles gewonnen? Jetzt, nachdem ich zurück in meinem Büro war, wurde ich richtig zitterig. War alles falsch gewesen? Stand ich nun auf der Abschussliste und würde nach meinen vier Wochen Backstube arbeitslos sein? Wer würde mich dann noch nehmen? Bestimmt würde ich nach dieser Sache alles andere als ein gutes Zeugnis bekommen!

Bevor mich meine Befürchtungen überwältigen konnten, fiel mir Natascha ein und ich lief ins Nebenbüro. Ihr gescheckter Kopf drehte sich zu mir, als ich hereintrat.

»Natascha«, sagte ich und mir war unangenehm deutlich bewusst, dass ich sie hätte fragen sollen, ehe ich meinem Chef ihre Hilfe in Aussicht gestellt hatte. »Ich hab ab morgen einen Monat lang unbezahlten Urlaub.«

Natascha öffnete den Mund, wusste aber offenbar nicht, was sie darauf sagen sollte.

»Mein Chef wird eine Menge Hilfe brauchen. Denkst du, du könntest einen Monat lang ein paar Stunden pro Woche aufstocken?« Als ich es nun aus meinem Mund hörte, klang es schräg, aber auch gut.

Natascha schloss den Mund und öffnete ihn dann wieder.

Dann konnte ich an ihrer Miene ablesen, dass sie begriffen hatte, was das für sie bedeutete. »Klar!«, rief sie und klang, als sei meine vielleicht doch Fee kurz auch auf ihrer Schulter gelandet. »Das ist super!« Sie schwieg kurz. »Dann könnten wir zu Jimmys Schwester«, fügte sie versonnen hinzu. »Dann könnten wir wirklich zu Jimmys Schwester.«

Wir lächelten uns einen Augenblick an, dann sagte ich: »Ich muss wieder zurück. Danke, dass du einspringst!«

In meinem Rücken hörte ich Natascha fragen: »Unbezahlter Urlaub?«, und ich lächelte sie über die Schulter ein wenig unsicher an: »Erzähl ich dir, wenn ich zurückkomme!«

Ich musste zurück in mein Büro. Mir war sehr bewusst, was für eine Ausnahmeentscheidung ich dem Krankenhaus abgetrotzt hatte. Dafür wollte ich zumindest noch alles wegarbeiten, was auf meinem Schreibtisch lag. Während ich bei der Geschäftsführerin gewesen war, hatte mir mein Chef einen riesenhaften Berg Arbeit auf den Schreibtisch geschaufelt. Ich würde heute lang im Büro bleiben müssen.

Den restlichen Tag benahm sich mein Chef wirklich seltsam. Anstatt mich in Ruhe arbeiten zu lassen, kam er ständig vorbei, was sonst wirklich nicht seine Art war. Beim ersten Mal erkundigte er sich, ob ich das alles schaffen würde.

»Klar«, sagte ich. »Ich mache das auf jeden Fall alles fertig, bevor ich gehe.« Als er wiederkam, stellte sich heraus, dass er tatsächlich die ganze halbe Stunde an meiner Wortwahl geklebt hatte.

»Sie gehen aber nicht wirklich, nicht wahr?«, fragte er. Chefarzt Wolff liebte Sonnenbänke, was man ihm selbst an dunklen Tagen und ohne im Winter zusätzlich Licht anzuknipsen, ansah. Nun aber wirkte er merkwürdig blass unter seiner Bräune.

»Nein«, sagte ich und ich spürte, dass richtiges Glück in mir aufschwappte. Er würde mir nach vier Backstubenwochen nicht kündigen. »Vier Wochen Urlaub, weiter nichts.«

Er nickte und ging wieder. Die nächsten vier Male brachte er mir Kaffee, Kekse aus seinem geheimen Vorratsschrank, noch mal Kaffee und einen Blumenstrauß aus dem Kiosk im Erdgeschoss. Ich starrte die Blumen länger als nötig an. »Professor Wolff«, sagte ich mit fester Stimme.

»Mögen Sie keine Blumen?«, fragte er ganz besorgt. Ich war sicher, dass er so etwas zum ersten Mal in seinem Leben tat – sowohl das Blumenkaufen als auch das Nachfragen.

Ich lächelte. Das war ein verrückter Tag. »Doch«, sagte ich. »Das ist wirklich nett von Ihnen.« Er sah sehr erleichtert aus und lächelte so, wie ich mir vorstellen würde, dass ein Hund lächelt, dem man gerade nicht nur viel leckeres Hundefutter spendiert hat, sondern dem man auch noch einen großen Vorrat für später in die Besenkammer gestellt hatte.

Gegen acht Uhr piepte ich endlich meinen Chef an, der immer noch irgendwo im Haus herumschwirrte. Er rief mich von einem Wandtelefon an und ich sagte ihm, dass ich fertig sei. Ich würde nun gehen.

»Gut«, sagte er. »Machen Sie es gut. Und kommen Sie bald wieder.« Er klang schroff und ich musste fast lachen. Das war mein Chef, wie ich ihn kannte. Vermutlich war er froh, dass er mir bei diesen Worten nicht ins Gesicht blicken musste. Die Blumen nahm ich mit. Ein emotionaleres Geschenk würde ich möglicherweise nie von ihm bekommen. Ich verließ das Krankenhaus mit einem frohen und zugleich bangen Gefühl. Ich wusste nicht, was mich erwartete – weder bei dem Konditor noch danach. Aber es fühlte sich immer noch richtig an, banges Gefühl hin oder her.

Es dämmerte, als ich über das Krankenhausgelände des Virchow-Klinikums zur U-Bahn ging. Mir war mulmig, als ich allein die Mittelallee entlangging, die jeder lieben musste, der Augen und ein Herz besaß. Auf beiden Seiten die Krankenhausgebäude, halbhoch und weiß wie ein gestrandetes Kreuzfahrtschiff, in der Mitte die mit zwei Baumreihen bestandene Allee, die mich dem

Tor entgegentrug. Die Anlage wirkte wie ein Schiff der Versehrten in einem feindlichen Meer. Ich hatte das feindliche Meer gewählt. War das eine kluge Wahl gewesen?

Der Gegensatz zwischen dem malerischen Klinikumsgelände und der Kreuzung Amrumer Straße – Luxemburger Straße jenseits des Eingangstors konnte nicht drastischer sein. Das dachte ich mir nicht zum ersten Mal, als ich nun zur U-Bahn ging. Eine breite Schleife mit Taxistellplätzen, eine Imbissbude für diejenigen, denen das Krankenhausessen nicht ungesund genug war, dann ein paar Büsche, von denen ich nicht wissen wollte, womit sie gedüngt wurden, und die überdachte Treppe, die zum Bahnsteig hinunterführte. Ich fuhr mit der Linie 9 Richtung Süden. Wie üblich stieg der größte Teil der Mitfahrenden am Bahnhof Zoo aus und eine frische Menschenmenge stieg ein. Ich merkte davon nicht viel, weil ich mein aufgeschlagenes Buch auf dem Schoß liegen hatte.

Bis ich am Bundesplatz ausstieg, hatte ich nicht eine Seite umgeblättert. Ich hatte die ganze Zeit auf den Text gestarrt, ohne etwas zu sehen. Wie ein Roboter, der zurück zur Ladestation strebt, bewegte ich mich durch die Straßen. Als ich vor der Haustür den Schlüssel ins Schloss steckte, hätte ich nicht sagen können, ob mir unterwegs jemand begegnet war.

Entsprechend erschrak ich, als ich Leonhard mit seinem Laptop auf dem Schoß auf dem Sofa sitzen sah.

»Ich wohne hier«, sagte er irritiert, als er mich zurückzucken sah.

Ich lächelte verkrampft. »Lustig«, sagte ich und sank ihm gegenüber auf den dunkelroten Sessel, der sich mit dem Rot des Sofas biss, ohne dass ein Christoph darüber die Nase rümpfen konnte. »Gibt's in der Schule etwas, was ich wissen sollte?«, fragte ich und Leonhard grinste mich an.

»Das hast du schon ungefähr hundert Jahre nicht mehr gefragt.« Er hatte recht. Nur dass die hundert Jahre eher zwei Jahre waren – seit er mit Beginn der Oberschule wie durch Zauberhand den pubertären Stumpfsinn hinter sich gelassen und plötzlich wieder gute Noten geschrieben hatte. Es war nicht so, dass ich mich seitdem nicht mehr für seine Schulleistungen interessiert hatte. Ich hatte ihm nur nicht mehr diese Frage gestellt. Das war meine Art, seinen neuen Lebensabschnitt zur Kenntnis zu nehmen – er schrieb plötzlich gute Noten und ich fragte auf andere Weise. »Gehst du grad gern zur Schule?«, fragte ich, oder: »Welche Kurse magst du momentan besonders?«, oder einfach: »Was macht die Schule?« Oft erzählte Leonhard aber, ohne dass ich fragen musste. Er erzählte von den Kurszusammensetzungen und dass Tim, der in der ersten Klasse ständig in die Hose gemacht hatte, jetzt ein Tattoo am Hals trug. Er erzählte, dass Clara angeblich eine Abtreibung hatte machen lassen. Und dass er mir nie wieder etwas erzählen würde, wenn ich das irgendjemandem gegenüber erwähnte. Er sagte mit unbeteiligter Stimme, dass Vivian sich echt verändert habe, und ich verkniff es mir, darauf etwas zu sagen. Stattdessen nickte ich, als Leonhard einen Tag später meinte, Mädchen, die gut aussehen und Humor haben, seien echt selten. Am Tag darauf fragte er, ob ich ihm Geld für den Friseur geben würde. Und ob ich ihn eigentlich witzig finden würde. Da trat ich auf ihn zu, drückte ihn an mich, wie ich es bei meinem großen Sohn nur noch selten tat, und sagte: »Die Mädchen müssten sich eigentlich schon in dich verlieben, wenn sie dich zum ersten Mal sehen. Und wenn sie blind sind, verlieben sie sich in dich, weil du so witzig bist.« Ich spürte, wie er schnaubte, aber als er dann sagte: »Hör auf, Mama, so ein Quatsch«, da hörte ich an seiner Stimme, dass ich ihn beruhigt hatte. Auch wenn ich, wie er immer sagte, seine Mutter war und deswegen das alles sowieso nicht beurteilen konnte. Und nun war es statt Vivian Diana geworden.

Diese Gedanken hatten mich erfolgreich von meinem eigenen Durcheinander abgelenkt. »Wo hast du Diana eigentlich kennengelernt?«, fragte ich.

Leonhard sah mich an und lachte dann kurz auf. »Im Krankenhaus«, sagte er. »Sie ist Krankenschwesternschülerin in der Chirurgie.«

Das machte mich kurz sprachlos. »Im Ernst?«, fragte ich dann.

»Im Ernst«, sagte Leonhard. »Sie ist so schnell aus dem Büro neben deinem rausgestürmt, dass sie mich fast umgerannt hätte.« Er zuckte die Achseln. »Und das war's.«

»Holla«, sagte ich. »Liebe auf den ersten Blick, ja?«

Leonhard strahlte mich an, ganz ohne Ironie. »Kann man so sagen, ja«, sagte er und widmete sich dann, immer noch von einem Ohr zum anderen grinsend, seinem Laptop. Ich nickte wie ein Wackeldackel, bis Leonhard ohne aufzusehen fragte: »Und du, hast du über diese Konditoreisache noch mal nachgedacht?«

Ich schüttelte stumm den Kopf und nickte dann. »Nein. Ja. Nein«, sagte ich sinnlos.

Leonhard blickte auf. »Wie?«

Ich atmete tief ein. »Ich fange morgen mit dem Praktikum an.«

Wir hatten am vergangenen Abend lang darüber geredet, Leonhard und ich. Zunächst war Leonhard der Panik nah gewesen, so mein Eindruck. Weil wir verarmen würden. Weil er in einem Monat eine arbeitslose Mutter haben würde. Alt und arbeitslos. Ich hatte versucht, das nicht persönlich zu nehmen, aber das war nicht so einfach gewesen. »Hör auf damit«, hatte ich schroff gesagt. »Mein Chef wird mich nicht so einfach gehen lassen. Und selbst wenn«, hatte ich hinzugefügt, als Leonhard den Mund geöffnet hatte, um zu protestieren, »selbst wenn er das tun würde – ich bin ja wohl nicht unvermittelbar!« Ich war gegen Ende hin laut geworden und Leonhard war sensibel genug, an dieser Stelle keine Gegenargumente zu bringen. Aber er hatte weiter besorgt ausgesehen. »Außerdem haben wir Geld auf der hohen Kante«, hatte ich eingewandt, auch wenn ich fand, dass ein Kind so etwas nicht zu wissen brauchte, weil sich ein Kind keine Geldsorgen machen sollte. Da Leonhard aber schon damit angefangen hatte und zumindest der Körpergröße nach längst kein Kind mehr war, sagte ich es trotzdem. »Papa hat mich ausbezahlt, er hat ja jetzt das Haus«, sagte ich. »Wir haben diese Wohnung gekauft und noch Geld übrig. Es gibt keinen Grund, besorgt zu sein.« Das stimmte nur zum Teil. Aber es genügte, wenn ich mir Sorgen machte. Sollte ich wirklich nach dem Himmelfahrtskommandopraktikum arbeitslos sein, würde das Geld auf der hohen Kante vielleicht drei Monate reichen. Zu wenig zum Leben, zu viel zum Sterben, würde meine Mutter sagen. Ich hasste es, wenn sich meine Mutter mit ihren Sprüchen in mein Leben einmischte. Das alles war schon schwierig genug ohne sie.

Leonhard verschwand nach dem Abendessen in seinem Zimmer und ich bat ihn, leise zu sein, denn ich würde früh schlafen, um am nächsten Morgen um fünf Uhr vor der Backstube stehen zu können. »Abartig«, hatte Leonhard diese Uhrzeit genannt und ich hatte ihm insgeheim recht gegeben.

Vor dem Einschlafen rief ich, mit dem Laptop im Bett liegend, meine Doublecheck-Seite auf. Peter, der Mann, der auf der einsamen Insel seine Streichhölzer mit mir teilen wollte, hatte wieder geschrieben.

Post hatte ich von mehr Männern als nur von ihm bekommen. An diesem Tag fing ich an, diejenigen zu sperren, von denen ich keine Nachricht mehr bekommen wollte. Und ich entschied schnell. Es wurden zu viele und ich brauchte schon unsinnig lang, um nur denen zu schreiben, die mich interessierten. Niemals würde meine Zeit reichen, um allen zu antworten. Und ich würde mich früher oder später verabreden müssen, aber nie im Leben mit zehn Männern, wenn ich mich überhaupt irgendwann überwinden würde, auch nur einen zu treffen. Peter zum Beispiel. Oder Karl: *»Liebe Unbekannte! Ich weiß, wie abgeschmackt es ist, wenn sich zwei kennenlernen, die im Krankenhaus arbeiten. Ärztin und Krankenpfleger! OP-Schwester und Anästhesist! Und jetzt: Arzt und Chefsekretärin! Leider kann ich das nicht än-*

dern, ich würde mich trotzdem oder gerade deswegen über Post freuen. Ich backe nicht gern, dafür koche ich aber. Und als ich bei ›Einsame Insel‹ deinen Werkzeugkasten gefunden habe, bin ich ganz rot geworden, weil das so eine perfekte Idee ist und mein ›Ein gutes Buch‹ so lahm und pseudointellektuell. Herzliche Grüße, Karl.« Ich spürte das Lächeln auf meinem Gesicht. Und es freute mich, dass er weder sein Bild freigeschaltet noch nach meinem gefragt hatte. Dann las ich Peters Mail. Apropos Bild.

»Liebe Nina«, schrieb er, *»darf ich sagen, dass mich dein Bild froh gemacht hat?«* Ich musste ein paarmal tief durchatmen, um nicht auf der Stelle in Ohnmacht und schräg auf die Tastatur zu fallen. *»Es mag ja sein, dass es auf innere Werte ankommt, aber ist es nicht perfekt, wenn zu den inneren auch äußere Werte kommen? Ich hätte dich gern meinem Sohn vorgestellt, aber er ist nicht hier. Viel zu lang habe ich ihn nicht mehr gesehen. Nina! Wann ist es Zeit, aus einem virtuellen Kontakt einen realen zu machen? Jetzt? Ich würde mich sehr freuen!«*

Das geht mir zu schnell, war mein erster Gedanke. Und dann: Worauf wollte ich warten? Wenn er der Richtige war, verplemperte ich nur Zeit, die ich besser mit ihm verbringen konnte. Wenn er der Falsche war – darüber würde ich bei anderer Gelegenheit nachdenken. Ich schrieb beiden und war sehr stolz auf mich. Ach was, ich dachte darüber nach, wieder aufzustehen und mir einen Orden zu basteln für diese Leistung! Und noch dazu – dafür hätte ich sogar einen Pokal verdient – hatte ich Peter etwas ganz Verwegenes geschrieben: *»Lieber Peter, lass uns verabreden, ja. Schlag etwas vor.«*

Weil ich aber ich war, schlief ich danach schlecht und dachte in den halbwachen Phasen darüber nach, wie ich in so müdem Zustand meinen ersten Konditoreitag überstehen wollte. Und darüber, was wäre, wenn sich Karl nie wieder melden würde. Und vor allem wie ich es überleben sollte, wenn ich für Peter die Falsche war.

BACKSTUBE DER TRÄUME

Mit gutem Willen konnte man es Dämmerung nennen, durch das ich am nächsten Morgen mit dem Fahrrad fuhr. Ich hatte mich in Rekordzeit gewaschen und angezogen und fuhr nun hellwach Richtung Rüdesheimer Platz. Eigentlich hätte ich gedacht, dass ich mir gegen die Müdigkeit solche Comicfilm-Streichhölzer senkrecht zwischen die Augenlider hätte stecken müssen, aber weit gefehlt. Ich war so wach wie selten zuvor, vermutlich rauschte statt Blut pures Adrenalin durch meine Adern. Die Vögel zwitscherten, offenbar hielten auch sie die Zeit für Morgen statt für Nacht. Schön war das, dachte ich. Wirklich schön. Es war kaum jemand unterwegs, insgesamt fuhren drei Autos an mir vorbei. Da denkt man immer, eine Stadt wie Berlin schläft nie, aber kurz vor fünf schläft zumindest der allergrößte Teil.

Am Rüdesheimer Platz angekommen, schloss ich mein Fahrrad an einem Straßenschild an der nächstliegenden Straßenecke ab. Von den drei Fahrradständern an dem metallenen Werbeschild vor der Konditorei war sicher keiner für die Praktikantin reserviert.

Ich hatte mal etwas über weißes Rauschen gelesen. Wenn ich das richtig verstanden hatte, wird dabei einem Geräusch ein anderes entgegengeschickt und dadurch heben sich die Geräusche auf und das Ergebnis ist Stille. So fühlte ich mich gerade. Das Erste, was mir heute beim Aufwachen eingefallen war, war meine Mail an Peter. Ich hatte kurz meinen Computer angeworfen und festgestellt: Er hatte nicht geschrieben. Jetzt war also die eine Angst die vor Peters Antwort, die andere Angst die vor dem Konditor und allem Drumherum. Und wie beim weißen Rauschen schienen sich die Ängste gegenseitig aufzuheben. Unerwartet ruhig stand ich vor der Tür der Backstube und wartete. Alles war dunkel. Ich wusste nicht, was ich tun sollte – sollte ich irgendwo klingeln? Es gab zwei unbeschriftete Klingeln im Durchgang neben der Konditorei und eine zerkratzte alte Holztür. Neben der Holztür gab es in Fußhöhe zwei schmale, dunkle Fenster. Während ich mich noch fragte, was alles passieren konnte, wenn ich eine der namenlosen Klingeln drückte, wurde hinter einem der Fußfensterschlitze das Licht eingeschaltet. Das musste der Konditor sein. Beherzt klopfte ich gegen die Tür, die sich auch gut in einem Horrorfilm gemacht hätte. Bevor ich mich in entsprechende Fantasien hineinsteigerte, klopfte ich ein zweites Mal, diesmal länger und lauter. Nichts geschah. Dann flackerte das Licht hinter dem zweiten Fensterschlitz, offenbar sprang eine Neonröhre an. Ich beugte mich hinab und klopfte gegen das Glas. Klopfte ein zweites Mal, falls der Konditor das erste für Einbildung gehalten hatte.

Eine knappe Minute später öffnete sich die Horrorhaustür und vor mir stand ein Mann, höchstwahrscheinlich der Konditor.

»Ja?«, fragte er. Er war groß und breit und füllte fast den ganzen Türrahmen aus. Hinter ihm brannte das Licht, sodass sein Gesicht im Schatten lag. »Kann ich Ihnen helfen?« In dem Ton hätte er noch anhängen können: »Oder soll ich Ihnen Beine machen?«

Entgegen meinem Instinkt drehte ich mich nicht um und lief davon, sondern streckte ihm so ruckartig die Hand entgegen, dass er sie reflexhaft ergriff. Sie verschwand vollkommen in seiner riesenhaften Pranke. Ich stand an der Tür zur Höhle des Riesen und als Nächstes würde er den Mund öffnen und mich verschlingen.

»Ich bin Nina Scheibe«, sagte ich und versuchte, so laut wie möglich zu sprechen, um meine unsinnige Angst zu übertönen. »Ich bin die Praktikantin!«

Im ersten Moment schien er sprachlos, dann lachte er böse auf. »Sie sind die Praktikantin?« Dabei fiel etwas Licht auf sein

Gesicht. Er hatte einen sehr breiten Mund, aber schmale Lippen. Es sah aus, als hätte jemand mit einem Messer quer durch sein Gesicht geschnitten. Der Konditor lehnte sich ein wenig gegen den Türrahmen und ich konnte ihn nun besser erkennen. Er trug ein weißes, kragenloses und zweireihig geknöpftes Hemd mit breiten Aufschlägen, darunter eine weiße Hose mit kleinen schwarzen Karos. Sein Kopf war kahl, was ihn noch härter wirken ließ.

»Hat man Ihnen nichts von mir gesagt?«, fragte ich. Ein ungehobelter Konditor würde mich nicht in die Flucht schlagen, beschwor ich mich.

Er lachte noch einmal. »Doch!«, sagte er. Er musterte mich so unverschämt wie ein Modemacher, dem man ein junges, knochiges Model versprochen und dann mich vor die Tür gestellt hatte. Aber dieser Fleischberg von einem Mann war schließlich nicht Modemacher, sondern Konditor. Hätte ich in diesem Augenblick einen Wunsch frei gehabt, ich hätte mich auf den Mond gewünscht. Ja, ich wäre wirklich so blöd gewesen, nicht *ihn* auf den Mond zu wünschen! Er fügte hinzu: »Aber dass die Praktikantin so alt sein würde, das hat mir keiner gesagt!«

Ich starrte ihn entgeistert an. Wenn man kein bewaffneter Gangster beim Betreten eines Saloons im Feindesgebiet ist, ist man gewöhnlich auf frontale Angriffe nicht vorbereitet. Das war ich auch nicht. Einen kurzen Moment fürchtete ich, in Tränen auszubrechen, doch der verging. Vielleicht war es der abscheuliche Oberarzt, der mich gegen Gemeinheiten dieser Art zumindest ausreichend gestählt hatte, nicht loszuheulen. »Wie alt sind denn Sie?«, stieß ich hervor.

»Fünfundvierzig«, sagte er und grinste böse. Ich wartete darauf, dass er hinzufügte: Und meine Praktikantin habe ich mir halb so alt wie mich vorgestellt – nicht doppelt so alt!

Man kann vielleicht ermessen, wie sehr ich diesen Praktikumsplatz haben wollte, denn ich drehte mich nicht auf dem Absatz um. Stattdessen sagte ich als Antwort auf die unausgesprochene Frage: »Ich bin vielleicht nicht halb so alt wie Sie, aber ich habe hoffentlich nur halb so schlechte Manieren.« Zu einem späteren Zeitpunkt würde ich stolz auf diesen Satz sein. So schlagfertig war ich seit Jahren, ach was, seit Jahrzehnten nicht gewesen! Allerdings musste es auch sonderbar gewirkt haben, schließlich hatte er den Satz mit dem »halb so alt« nur in meiner Vorstellung gesagt. Während ich immer noch vor dem feindlichen Konditor und dem von ihm versperrten Eingang stand, fühlte ich mich unendlich erschöpft. Ich fühlte mich, als würde ich, wenn er nun die Tür vor meiner Nase zuschlagen würde, auf dem Boden zusammensinken und nie wieder aufstehen.

Ohne auf meinen Satz zu reagieren, starrte er mich weiter ärgerlich an, als hätte man ihm im Autohaus einen Ferrari versprochen und stattdessen einen Volvo vors Haus gestellt. Aber, dachte ich verzagt, ein Volvo fährt auch. Und dieser Mistkerl konnte, wie ich ja bereits wusste, besser backen, als er es verdient hatte.

»Gut«, sagte er schließlich. »Wir sind spät dran.« Er drehte sich um und ging in die Backstube, während ich ihm hinterherstolperte. Er hatte ein breites Kreuz und ich dachte, wenn ich ihm jetzt irgendwas wütend hinterherschleudern würde, dann würde er das wahrscheinlich nicht einmal spüren.

Hinter der hässlichen Tür führte eine schmale Treppe links hinunter in den Keller. Er lag nicht vollständig unter Straßenniveau, sodass eine Seite des Raums zur Decke hin mit etwa dreißig Zentimeter hohen Fenstern abschloss. Die Stufen waren ausgetreten, in der Mitte grau, an den Rändern noch mit der ursprünglichen weißen Lackierung. Sonderbar, dachte ich, lackierter Boden. Der Boden in der langgestreckten Backstube war ebenfalls abgetreten. Ringsum verliefen halbhohe Tische, teilweise mit Unterschränken, teilweise mit offenen Regalen darunter, rechter Hand reichte ein Backofen vom Boden bis zur Decke. An der Kopfseite des Raumes befand sich eine weitere Tür, daneben standen große Maschinen, die vermutlich schon die Urgroßeltern des bösen Konditors bedient hatten. In der

Mitte des Raumes stand ein bemehlter, langer Tisch, auf dessen Mitte eine Apparatur geschraubt war, Funktion unklar.

»Dass die Praktikantin so alt sein würde« pochte in meinem Kopf wie eine schlimme Migräne. Was tat ich hier? Was um alles in der Welt tat ich hier?

Der Konditor, dessen Namen ich noch immer nicht kannte, erschien in diesem Moment wieder in der hinteren Türöffnung, in der er zuvor verschwunden war und neben der ich instinktiv gewartet hatte. Mit unbewegtem Gesicht streckte er mir ruckartig seine Hände entgegen, so wie ich zuvor bei der Begrüßung, in der einen hielt eine kurze weiße Jacke, in der anderen ein weißes Ding. »Jacke«, sagte er und wackelte mit der einen Hand, »und Schiffchen«, er wackelte mit der anderen. Ich nahm die Sachen ebenso reflexhaft wie er zuvor meine Hand. Ich schlüpfte in die Jacke, die mir glücklicherweise ziemlich gut passte, knöpfte sie zu und steckte mein Haar so gut es ging unter das Schiffchen, eine Art Minikochmütze. Einen anderen Menschen hätte ich fragen können, woher das Ding diesen komischen Namen hatte, bei ihm aber hätte ich mir eher die Zunge abgebissen.

Während er den langen Tisch entlang Richtung Backofen eilte, rief er mir über die Schulter zu: »Falls sie meinen, ich würde mir Ihren Namen merken, haben Sie sich geschnitten. Sie heißen Uschi.«

Das war der Moment, in dem sich dieser erste Tag entschied. Es ist sonderbar, wie langsam manchmal ein Augenblick vergeht. Oder wie viele Gedanken in einen einzigen Wimpernschlag passen. In diesem Moment jedenfalls dachte ich, wenn ich hätte gehen wollen, hätte ich es vorhin an der Tür tun müssen, als er so böse über mein Alter gelacht hatte. Und dann dachte ich, das ist doch eine ganz miese Schikaneschlange, wenn ich mich Uschi nennen ließe, würde er als Nächstes verlangen, dass ich »mein König« zu ihm sagte, oder er würde Erbsen vor mir auskippen und sie mich verlesen lassen. Aber ich hatte keinen Baum wie Aschenputtel, unter dem ich ein Wunder erwarten konnte. Ich musste mich um mich selber kümmern, das wurde mir in diesem Augenblick klar. Es war immer noch derselbe Moment, in dem ich mich fragte, wo in den letzten zwanzig Jahren die finstere Welt gesteckt hatte, bevor ich innerhalb kürzester Zeit von einer Französin, einem Oberarzt und einem Konditor gedemütigt worden war. Wann hatte ich das letzte Mal für mich einstehen müssen? Und dann waren all die Gedanken auch schon vorübergezogen. Ich fühlte, wie mir im Geiste Kirsten die Hand drückte, meine mutige Freundin Kirsten, und so sagte ich mit fester Stimme: »Das kommt überhaupt nicht infrage!«

Der Konditor hatte sich gerade gebückt und richtete sich nun wieder auf. »Was?«, fragte er und ich musste Kirstens Hand im Geiste sehr fest zurückdrücken, um jetzt nicht einzuknicken. »Ich heiße Nina«, sagte ich dann und hielt seinem Blick stand.

Einen Moment, der ähnlich lang war wie der Uschi-Augenblick, sah er mich schweigend an, dann nickte er ruckartig. »Okay«, sagte er dann, als hätten wir auf dem Basar gefeilscht und er sei schließlich doch mit dem Preis einverstanden. Er bückte sich und holte einen Stapel Bleche unter der Arbeitsplatte hervor. »Waschen Sie sich die Hände«, sagte er, ohne mich anzusehen, und ich folgte seiner Anweisung.

Er zog in der Zwischenzeit Backformen und Kuchengitter unter den Arbeitsplatten hervor und von den Regalen ein paar Schüsseln. Über das Geklapper hinweg rief er nach einiger Zeit, in der er offenbar nachgedacht hatte: »Okay. Nina. Kann ich mir merken.«

Ich spürte ein Triumphgefühl, das ich ohne Frage hysterisch nennen kann. Ein Triumphgefühl, weil der Konditor bereit war, mich nicht Uschi, sondern Nina zu nennen? Das würde ja gut werden!

Der mürrische Konditor zeigte mir mit möglichst wenig Worten die Backstube. Sein Wortschatz bestand vor allem aus »hier!«. Er öffnete den riesenhaften Backofen, der ungefähr hundert Schubleisten für Bleche hatte: »Hier!« Er öffnete die

Schubladen mit Besteck, Teigschabern und anderem Kleinkram: »Hier!« Er öffnete den riesenhaften Kühlschrank: »Hier!« Als er schließlich alle Hiers losgeworden war, wurde ich einem Verhör unterzogen. Dazu stützte er sich mit beiden Händen auf die Arbeitsfläche in der Mitte der Backstube. Ich befand mich auf der anderen Seite der stumpfen Fläche, die ich für Stein hielt, und konnte vermutlich von Glück sagen, dass er keine Tischlampe geholt hatte, mit der er mir ins Gesicht leuchten konnte.

»Haben Sie irgendwas an Erfahrung?«, blaffte er mich an.

»Sie meinen, ob ich schon mal was gebacken hab?«

»Zum Beispiel!«, sagte er mit schmalen Augen. Klar, er hatte nicht gemeint, ob ich schon mal eine Wand eingezogen hatte.

Ich nickte. »Ja«, sagte ich und hatte kurz Angst, mit einem Schlag sämtliche Teigsorten vergessen zu haben und nur Sätze wie »Teig, in den man Dingswürfel wirft, die es im Kühlregal gibt, und der dann größer wird« sagen zu können. »Ich kann Hefeteig, Rührteig und Brandteig machen. Und natürlich Mürbeteig«, sagte ich und fand selbst, dass ich mich wie eine schlechte Lügnerin anhörte.

Wir sahen uns stumm an. Meine letzte Prüfung war ewig her, aber die hatte ich nicht so ekelhaft in Erinnerung. Ich hatte aber, glaube ich, auch fundiertere Dinge gesagt. Schließlich nickte er. Er sah eher so aus, wie ich mir einen Metzger vorstellte, mit breitem Kreuz und großem Kopf. Für einen Ringer war er vermutlich zu groß, aber die Figur hatte er – alles an ihm wirkte stabil, als hätte ihn das Kind eines Riesen geformt, das noch nicht geschickt genug für Feinarbeiten war.

Ich verbrachte den Vormittag damit, nach ein paar laminierten Rezepten ein Dutzend Teige zu kneten. Als ich ihm den zwölften Teig fertig hinstellte, fragte ich: »Und wie heißen eigentlich Sie?« Es war eine bescheuerte Situation. Es gibt Dinge, wenn man die nicht rechtzeitig fragt, ist der Zeitpunkt einfach vorüber. Dann kann man sie gar nicht mehr fragen. Ich hatte den richtigen Zeitpunkt lang, lang verstreichen lassen.

»Kotte«, sagte er. Ich starrte ihn an. Das war sein Name? »Kotte?«, wiederholte ich vorsichtig. Ich sollte ihn mit einem Spitznamen ansprechen?

»Haben Sie ein Problem damit?«, fragte er und blickte nicht einmal auf. Inzwischen wusste ich, wozu die Apparatur gut war, die auf den Steintisch in der Mitte des Raumes geschraubt war: Damit konnte man Teig ausrollen. Der mürrische Konditor hatte damit zum Beispiel vier tadellose Blechkuchenteige vorbereitet. Hefeteig mit Obst oder Obst und Streuseln. Der Riegel, der quer über den Tisch verlief, konnte durch einen Schraubmechanismus in der Höhe verstellt werden, und mithilfe eines Zahnrades ließen sich die Walzen bewegen, durch die der Teig hindurchgezogen und dabei flach gewalzt wurde. Kotte rollte gerade einen weiteren Teig aus.

»Ist das ein Spitzname?«, fragte ich vorsichtig.

Jetzt hielt der Konditor beim Walzen inne. »Nein«, sagte er irritiert, »das ist ein Nachname.«

Dass mir an dieser Stelle ein Lachen entschlüpfte, war vermutlich meiner Anspannung geschuldet, die sich noch immer nicht ganz gelegt hatte. Der Konditor richtete sich auf. »Was ist daran witzig?«, fragte er.

Ich musste wieder lachen, ich konnte es nicht unterdrücken. Dann schüttelte ich den Kopf. »Nichts«, sagte ich. »Nichts, wirklich!« Ich schüttelte immer noch den Kopf, doch er sah mich weiter abwartend an. »Du liebe Zeit«, platzte ich heraus, »ich dachte einfach, ich dachte einfach ...« Meine Stimme verklang und ich musste erneut Schwung holen. »Also«, sagte ich. Ich würde heute nicht den Preis für die ausgefeilteste Rede gewinnen! »Ich habe gesagt, dass ich Nina heiße. Und Sie haben gesagt, Sie heißen Kotte. Ich dachte einfach, das wäre ein Vorname!« Ich verdrehte die Augen, weil es mir so peinlich war. Dieser Tag war wirklich eine schwere Prüfung!

Der Konditor sah aus, als fände er das auch. Er holte sichtlich Luft und sagte: »Nee. Nee. Das ist ein Nachname. Ich heiße

Sven. Das ist der Vorname.« Er hatte bei den letzten Worten die Augenbrauen zusammengezogen. »Sven.« Er nickte abschließend und wandte sich wieder seinem Teig zu. Während er die Kurbel drehte, fragte er, ohne mich anzusehen, »können Sie Pudding kochen, ohne dass er anbrennt?«

Ich brauchte ein paar Sekunden für die Antwort, weil ich noch dem Geschehen hinterherhinkte. Er hatte vorgehabt, sich Herr Kotte nennen zu lassen, war aber nun zu Sven übergegangen. Das war gut, oder? Ich bejahte die Frage in meinem Inneren. »Ja«, antwortete ich mit Verzögerung, »kann ich«. Er nickte, ohne mich anzusehen. »Also: sechsmal Vanillepudding, fünfmal Schokoladenpudding. Wofür?« Er schnauzte mich richtig an. Vermutlich empfand er die Sache mit seinem Vornamen als Niederlage, die er ausbügeln sollte. »Buttercreme!«, antwortete ich. Er nickte kurz und drehte sich um.

Keine Ahnung, was er den Rest des Vormittags tat, ich jedenfalls kochte viele Liter Pudding und kleidete einen Berg von Torteletteformen mit Teig aus, ich schlug töpfeweise Sahne und als ich fertig war und alles geputzt und geschrubbt hatte, standen ungefähr ein Dutzend Torten im Kühlraum. Ein weiteres Dutzend hatte der Konditor, dessen Namen ich bisher nicht in den Mund genommen hatte, zwischendurch in den Verkaufsraum gebracht. Dass immer nur er nach oben ging, gab mir das Gefühl, auf einer Galeere mit schwerem Eisen an den Ausrolltisch gekettet zu sein. Freiwillig, musste ich immerhin zugeben. Ich wischte ein letztes Mal über eine der Arbeitsplatten und mir fiel ein, dass es in meiner Kindheit die Zeichentrickserie ›Wickie und die starken Männer‹ gegeben hatte und dort ein schrecklicher Sven vorgekommen war. Der Sven hier neben mir war nicht so hässlich wie der schreckliche Sven. Aber wenn mich der mies gelaunte Sklaventreiber als Praktikantin behielt, würde ich ihn insgeheim den schrecklichen Sven zu nennen, bis er mich eines Besseren belehrte. Der schreckliche Sven sah mich nicht einmal an, als er sagte: »Na dann bis morgen.«

Ich band mir die Schürze ab und nahm das Schiffchen vom Kopf. In den vergangenen Stunden hatte ich irgendwann einen Blick in den Nebenraum geworfen, aus dem Sven dies beides am Morgen hervorgezaubert hatte. Des Rätsels Lösung waren ein paar Haken gewesen, die dort aus der weiß verputzten Wand ragten, gleich neben der Tür zum Kühlraum. Dort hängte ich Schürze und Schiffchen auf, ohne dass Sven aufsah. Auf meinen Gruß am Fuß der Treppe reagierte er nicht, vermutlich hatte er mich bereits vergessen.

Ich stieg die wenigen Stufen hinauf und trat durch die abgenutzte Tür und den schmalen Durchgang auf die Straße. Kurz war ich verblüfft, wie hell es draußen war. Mein erster Tag in der Konditorei war vorüber und mein Kopf war so sonderbar leicht, als könnte ich jeden Augenblick in Ohnmacht fallen. Ein gutes Gefühl war das, ich hatte es geschafft! Zwar hatte ich nichts gelernt, außer dass ich nun Teigausrolltischvorrichtungen kannte, aber ich hatte die Feuerprobe bestanden. Der schreckliche Sven akzeptierte mich, obwohl ich so alt war. Ein Teil von mir wollte ihn für all das hassen, ein anderer wollte damit weder Zeit noch Energie verschwenden. Morgen würde ich wiederkommen, das war alles, was zählte.

Es war sonnig und warm und auf dem Rüdesheimer Platz saßen die Menschen einzeln und in Grüppchen. Ich staunte, wie viele Menschen hier in der Gegend an einem normalen Dienstagmittag nicht arbeiteten. Nachdem ich mein Fahrrad aufgeschlossen hatte, merkte ich, dass ich noch nicht nach Hause fahren wollte. So schob ich mein Fahrrad zu einer freien Bank und setzte mich. Ich fühlte mich wie im Urlaub. Ich fühlte mich wie in einem besseren Leben. Merkwürdigerweise bekam ich den dummen Spruch von der alten Praktikantin nicht aus dem Kopf, doch er machte mir eigentlich nichts aus. Er kugelte sinnlos durch meinen Kopf wie ein Minigolfball, der zu klobig für eins der vorgefertigten Löcher war, doch die Sonne schien und es war mir, als hätte ich seit vielen Jahren – oder auch seit immer – zum ersten Mal stundenlang genau das getan, was ich gerne tat.

Dort in der Sonne sitzend fühlte ich mich so wohl, dass es meine Vergangenheit wagte, sich anzupirschen. Ein Teil meiner Vergangenheit verhielt sich gewöhnlich wie ein fairer Boxer: War ich schwach, legte er sich nicht mit mir an. War ich in guter Verfassung, konnte er mir die Chance geben, ihn zu besiegen.

Im letzten Semester meines Studiums war ich schwanger geworden. Ich hatte mir viele Kinder gewünscht und jetzt, so dachte ich damals, würde alles passen: Studium abgeschlossen, erstes Kind, perfekt. Zumindest wäre alles perfekt gewesen, wenn ich nicht so entsetzlich zugenommen hätte. Das hat meine ganze Schwangerschaft überschattet. Wenn Frauen erzählen, dass sie es so genossen haben, schwanger zu sein, dass sie sich so gesund gefühlt haben und so weiblich – dem allen kann ich nicht beipflichten. Ich habe mich hässlich gefühlt. Und wenn ich über die wenigen Fotos stolpere, die in den Monaten entstanden sind: Ich war es auch. Mein Gesicht war aufgedunsen, ich sah so ungelenk aus, wie ich in diesen Monaten auch war, meine Haare sahen dünn und ungepflegt aus. Auf allen erhaltenen Fotos steht mir ins Gesicht geschrieben, wie elend ich mich in meiner Haut fühlte. Wie in einer Zeitmaschine, in die man mich gegen meinen Willen gesperrt hatte, wurde ich wieder zu dem übergewichtigen Teenager, der ich vor meiner Krankheit gewesen war. Christoph war davon, das kann ich heute erkennen, genauso überfordert wie ich selbst.

Mit einiger Anstrengung schwamm ich durch den tiefen Zeitsee zwischen damals und jetzt. Mir ging es gut. Ich hatte das alles hinter mir gelassen. Ich spürte, dass ich mich eigentlich weiter durch diese Zeit hätte wühlen sollen, doch dazu war ich in diesem Moment, Sonne hin, Sonne her, nicht in der Lage. Auch Lebertran kann man nur in begrenzter Dosis schlucken. Vielleicht am nächsten Tag. Vielleicht, wenn ich mehr über Torten gelernt hatte.

Auf der Rückfahrt nach Hause gewann ich meine gute Laune zurück. Selbst der alte Maczeyzek, der mir aufgelauert zu haben schien, konnte sie mir nicht verderben.

»Frau Scheibe!«, sagte er aufgebracht, als er mich im Hausflur stoppte. Er betonte »Frau«, wie er es immer tat, wenn er eine Beschwerde loswerden wollte. Als wolle er sich vom ersten Wort fest abstoßen, um mit seinem Redeschwall möglichst weit zu kommen. »Es muss etwas wegen der Reklamesendungen passieren! Dieser Mensch«, Maczeyzek sagte immer »Mensch«, weil er meinte, die Emanzipation habe vor allem mehr kriminelle Frauen hervorgebracht. Wenn es also um Unbekannte mit schlechtem Charakter ging, betonte er immer, dass es sich sowohl um Männer als auch um Frauen handeln konnte. Ich konnte mir vorstellen, warum sich seine Frau vor Jahren von ihm hatte scheiden lassen.

»Dieser Mensch lädt seine Reklamesendungen bei uns im Treppenhaus ab und lügt und betrügt und behauptet ganz sicher, dass er alle Reklamesendungen ordnungsgemäß verteilt hat, dieser Mensch, und dafür bekommt er Geld und wir haben den Ärger mit der blauen Tonne!« Die blaue Tonne war eins seiner Lieblingsthemen. Natürlich immer in Kombination mit schlechten Menschen. Schlechte Menschen, die falsche Dinge in die blaue Tonne warfen. Schlechte Menschen, die Reklamezettel in unserem Treppenhaus versteckten und damit unsere blaue Tonne überlasteten.

Ich lächelte ihn an, sowohl ihm als auch dem Zettelverteiler so zugeneigt, dass ich als Nächstes vermutlich yogimäßig im Schneidersitz schweben würde. »Vielleicht bekommt der Mensch sehr wenig Geld für die Verteilerei. Und wenn er nicht große Mengen Zettel in Hausfluren versteckt, kann er seine Kinder gar nicht ernähren.« In der Zeit, die er brauchte, um diesem Gedanken hinterherzudenken, schob ich mich an ihm vorbei und lief die Treppe hinauf.

Über die Fische in unserem kleinen Flur konnte ich mich immer noch fast täglich freuen. Ich kürte einen neuen zu meinem Lieblingsfisch, den grünen mit der Brille. Während ich nur versucht hatte, Größe und Form zu variieren, hatte Leonhard unseren Mitbewohnern auch extravagante Accessoires verpasst.

»Leonhard?«, da ich keine Antwort bekam, war ich offenbar allein in der Wohnung. Ich füllte mir ein großes Glas mit Leitungswasser und schaltete meinen Laptop ein. Während er summte und mich begrüßte, ging ich ins Badezimmer. Ein Schatten meiner Erinnerung an meine Schwangerschaft war geblieben, ich blickte in den Spiegel und betrachtete mich. Mit den Händen versuchte ich, einen Teil meiner Wangen abzudecken. Würde ich mir besser gefallen mit einem schmaleren Gesicht? Ich zog die Augenbrauen in die Höhe, um meine Augen größer zu machen, und auf meiner Stirn erschienen tiefe Falten. Ich versuchte, meine Augen aufzureißen, ohne diese tiefen Falten zu provozieren. Ich strich mir mit den Fingern die Haare rechts und links ins Gesicht. Vielleicht brauchte ich eine andere, eine neue Frisur. Ich seufzte über meine Klischeehaftigkeit. Trotzdem hielt ich mich besonders grade, als ich zu meinem Laptop zurückkehrte.

Peter hatte geschrieben. *»Liebe Nina, ich würde mich sehr freuen, dich zu treffen! Ich hätte an allen Nachmittagen in dieser Woche Zeit, wenn wir uns nicht vor 17 Uhr treffen. Und ich würde das Café Eckstein am Winterfeldtplatz vorschlagen. Morgen? Übermorgen?«*

Ich dachte nur kurz nach. *»Lieber Peter, übermorgen würde mir gut passen. Und das Café Eckstein kenne ich. Bis 17 Uhr also, ich freue mich, Nina.«* Wenn ich in diesem Moment einen Herzinfarkt vor Aufregung bekommen hätte, hätte mich Leonhard wenigstens rechtzeitig ins Krankenhaus bringen können: Gerade als ich auf »senden« drückte, hörte ich seinen Schlüssel im Schloss.

Leonhard war nicht allein. Mit ihm kam nicht nur Zahnlücken-Diana, sondern auch ein junger Mann, den ich noch nie gesehen hatte. Und der entschieden zu alt war, um ein Klassenkamerad von Leonhard oder ein Krankenpflegemitschüler von

Diana zu sein. Ich schätzte ihn auf Ende zwanzig und er war ziemlich gut aussehend. Verdammt gut aussehend.

Leonhard rief: »Hallo Mama, ich bin gleich wieder weg, Diana und ihr Bruder gehen mit mir Schuhe kaufen.«

»Ich bin Max«, sagte der Bruder und lächelte, als hätte er sein Lächeln soeben für mich erfunden. Wir schüttelten uns die Hand und ich versuchte, nicht zu irritiert auszusehen, weil er mich so intensiv fixierte. »Freut mich sehr«, sagte er mit einer bestechend melodischen Stimme. Ich lächelte zurück.

Sowohl Diana als auch Leonhard musste die Länge unseres Händedrucks merkwürdig vorkommen. »Ich bräuchte Geld«, raunte mir Leonhard zu, statt mir einen irritierten Blick zuzuwerfen. Ihm war es offenbar unangenehm, kein eigenes Geld zu haben. Möglichst unauffällig steckte ich ihm zwei Scheine zu und er lächelte dankbar. »Bis nachher«, rief er und das Trio verschwand so schnell, wie es gekommen war.

Mein Tag endete früh. Ich klebte einen Zettel in den Flur, dass Leonhard bitte leise sein solle, weil ich im Bett sei und um vier Uhr wieder aufstehen müsse. Um halb neun schlief ich. Ich schlief wie eine Tote.

ERDBEERZEIT

Als am nächsten Morgen der Wecker klingelte, erwachte ich mit einem Gefühl wie als Kind am Weihnachtsmorgen, bis mir einfiel, dass nicht in erster Linie eine Backstube, sondern ein mürrischer Konditor auf mich wartete. »Das wird schon«, dachte ich und wunderte mich leise über mich selbst. Ich musste doch ängstlich sein und verzagt, ich musste doch denken, das wird nie etwas, er findet mich alt und er verachtet mich und wie soll ich dem nur standhalten! Ich muss doch denken, besser, ich ziehe mir die Decke über den Kopf und warte auf meinen Tod. Oder? Doch noch während ich dies dachte, schwang ich die Beine aus dem Bett und ging ins Bad, um mithilfe einer kurzen Dusche vollständig wach zu werden. Eine Backstube wartete auf mich und eins wollte ich vor allem: nicht zu spät kommen.

Auf dem Weg mit dem Fahrrad durch die Dämmerung fiel mir ein, dass ich nicht gefragt hatte, welche Klingel mit der Backstube verbunden ist, weswegen ich wieder an eins der Fenster würde klopfen müssen. Doch ich irrte mich – die abgeschabte Tür im Durchgang stand einen Spaltbreit offen und ein schmaler Holzkeil verhinderte, dass sie zufiel. Nach kurzem Zögern zog ich sie leise hinter mir zu. Sie war um diese Zeit wohl kaum für jemand anderen als für mich offengehalten worden. Mit dem Fuß schob ich den Keil in eine Ecke, in der niemand über ihn stolpern konnte. Als das Schloss einrastete, spürte ich, wie die Beklommenheit von meinem Körper Besitz ergriff. Kurz überlegte ich, die Treppenstufen hinunterzupoltern, damit sich der Konditor auf mich einstellen konnte, doch in solch einer Verfassung war ich einfach nicht. Stattdessen schlich ich.

Der Kopf des schrecklichen Svens drehte sich ruckartig zu

mir, als ich im Türrahmen erschien. Seinen grimmigen Gesichtsausdruck versuchte ich erfolglos, nicht persönlich zu nehmen. »Sie sind es«, stellte er fest. »Was schleichen Sie denn so?« Es klang nicht wie eine Frage, auf die er eine Antwort erwartete.

»Guten Morgen«, sagte ich und ärgerte mich, dass ich mich derart in die Ecke gedrängt fühlte.

»Ja«, sagte er und nickte. »Holen Sie Ihre Jacke.«

Wenn ich befürchtet hatte, einen weiteren Tag im Akkord Teig zusammenrühren und kneten zu müssen, hatte ich mich getäuscht. Der Konditor sagte knapp: »Hier!« Das hieß unter normalen Menschen: »Kommen Sie bitte hierher, dann zeige ich Ihnen etwas.« Im Laufe des Tages verstärkte sich mein Eindruck, dass er so etwas wie ein Wörterkontingent hatte: Pro Tag durfte er nur eine bestimmte Menge Wörter verbrauchen und wenn er sie schon zwischen fünf und sechs am Morgen verplemperte, würden am Abend keine mehr für Notfälle übrig sein. Er zeigte auf einen Block, der neben der Tür an der Wand hing. In einer Handschrift, die unmöglich die von Sven sein konnte, große Bögen und ein wenig nach links kippend, stand dort: »Torte, siebzigster Geburtstag, Marzipan« und »Blechkuchen Obst«. Wörtersparer-Sven sagte: »Bestellungen.« Und ich, vermutlich, weil mich diese hingeworfenen Brocken so irritierten, fragte: »Sind das viele?«

Sven sah mich an, als hätte ich nicht nur einen zweistelligen, sondern gleich einen einstelligen IQ. Das ließ ihn tief in die Wörterkiste greifen – dazu verschwendete er sogar noch welche vom nächsten Tag. »Viel? Zehn Torten sind viel oder fünf Hochzeitstorten mit allen Schikanen. Zwei – zwei ist nie viel, egal von was.«

Ich atmete laut durch die Nase aus und nickte. Ich hatte schon am Tag zuvor angenommen, mein Alter würde ihn nicht daran hindern, mich runterzuputzen. Da hatte ich offensichtlich den richtigen Instinkt gehabt. Ich war froh, dass er das Thema wechselte.

»Morgens geht es mit Blechkuchen los. Vier Stück plus eine

Bestellung. Zwei Knetteige, dann putzen Sie Erdbeeren.« Mit dem Fuß verschob er einen Eimer unter einer der Arbeitsplatten ein Stück. Ich legte den Kopf zur Seite und schielte nach unten. Offenbar hatte das Fußschieben geheißen: »Hier sind die Erdbeeren.«

»Gut«, sagte ich und machte mich an die Arbeit.

Während meine Knetteige im Ofen buken und ich die Erdbeeren säuberte und weiche Stellen herausschnitt, erinnerte ich mich an den ersten Kuchen, den ich in unserem Haus gebacken hatte. Im Haus meiner ganz eigenen kleinen Familie: Leonhard, gerade ein Jahr alt, Christoph und ich. Es lag in Lichterfelde, im Süden Berlins, zu Fuß wenig mehr als eine Viertelstunde vom Rathaus Steglitz entfernt. Es war ein Erdbeerkuchen gewesen, das wusste ich genau. Und ich hatte mir ausgemalt, wie wir im Jahr darauf selber Erdbeeren haben würden, in unserem kleinen Garten, in dem sich momentan nur ein kleiner Sandkasten befand. Zu diesen Erdbeeren war es nie gekommen, denn als mich Leonhard nicht mehr so in Anspruch nahm und ich Zeit für ein wenig Gartenarbeit gehabt hätte, hatte ich den Wunsch verloren, neben der tüchtigen Sekretärin auch noch tüchtige Mutter, tüchtige Hausfrau und tüchtige Selbstversorgerin zu sein. Ich pflanzte selbstgenügsame Johannisbeeren und Himbeeren, die sich Leonhard jahrelang mit den Vögeln teilte, und damit erschöpfte sich mein Gartenenthusiasmus. Christoph mähte den Rasen, bis Leonhard alt genug dazu war, das zu übernehmen, damit erschöpfte sich Christophs Gartenenthusiasmus. Aber in diesem ersten Sommer, da war ich noch voller Träume gewesen. Ich hatte in der kleinen Einbauküche gestanden, die nur deswegen nicht zu klein war, weil sie zum Wohnzimmer hin offen war und ich zum Abstellen zur Not den Esstisch nutzen konnte. Das Küchenfenster hatte nach vorne hinaus gezeigt. Ich hatte über dem Nudelsieb voller Erdbeeren hinausgeschaut auf die ruhige Straße und gedacht: Jetzt bin ich erwachsen. Damals hatte ich noch gedacht, alles würde wieder gut werden.

Sven riss mich aus meinen Erinnerungen. »Wir werden unterschiedliche Erdbeerkuchen machen«, sagte er. »Puddingcreme – Mascarponecreme.« Er streckte erst den Zeigefinger, dann Zeige- und Mittelfinger in die Höhe. Offenbar hätte er mit mehr zur Verfügung stehenden Wörtern »einen Erdbeerkuchen mit Puddingcreme und einen mit Mascarponecreme« gesagt.

Ich merkte, wie mir dieses unfreiwillige Spiel ein bizarres Vergnügen zu machen begann. Ich nickte.

»Können Sie Glasur?«

Diesmal schüttelte ich den Kopf. »Die wird bei mir immer hubbelig«, sagte ich. »Oder irgendwie schaumig. Oder beides.«

Sven nickte, als erwarte er genau diese Antwort von einer Praktikantin. »Zeige ich Ihnen nachher«, sagte er und machte sich wieder an seine Arbeit. Es war mir ein Rätsel, wie in der kurzen Zeit, in der in der Backstube nicht gearbeitet wurde, der Geruch von frischem Kuchen so vollständig verschwinden konnte, wie er es tat. Sowohl am Tag zuvor als auch heute roch es nach Stein, nach gekalkten Wänden und nach Mehl. Mir stahl sich ein Lächeln aufs Gesicht, als sich nun mit den ersten gebackenen Böden anderer Geruch im Raum verbreitete. Und mit jedem neuen Boden und Kuchen, mit jedem Pudding und jeder Portion geschmolzener Schokolade wurde der herrliche Duft intensiver. Warum hatte noch niemand einen Raumduft »Backstube in Betrieb« erfunden? Da die Backstube im Souterrain lag, wurde es trotz des monströsen Backofens und aller anderer Geräte, die Wärme erzeugten, nur warm und nicht heiß.

Ich stellte den Topf mit den verlesenen und geschnittenen Erdbeeren neben dem Konditor ab. Er nickte. Während ich wartete, bis er die Torteletteförmchen ausgekleidet hatte, blickte ich mich in der Backstube um. Zwar hatte mir der schreckliche Sven am Tag zuvor alles gezeigt, doch ich war zuerst viel zu aufgeregt und später viel zu beschäftigt gewesen, als dass ich auf Details hätte achten können. Oder mir eine Meinung zu irgendetwas hätte bilden können.

Über die Maschinen neben der hinteren Tür hatte ich bereits gestern gedacht: Die hatten vermutlich schon die Urgroßeltern des Konditors bedient. Nun weitete sich dieser Eindruck auf die gesamte Backstube aus: Hier mussten schon seine Urgroßeltern gebacken haben. Der dunkle Backofen war neuer, der war vermutlich von Svens Eltern, ebenso die Kunststoffschüsseln auf den Regalbrettern, der Rest war richtig alt. Die Kacheln auf dem Boden waren gelblich weiß und in einem Muster verlegt, wie es in Filmen »So war es anno dazumal« vorkam. Aber alles war tadellos sauber. Wie oft wurde solch ein Betrieb vom Gesundheitsamt geprüft? Das war sicher keine Frage, die ich stellen konnte, ohne wüste Missverständnisse heraufzubeschwören. Aber ich war noch ein paar Wochen hier, vielleicht würde sich eine Gelegenheit ergeben. Ich hatte mir jede Menge blinkenden Stahl vorgestellt und große Abzugshauben. Dies hier gefiel mir viel besser. Es hatte Charakter, fand ich. Und dieser Charakter wirkte entschieden besser als der des mürrischen Konditors.

Sven versuchte auch weiterhin nicht, mein schlechtes Bild von ihm zu korrigieren. Beim ersten Erdbeerkuchen zeigte er mir, wie man anständige Glasur kochte und auftrug. Dann war ich dran. Er knurrte richtig, als meine erste Glasur zu schäumen begann. Ich hatte guten Grund zu glauben, dass er mich bei einem weiteren Fehlversuch beißen würde. Doch der zweite Versuch gelang.

»Schneller«, herrschte er mich an, als ich in Zeitlupe die Glasur über dem Kuchen verteilte. Natürlich wurde es ungleichmäßig und ich war froh, dass in zwei Stufen glasiert wurde und ich damit nur die Unterglasur verhubbelt hatte. Die Deckglasur trug der schreckliche Sven auf. Seine Anweisung: »Gucken!«, und ich guckte. »Morgen Sie«, sagte er und ich nickte.

»Mittwochs backen wir Eclairs«, sagte er dann, immerhin ein vollständiger Satz. »Was ist das?«

»Brandteig mit Pudding gefüllt«, antwortete ich wie eine gehorsame Soldatin. Sven nickte. »Können Sie das?« Diesmal nickte ich. Er drückte mir ein laminiertes Rezept in die Hand und ließ mich arbeiten.

Als ich damit fertig war, kümmerte er sich um die Bestellung. Ich sah ihm schweigend zu und war bezaubert. Womit er die Torte gefüllt hatte, war nicht mehr zu erkennen, denn er hatte sie in Marzipan gehüllt. Aber mit welchem Geschick er nun die Torte verzierte, machte mich sprachlos– es war eine hellbraune Marzipandecke, um die eine breite dunkelbraune Marzipanschleife geschlungen war. Und um die noch dunklere Schokoladen-Siebzig flatterten zahllose kleinere und größere bunte Schmetterlinge, rot und blau und gelb und grün, deren Flügel mit Zuckerschrift gemustert waren. Gerade setzte er weiße Akzente auf die Siebzig, dann legte er sein Werkzeug zur Seite, darunter Spatel, Messer und Kunststoffpinzette, und legte den Kopf schief.

»Wunderschön!«, seufzte ich wie ein Teenager beim Anblick einer Märchenprinzessin.

Der schreckliche Sven mit den poetischen Fingern warf mir einen misstrauischen Seitenblick zu. »Die Eclairs?«, fragte er.

Wir arbeiteten weiter, bis alles Nötige gebacken und die Backstube wieder sauber war.

»Im Kühlraum ist ein Päckchen für Sie«, sagte Sven, als ich meine Jacke aufknöpfte. »Von Wanda.«

Ehe ich mein Schiffchen vom Kopf nahm, ging ich in den Kühlraum. Ich fand das Päckchen im obersten Fach neben der Tür. »Praktikantin«, stand darauf. Wieder vor dem Kühlraum, nahm ich das Schiffchen ab und hängte es ebenso wie die Jacke an die dafür vorgesehenen Wandhaken.

»Danke«, sagte ich und fragte mich, wann ich es öffnen sollte, jetzt oder später.

»Bedanken Sie sich nicht bei mir«, sagte Sven, eigentlich hatte ich nichts anderes erwartet. »Bis morgen.«

Ich grüßte zurück, stieg die Treppe hinauf und trat hinaus ins Freie. Ich hob das Papier, das um das Päckchen gewickelt war, vorsichtig an. Es waren mehrere Stücke Torte, wie ich schon angenommen hatte. Statt zu meinem Fahrrad zu gehen, ging ich vorn ums Haus und zu Wanda in den Verkaufsraum der Konditorei.

Die stark geschminkte Verkäuferin erkannte mich sofort. »Hallo!«, rief sie fröhlich und winkte.

Ich wartete, bis sie die Torten der beiden Kundinnen verpackt hatte. »Vielen Dank für das Päckchen.«

»Keine Ursache«, sagte sie. »Aber du musst alles heute noch essen, wir nehmen immer die Stücke mit, die sich nicht mehr lang halten.« Sie lachte, als sie den Blick sah, mit dem ich das Päckchen musterte. »Keine Angst«, sagte sie, »andere Konditoreien verkaufen ihre Torten länger als wir, wir sind hier total pingelig.« Dann warf sie mir einen verschwörerischen Blick zu: »Und, gefällt's dir?«

Ich spürte das breite Lächeln auf meinem Gesicht. »Sehr«, sagte ich mit Nachdruck.

Sie grinste überrascht. »Schön!«, sagte sie fröhlich, »sehr schön! Er sucht schon so lang eine Hilfe, die ihn entlastet. Vielleicht wird er nun ...« Sie sprach nicht weiter, aber ich konnte mir vorstellen, was sie hatte sagen wollen. »Vielleicht wird er nun umgänglicher!« Das konnte ich nur hoffen. Eine neue Kundin betrat den Laden und ich hob grüßend die Hand.

»Komm jederzeit vorbei«, rief mir Wanda zu, als ich schon die Türklinke in der Hand hielt. Offenbar hatte sie es für möglich gehalten, dass mich der schreckliche Sven in die Flucht schlagen würde. Es gefiel mir, dass sie aber nichts dergleichen ausgesprochen hatte.

Das Wetter war auch heute wieder so schön, dass ich nicht sofort nach Hause fahren wollte. Ich erinnerte mich an meinen letzten Schaufensterbummel vor einer Woche und daran, dass es am anderen Ende des Platzes in einer der Stichstraßen einen Drogeriemarkt gab. Dorthin wanderte ich, mein Fahrrad blieb am Straßenschild angekettet. Es war Mittwoch, rief ich mir ins Gedächtnis zurück, Eclair-Tag, es fühlte sich an wie Urlaub, in dem man den

Namen der Wochentage vergaß und verblüfft war, wenn plötzlich die Geschäfte geschlossen hatten, weil sich der Sonntag so unbemerkt angepirscht hatte. Im Drogeriemarkt gab es Plastiklöffel für Babynahrung. Damit würde ich auch Torte essen können. Beschwingt wanderte ich mit Tortenpäckchen und Plastiklöffelpackung zurück zum Rüdesheimer Platz. Obwohl es erst mein zweiter Tag war, fühlte es sich schon nach liebgewordener Gewohnheit an, als ich mich auf einer Bank niederließ. Mit der Linken zog ich das Tortenpäckchen auf und starrte verzaubert auf die drei Stücke. Drei überirdisch aussehende Tortenstücke! Ich würde sie unmöglich essen können, aber probieren, probieren konnte ich sie! Und ich musste dringend mit Wanda sprechen: Es war nicht mein Ziel, nach der Hälfte der Praktikumszeit als Kugel den Treppenabgang zur Backstube zu verstopfen.

Ich hatte mich immer gefragt, was Leute meinen, wenn sie behaupten, ein Teig könne auf der Zunge zergehen – diese Schokoladentorte konnte es. Der Teig war so luftig wie Biskuit, aber nicht so trocken, die Creme war nicht schwer, aber auch nicht trocken oder säuerlich. Wie machte er das? Nach einer Plastiklöffelportion zwang ich mich, nun die Aprikosentorte zu probieren. Sie wurde von einer rätselhaft gelben Masse gehalten. Ich musste ein Stöhnen unterdrücken, so köstlich war das. Keine Ahnung, was das Gelbe war. Eigelb und Pudding und Creme fraiche. Vielleicht. Die weiße Torte mit der rosafarbenen Decke war eine Erdbeertorte, das Rosa bestand aus Erdbeermus, nahm ich an, das Weiß sah aus wie Quark oder Joghurt, schmeckte aber ungefähr tausendmal besser. Der Konditor hatte seine Seele an den Teufel verkauft, es gab einfach keine andere Erklärung.

Ich packte die drei Stücke, von denen ich mit allergrößter Selbstbeherrschung nur sechs Plastiklöffelportionen gegessen hatte, wieder ein. Leonhard würde den gesamten Rest essen, ohne dass nur ein einziges Gramm an ihm klebenbleiben würde. Die Welt war ungerecht.

Ich setzte mir meine Sonnenbrille auf, ehe ich auf mein Fahrrad stieg. Sobald wieder überall die sommerlichen Brillendrehständer aus dem Boden schossen, musste eine neue her. Diese stammte aus dem vorvorletzten Jahr und besaß so schmale Gläser, dass ich trotzdem immer die Augen zusammenkneifen musste, wenn es so hell war wie jetzt. Ich hatte sie mir, ebenso wie all ihre Vorgängerinnen, nur deswegen gekauft, weil meine Mutter seit den Siebzigern ausschließlich Brillen mit riesenhaften runden Gläsern trug und mich damit immer an eine monströse Stubenfliege erinnerte. So eine sollte mir nicht auf die Nase kommen.

Mein Schatten fuhr durch die Blätterflecken auf dem Boden und ich trat kräftiger in die Pedale. Die Tortenstücke mussten dringend in den Kühlschrank. Und ich sollte keine Zeit vertrödeln, schließlich hatte ich noch keine Ahnung, was ich zu dem Treffen mit Peter anziehen sollte.

»Frau Scheibe!«, rief der alte Maczeyzek mit seiner Betonung auf dem »Frau«, als er sah, wie ich mein Fahrrad auf dem schmalen Weg vor dem Haus abschloss. »Dieser Weg ist nicht breit«, sagte er in anklagendem Ton und trat aus dem Haus.

»Hallo, Herr Maczeyzek«, sagte ich freundlich und bestimmter, als ich es von mir kannte. »Ich muss das hier dringend in den Kühlschrank bringen.« Es hatte keinen Sinn, mit ihm darüber zu diskutieren, wie schmal oder breit der Zugang zu einem Haus sein musste. Oder dass vermutlich auch drei Fahrräder nebeneinander Platz haben würden, ohne den Zugang zu versperren. Wenn er in dieser Stimmung war, ging es ums Prinzip. Inzwischen hatte ich auch verstanden, um was für ein Prinzip es sich handelte: Jedes Ding hatte genau einen Ort, an den es gehörte. Päckchen gehörten in die Wohnung, wenn also der Postbote ein Päckchen auf die Fußmatte legte, weil jemand nicht zu Hause war, musste er verwarnt werden – und die Wohnungsbesitzerin ebenfalls, weil sie das zugelassen hatte. »Das habe ich mit dem Postboten so abgemacht«, mein Argument, ließ er nicht gelten. »Frau Scheibe«, sagte er dann, wie immer mit Betonung auf dem »Frau«, »ein

Päckchen gehört nicht auf den Abtreter!« Und dann folgte nach einer langen Anklage ein Satz aus dem Repertoire »abschließende Argumente«, wahlweise »Wenn das jeder machen würde«, »Wie sieht das denn aus« oder »Dies ist ein anständiges Haus«. Das war jedes Mal so absurd und abgegriffen, dass ich mich gar nicht recht ärgern konnte.

Ein Fahrrad jedenfalls gehörte in den Fahrradkeller und nur in den Fahrradkeller. Doch ich würde einen Teufel tun und es mühsam dorthin tragen, um es in knapp drei Stunden wieder hochzuschleppen. Ich schob mich also mit meinem Tortenpäckchen an ihm vorbei. Dabei lächelte ich ihn so strahlend an, dass ich ihn offenbar lang genug aus dem Konzept brachte, um die Treppe erreichen zu können. Meine Erfahrung war, wenn er jemanden nicht mehr sah, flaute seine Aufregung beinahe umgehend ab. Er war wie ein Eichhörnchen, das eine Nuss vergaß, sobald es sie verbuddelt hatte.

In der Wohnung war es still, Leonhard würde erst in frühestens einer Stunde aus der Schule kommen.

Ich schaltete meinen Computer an und machte mir selbst vor, dass ich das tat, um sicherzugehen, dass Peter nicht kurzfristig noch abgesagt hatte. In Wirklichkeit wollte ich alles vorbereiten, um ihm abzusagen für den Fall, dass ich in egal welchem Kleid einfach nur grässlich aussah.

Während der Computer hochfuhr und dabei hell surrte, kramte ich aus meiner Strumpfhosenschublade eine Schokoladentafel hervor. Jedes Mal, wenn ich Nachschub besorgte und in der Schublade versenkte, schämte ich mich diffus vor mir selbst: Es war peinlich, meiner Gier nach Schokolade so gar nicht widerstehen zu können. Noch peinlicher war es allerdings, wie ein alt gewordenes Schulkind das Zeug in der Schublade zu verstecken. Vor wem denn, bitte schön? Andere Leute machen sich Sorgen, dass man im Falle eines Unfalls die Mottenlöcher in ihrer Unterhose entdecken würde. Ich machte mir Sorgen, dass man, würde ich unvermutet sterben, meine hamstermäßigen Schokoladenverstecke fände: in der Strumpfhosenschublade, hinter den Büchern im Regal, ganz hinten auf dem Kleiderschrank.

Während ich nicht zum ersten Mal darüber nachdachte, ob ich damit aufhören sollte, aß ich eine halbe Tafel Marzipanschokolade auf einen Satz.

Es war immer das Gleiche: Stress schrie nach Schokolade. Ich trank in der Küche vor dem Spülbecken stehend zwei große Gläser Leistungswasser in der unsinnigen Hoffnung, das Wasser würde die Schokolade schneller hinunterschwemmen, als mein Körper das Fett extrahieren und einlagern konnte. Dann legte ich beide Hände auf meinen Bauch. Ich meinte spüren zu können, wie er vor lauter Schokolade und Wasser anschwoll. Laut seufzte ich auf und machte mich daran, etwas zum Anziehen zu suchen. Auf den Crosstrainer konnte ich mich stellen, wenn ich von dem Treffen mit Peter zurückkam, jetzt im Moment brauchte mein Körper alle Energie aus der Schokolade, um die Panik hinunterzukämpfen.

Ein knallrotes, ein weinrotes und ein lilafarbenes Oberteil machten komische Falten, die unter meinen Achseln begannen, schräg aufwärts zogen und »fett, fett!«, schrien. Wenn ich am Saum zog, verschwanden die dummen Falten. Ich konnte wirklich nicht ständig am Saum ziehen, wenn ich die Position änderte, weil ich mit genügend anderen Schwierigkeiten zu kämpfen haben würde. Benutzte ich zu oft das Wort »irgendwie«, meine Spezialität, wenn ich nervös war? Klang mein Lachen dämlich? Hatte ich Streifen am Hals, wenn ich den Kopf neigte? Oder ein Doppelkinn? Auf Falten in Kleidungsstücken wollte ich nicht auch noch achten müssen.

Bei meinem schwarzen Seiden-T-Shirt wurden die Falten von der Farbe geschluckt. Leonhard würde sagen, Schwarz ist gar keine Farbe, das hatte er irgendwann in der Schule gelernt. Das fand ich ähnlich blöd wie die Tatsache, dass Erdbeeren offenbar keine Beeren waren, sondern Nüsse, diese neue Erkenntnis hatte Leonhard ebenfalls aus der Schule mitgebracht.

In Schwarz sah ich aus wie auf dem Weg zu einem Bewerbungsgespräch. In gewisser Weise war es ja so etwas auch. Nach diesem Gedanken räumte ich das Shirt in den Schrank zurück.

Drei Kleider später war ich reif für die zweite Hälfte der Schokoladentafel, doch ich widerstand tapfer.

Während ich mir eine Tasse Tee kochte, blickte ich auf die Uhr. Leonhard hätte inzwischen zurück sein müssen, offenbar war er tatsächlich zu Diana gegangen. Ich war ganz froh, dass ich die Wohnung für mich allein hatte. Leonhard wäre vermutlich ein guter Modeberater gewesen, aber dafür hätte ich ihm sagen müssen, was ich vorhatte. Das war so ziemlich das Letzte, was ich tun würde.

Mit der Teetasse in der Hand setzte ich mich an den Computer und öffnete mein Profil. Keine Nachricht von Peter, das war gut.

Und um Nachrichten von dem verbliebenen Thomas musste ich mir keine Sorgen mehr machen, er hatte mich geblockt.

Ich hätte vor dem Treffen mit Peter nicht mehr den Computer anschalten dürfen. Jetzt war ich so deprimiert, dass ich am liebsten zu Hause geblieben und mich im Bett verkrochen hätte. Ich zwang mich dazu, daran zu denken, wie viele Doublecheck-Männer ich selbst schon ad acta gelegt hatte. Aus purer Not, weil es so viele gewesen waren! Das kleine Teufelchen in meinem Kopf flüsterte: Natürlich hast du auch aussortiert, die wirklich interessanten Typen hättest du nie aussortiert, pure Not, dass ich nicht lache!

Karl hatte sich wieder gemeldet. Nachdem mich die Sache mit Thomas so niedergeschmettert hatte, saß ich eine ganze Weile nur da und dachte darüber nach, ob ich die Karl-Nachricht lesen oder lieber warten sollte, bis ich von der Verabredung mit Peter zurückkam.

Die Neugier siegte. Natürlich siegte die Neugier!

»Liebe Nina«, hatte Karl geschrieben, *»vielen Dank für deine Antwort! Es ist lustig, dass du umgekehrt dachtest, ›wie uninspiriert,*

auf eine einsame Insel nur an einen Werkzeugkasten zu denken‹! Wäre es nicht praktisch, wir würden gemeinsam auf die Insel verschlagen werden? Dann könnten wir abwechselnd bauen und einander vorlesen. Was genau hat dich ins Krankenhaus verschlagen? Arbeitest du gern dort? Und darf ich fragen, seit wann du allein mit deinem Sohn bist? Ich habe mir immer Kinder gewünscht, aber, wie man so schnell sagt, ich habe nie die Richtige gefunden. Vielleicht habe ich auch in den entsprechenden Jahren zu viel Angst gehabt. Und jetzt, wo ich keine Angst mehr habe, ist es zu spät: Ich suche mir sicherlich keine Frau, die halb so alt ist wie ich.«

Einen Augenblick lang war ich irritiert darüber, wie intim seine Mail war. Gleichzeitig gefiel mir das – wozu sollte man die Zeit mit Belanglosigkeiten vergeuden?

Ich atmete tief durch. Nachher oder eher gleich würde ich Peter treffen. Über die Mail von Karl musste ich mir wirklich nicht in diesem Moment den Kopf zerbrechen.

Den Kopf zerbrach ich mir lieber darüber, was ich anziehen sollte.

Nachdem ich in einem langen Rock zwanzig Jahre älter ausgesehen hatte und in einem langen Kleid zwanzig Pfund schwerer, hatte ich ein beiges Wickelkleid in meinem Schrank gefunden. Kurz hatte ich es angestarrt, als habe es mir jemand in den Schrank geschmuggelt. Dann erinnerte ich mich daran, dass ich es vor Jahren für eine Hochzeit im Park gekauft hatte. Eltern aus Leonhards Kindergarten hatten geheiratet und ich hatte etwas gebraucht, was elegant und parktauglich zugleich war. Bei der Hochzeit stellte sich dann heraus, dass ich die Einladung nicht aufmerksam gelesen hatte und Christoph und ich als Einzige nicht als Hippies verkleidet waren. Ja, die Hippiegesellschaft wirkte nicht wirklich authentisch und ich argwöhnte die ganze Zeit, dass in den ganzen Verkleidungen Maklerinnen und Bankmanager steckten. Vermutlich lag das aber nur daran, dass ich mich schrecklich fühlte. Ich sah aus wie die verklemmte Mutter der Braut, die wunderschön war mit den Blumen im Haar, ihrer Schlaghose und ihrer Bluse. Das Wickelkleid hatte ich danach in den hintersten Winkel meines Schrankes verbannt. Weggeworfen hatte ich es nur deswegen nicht, weil es so teuer gewesen war.

Als ich es um mich herum drapiert hatte, stand ich sprachlos vor dem Spiegel. Ich sah so gut aus, als hätte die ganzen komischen Klamotten vorher eine andere Frau anprobiert.

Ein Blick auf die Uhr sagte mir, dass ich mit der ganzen Anprobiererei so viel Zeit verplempert hatte, dass mir nur noch eine halbe Stunde blieb, bis ich mich auf den Weg zum Bus machen musste. Mit dem Kleid konnte ich leider nicht das Fahrrad nehmen und ich hatte mir abgewöhnt, mit dem Auto in Gegenden mit Parkplatzmangel zu fahren, wenn ich pünktlich sein wollte.

Ich schminkte mich sorgfältig und steckte Puder, Lippenstift und Taschenspiegel in meine Handtasche. So konnte ich mein Gesicht in der Nähe des Cafés gegebenenfalls noch einmal restaurieren. Dann brach ich auf.

Keine Viertelstunde später bereute ich, nicht das Auto genommen zu haben. Im Bus war es heiß und ich hatte das Gefühl, schon auf dem Weg zur Haltstelle mein Kleid durchzuschwitzen. Und was ich bis zur Haltstelle nicht geschafft hatte, vollendete ich auf den letzten Metern vom Winterfeldplatz bis zum Café. Ich steckte mir ein Pfefferminzbonbon in den Mund und roch unauffällig unter meiner linken Achsel, ehe ich das Café betrat. Wenn mir Peter nicht zu nah kam, würde es schon irgendwie gehen.

Peter sah aus wie direkt aus einer Rasierer- oder Shampoowerbung geklettert. Dichtes schwarzes Haar mit Kurzhaarfrisur und Seitenscheitel, aber nicht wie bei einem Steuerberater, sondern wie bei so einem Managertypen, der den ganzen Tag Anweisungen gibt, die Leute sofort befolgen. Er hatte ein markantes Gesicht, viel gleichmäßiger als zum Beispiel das von Christoph mit seinem breiten Kinn, außerdem volle Lippen, die sich zu einem Lächeln verzogen, als er mich sah.

Ja, das wäre ein guter Moment für mich gewesen, einfach ohnmächtig auf den Boden des Cafés zu sinken.

»Nina«, sagte er mit diesem wundervollen Lächeln und stand auf, um mir die Hand zu schütteln, »ich freue mich!« Zu meiner Schande muss ich sagen, dass ich nicht auch »ich freue mich« sagte oder etwas anderes Angemessenes. Stattdessen grinste ich nur dümmlich und bin im Nachhinein froh, dass ich wenigstens nicht gesabbert habe.

Wir setzten uns einander gegenüber. Vor Peter stand schon eine Tasse, offenbar Cappuccino. Ein Kellner in ungewohnt formeller Kellneruniform kam an unseren Tisch und neigte den Kopf. Mir war zu schwindelig, als dass ich hätte sagen können, ob bei meinem letzten Besuch in diesem Café die Kellner auch schon ausgesehen hatten wie in einem Zwanzigerjahre-Film. »Für mich auch einen Cappuccino«, murmelte ich so verwaschen, dass der Kellner nachfragen musste. Das brachte mich wieder ein wenig zur Besinnung.

»Warst du schon einmal hier?«, fragte ich. Selbst im Rückblick fällt mir kein dämlicherer erster Satz ein.

Dafür gab er mir auch die denkbar grässlichste Antwort: »Hier habe ich Biggi kennengelernt, meine große Liebe. Ihretwegen habe ich meine Frau verlassen.« Er lächelte, als würde er das beruflich machen, lächeln. Bei mir hingegen fühlte es sich an, als wüsste mein Gesicht nur noch vage, wie das funktionierte.

Zu Hause musste ich das unbedingt irgendwo in mein Profil schreiben: dass ich es hasste, wenn man beim ersten Date über seine Verflossenen sprach.

Und der Gipfel davon war vermutlich, im allerersten Satz gleichzeitig die Exfrau und die Liebe seines Lebens unterzubringen. Ich antwortete mit einem Geräusch, so etwas wie »Haum!«.

Aus einem mir unklaren Grund hörte er aber nicht »Haum«, sondern: »Oh wie interessant, erzähl mehr davon!«

Während der nächsten zehn Minuten erzählte Peter blumig, wie er Biggi zum ersten Mal gesehen hatte, wie schön sie gewesen war und dass man es nur Liebe auf den ersten Blick nennen konnte. Dann zog er die Augenbrauen zusammen, die mir inzwischen nicht mehr ganz so schön erschienen. »Aber ich war damals schon lang mit Conny zusammen und sie wollte immer ein Kind von mir. Vielleicht war es mein schlechtes Gewissen, das mich geleitet hatte, jedenfalls habe ich sie geheiratet und sie wurde schwanger. Und die ganze Zeit liebte ich Biggi. Wir waren die zwei Königskinder!« Seine Stimme schnurrte beinahe und ich merkte ihm an, wie sehr ihm dieser Teil gefiel. Bestimmt hatte er diese Sätze schon mehr als einmal gesagt. Er sah mir tief in die Augen, vermutlich schmolzen die Frauen an dieser Stelle gewöhnlich dahin. Ich versuchte mich an einem ergriffenen Seufzen, obwohl ein Teil von mir spürte, dass alles, was er erzählte, nur von einem kompletten Idioten stammen konnte.

An diesem Tag verstand ich, warum Männer auf schöne, dumme Frauen hereinfielen.

Er war so attraktiv, dass ich einfach nicht richtig geradeaus denken konnte. »Was für ein Müll«, dachte ich, aber ich dachte auch: »Oh dieser arme Mann mit den schönen Augen!«, und: »Wie muss es sich anfühlen, von ihm geküsst zu werden?« Ich war tief in einen schlechten Liebesroman geplumpst, bei dem jemand an der wörtlichen Rede herumgepfuscht hatte.

Er erzählte weiter, er erzählte davon, wie er seinen Sohn großgezogen hatte. Es klang, als hätte er das ganz allein getan. »Doch dann wurde mir diese Stelle in Berlin angeboten«, sagte er. »Die Trennung von meinem Sohn hat mir fast das Herz zerrissen.« Diese Wendung in seiner Lebensbeichte schüttelte mich endlich wach. Wenn ich richtig rechnete, war sein Sohn sechs Jahre alt. Er ließ einen Sechsjährigen für einen Job in Regensburg zurück, obwohl es ihm das Herz zerriss? Was für eine lausige Geschichte! Obwohl Peter immer noch so gut aussah wie zu Beginn seines Monologs, kam es mir nicht mehr so vor.

Er erzählte, wie er durch seinen Sohn zu einem besseren Menschen geworden sei. Wieder blickte er mir tief in die Augen, doch diesmal kostete es mich nicht so viel Kraft, den Mistkerl hinter dem schönen Mann zu erkennen.

»Ich muss auf die Toilette«, stieß ich hervor und kippte beinahe meinen Cappuccino um, als ich ruckartig aufstand. »Meine Tampons!«, rief ich unsinnig laut, als ich meine Handtasche von der Stuhllehne fischte. Das Wort »Tampon« hatte ich noch nie so laut in der Öffentlichkeit gesagt. Aber schließlich war ich auch noch nie in einer solchen Situation gewesen. So auf der Flucht.

Glücklicherweise saß Peter mit dem Rücken zur Tür. Er drehte sich nicht um, als ich leise dort hinausschlüpfte. Ich war froh, dass ich keine sonderlich hohen Schuhe zu meinem Wickelkleid angezogen hatte, denn den Weg zur Bushaltestelle rannte ich, als wäre etwas hinter mir her.

Zu Hause schaltete ich den Computer ein, rief mein Profil bei Doublecheck auf und deaktivierte Peter. Man musste immer einen der vorgegebenen Gründe auswählen und ich wählte: »Dein Äußeres spricht mich nicht an.« Ich war sicher, dass ihm das am meisten ausmachen würde. Das befriedigte ein wenig mein unsinniges Bedürfnis, mich im Namen seiner Exfrau und seines Sohnes an ihm zu rächen. Danach saß ich vor dem Computer und fragte mich, wie es weitergehen sollte.

Ein Teil von mir wollte damit aufhören. Auf der Stelle.

Ich glaubte nicht, dass ich genug Energie für weitere solcher Treffen hatte. Und genug Energie dafür, so viel zu erhoffen, was sich dann als Schuss in den Ofen erweisen würde. Vor allem fürchtete ich meine lausige Menschenkenntnis: Warum hatte ich seinen Mails nichts Fragwürdiges angemerkt?

Doch dann beschloss ich, nicht solch eine Heulsuse zu sein. Was hatte ich mir denn vorgestellt? Dass ich einmal kurz ins Internet hineinrufe und Peter reitet auf dem weißen Pferd vor und schenkt mir seine Hand und das halbe Königreich?

Trotzdem schaltete ich den Computer aus. Für diesen Tag hatte ich genug von dem Thema.

Während ich mir in der Küche einen Tee kochte und mich fragte, ob Leonhard wohl zum Abendessen wieder zu Hause sein würde, klingelte das Telefon. Einen scheußlichen Augenblick dachte ich, es könnte Peter sein, der mich wegen des Ablehnungsgrundes zur Rede stellen wollte. Stattdessen war es Sonja.

Sie schluchzte so sehr, dass ich sie zunächst kaum verstehen konnte.

»Bitte«, schluchzte sie abgehackt, »kann – ich – vorbei – kommen?«

»Klar«, antwortete ich schnell, »oder soll ich zu dir kommen?« Am anderen Ende gab es ein sonderbares Geräusch, als wäre Sonja im Stimmbruch. »Nein«, hörte ich dann aus dem Schluchzen heraus, »ich – komme!« Sie legte auf.

Sonja wohnte in der Bergstraße in Mitte und sagte immer, der einzige Vorteil, dass die Gegend teurer geworden war, sei die Tatsache, dass es nun mehr Häuser mit Tiefgaragen gebe. Auf diese Weise war sie zu einem Tiefgaragenplatz gekommen und musste nie wieder einen Parkplatz suchen.

Bei mir in der Gegend war das anders, sodass es eine ganze Stunde dauerte, bis sie klingelte. Ich war froh, dass Leonhard nicht in der Zwischenzeit nach Hause gekommen war. Sonja sah schrecklich aus – ihr Gesicht und ihre Augen waren so verquollen, als hätte sie eine dramatische Lebensmittelallergie. Aus den schmalen Augenschlitzen flossen die Tränen, als ich die Tür öffnete. Ich nahm sie fest in die Arme.

Was redet man für ein dummes Zeug, wenn man jemanden zu trösten versucht! »Ist ja gut«, flüsterte ich, während ich sie in die Wohnung zog. Eine Hand ließ ich kurz los, um die Tür zuzuziehen, dann umarmte ich sie wieder und flüsterte: »Egal, was es ist, wir bringen das in Ordnung!«

Aber nichts konnte ich in Ordnung bringen.

Nachdem ich ihr eine Weile übers Haar gestrichen hatte wie einem kranken Kind, beruhigte Sonja sich ein wenig und erzählte mir, was passiert war.

»Ich hab heute mit Jan gesprochen«, erzählte sie leise. »Ich bin ja nicht mehr zwanzig, weißt du? Und wenn wir Kinder haben wollen, sollten wir echt mal damit anfangen.«

Ich selbst hatte es immer gehasst, wenn Leute gesagt hatten: »Ah, ein Kind, wann soll denn das nächste kommen?« Oder: »Und du hast nur *ein* Kind?« Deswegen sprach ich mit anderen Frauen nie über das Thema Kinderwunsch. Auch mit meinen besten Freundinnen nicht. In diesem Moment hätte ich mich dafür ohrfeigen können. Ich hatte Sonja nie gefragt, ob sie Kinder haben wollte, und sie war damit die ganze Zeit allein gewesen.

»Du hast das bis heute noch nie mit Jan besprochen?«, fragte ich und streichelte hilflos ihren Arm.

Sonja schüttelte den Kopf und hörte überhaupt nicht mehr damit auf. »Ich dachte, das ist klar! Ich dachte, darüber müssen wir nicht reden!« Sie kiekste und begann wieder still zu weinen.

»Was hat er denn genau gesagt?«, fragte ich.

»Er hat gar nichts gesagt«, antwortete sie. Wir schwiegen beide.

Irgendwann holte ich uns Tee und irgendwann erzählte Sonja dann wieder. Davon, wie sie manchmal die Kinder von Freundinnen erwähnt und darauf gewartet hatte, dass Jan etwas sagen würde. Wie sie für ihr Patenkind Söckchen gestrickt hatte und er die niedlich gefunden hatte. »Ich habe die ganze Zeit geglaubt, wir warten beide nur auf den richtigen Zeitpunkt«, sagte sie und wimmerte wie ein kleines Kind.

»Aber was ist denn ein richtiger Zeitpunkt?«, fragte ich sanft.

»Keine Ahnung«, fiepte sie leise, »nach seinem Durchbruch als Komponist« – ich dachte für mich, dann würden sie eh kinderlos bleiben – »oder wenn im Haus eine größere Wohnung frei wird. So was eben.« Sie weinte wieder.

Wir schwiegen erneut eine Weile, dann fragte ich vorsichtig: »Habt ihr euch jetzt getrennt?«

Sie schluchzte heftig auf. »Ich – bin – doch – schwanger!«, stieß sie stückweise hervor. Erschrocken schlang ich meine Arme um sie, ich pustete mir ihre Haare aus dem Gesicht und streichelte ihren Rücken, während ich versuchte, diese Neuigkeit zu verarbeiten. Ich verwarf eine Nachfrage nach der anderen. »Bist du sicher?« und »Wieso hab ich das nicht als Erste erfahren?« und »Ist es denn wirklich von Jan?«, mein Kopf arbeitete eindeutig nicht mit voller Leistung.

Schließlich setzte sie sich aufrecht und zog die Beine unter den Körper. Sie trug, wie meist, ein langes Wollkleid, sodass es aussah, als hätte sie keine Füße.

»Wievielte Woche?« Nun war mir doch noch eine halbwegs angemessene Frage eingefallen.

»Elfte«, antwortete sie und zwischen ihren Augenbrauen erschien eine steile Falte, als rechne sie gerade noch mal nach.

Ich hasste mich dafür, dass mir sofort einfiel, dass man erst nach Ablauf der zwölften Woche anderen davon erzählen sollte, weil bis zu diesem Zeitpunkt noch so viele Fehlgeburten vorkamen. Glücklicherweise behielt ich meine Gedanken für mich.

Sonja war mit achtunddreißig Jahren meine jüngste Freundin und sie hatte zweifellos recht – wollte sie ein Kind, sollte sie langsam damit anfangen. Aber was tat man, wenn man sich ein Kind wünschte und den falschen Mann dafür hatte? Verzichtete man auf das Kind? Bekam man das Kind und trennte sich vom falschen Mann? Hoffte man darauf, dass aus dem falschen durch Zauberhand der richtige wurde? Sonja hoffte offenbar auf Letzteres.

»Ich dachte, wenn er hört, dass wir ein Kind kriegen, dann, dann ...«, schniefte sie vor sich hin. Diesen Satz hätte ich auch nicht beenden können. Dann ändert er seine Meinung – das hätte wirklich naiv geklungen und ich war froh, dass Sonja das selbst merkte. »... dann ändert er seine Meinung!«, beendete sie nun doch noch ihren Satz mit Trotz in der Stimme.

Ich flüsterte: »Bist du schwanger geworden, ohne es mit ihm besprochen zu haben?«

Nach einem langen Moment nickte Sonja ruckartig. »Es hätte doch funktionieren können«, sie flüsterte jetzt auch. Wir flüsterten, als teilten wir ein Geheimnis. Vielleicht flüsterten wir auch, um es weniger real sein zu lassen. Als ob wir auf diese Weise nachher sagen könnten, dass wir dieses Gespräch nie geführt hatten.

Ich streichelte ihr den Rücken. »Und was hast du jetzt vor?«, fragte ich sie schließlich. Sonja blickte auf ihre kleine Armbanduhr. Ich wusste, dass dies das einzige Geschenk war, das ihr Jan in den vergangenen zehn Jahren gemacht hatte.

»Ich fahre nach Hause«, sagte sie verzagt. »Vielleicht ist Jan ja wieder aus seinem Zimmer gekommen.«

Ich sagte kaum mehr etwas, bis ich schließlich die Tür hinter ihr schloss. »Fahr vorsichtig«, »melde dich«, solche dürren Sätze. Es gab ja auch nichts mehr zu sagen. Sie war schwanger von Jan, der sich einschloss, weil er kein Kind wollte. Und jetzt fuhr sie zurück zu ihm. Das war scheußlich und scheußlich traurig zugleich.

Ich saß eine volle Stunde herum und tat nichts. Ich dachte auch nichts. Ich saß da und fühlte mich schlecht. Nicht wegen Peter, der war völlig in den Hintergrund getreten, nur wegen Sonja.

Nach Ablauf der Stunde rief ich sie an. Sonja meldete sich mit leiser Stimme. »Wie geht's dir?«, fragte ich ohne Einleitung.

»Schlecht«, fiepte sie.

»Ist Jan aus seinem Zimmer gekommen?« Ich schwankte beinahe hysterisch zwischen Ärger und dem Gefühl, jeden Augenblick in schrilles Gelächter ausbrechen zu müssen. Der werdende Vater hatte sich in seinem Zimmer eingeschlossen – so etwas Lächerliches hatte ich nicht einmal in den Spitzenzeiten meiner Pubertät gemacht!

»Nein«, flüsterte Sonja.

»Oh Sonja«, sagte ich mit weicher Stimme. »Was für ein Idiot das ist!«

»Nein, er kann ja nichts dafür! Das ist alles meine Schuld!«

Ein Teil von mir stimmte ihr zu, das war alles in der Tat ihre

Schuld. Aber wem half das jetzt? »Komm doch einfach zurück«, schlug ich vor.

»Danke«, Sonjas Stimme war immer noch unnatürlich hell, »ich schaffe das schon!« Sie legte grußlos auf. Ich machte mir Sorgen, bis Leonhard gegen sieben Uhr zurückkam.

»Was ist los, Mama?«, fragte er.

Ich sah ihm an, wie glücklich er war, und lächelte schief. »Sonja ist schwanger und Jan will das Kind nicht«, antwortete ich. Leonhard kannte Sonja seit immer und Jan halb so lang. Er teilte meine Vorbehalte Jan gegenüber und manchmal hatte ich deswegen ein schlechtes Gewissen, weil ich vermutlich schuld daran war. Jan selbst hatte allerdings eindeutig auch seinen Anteil daran.

Leonhard zog die Augenbrauen hoch. »Alter!«, sagte er und wir mussten beide grinsen. Ich hasste dieses »Alter!« und er wusste es.

»Wie war's beim Bäcker?«, fragte er dann. Es kam mir vor, als wäre das schon Tage her, nicht Stunden, und ich musste erst überlegen, ehe ich ihm eine Antwort geben konnte.

»Toll«, sagte ich schließlich und fügte hinzu: »Er ist Konditor.«

»Wenn er bäckt, ist er für mich ein Bäcker«, Leonhard ging an mir vorbei in sein Zimmer und lächelte mir über die Schulter hinweg zu. »Aber schön für dich, Mama!«

Ich musste grinsen. »Und du, wie war's bei dir?«, rief ich ihm hinterher.

»Gut«, hörte ich ihn aus seinem Zimmer. »Ich mach mal die Tür zu, okay?« Und das tat er dann auch.

Es ist nicht einfach, dem eigenen Kind beim Großwerden zuzusehen, vor allem dann nicht, wenn man das allein tun muss. Ich fühlte mich sehr einsam in diesem Moment. Gern hätte ich jetzt zu jemandem gesagt: Schau mal, wie er groß wird. Unser Sohn. Ja, ja. Irgendein belangloses Zeug, das die Wehmut kaschierte, die ich spürte.

LEIPZIGER LERCHEN 1

Wenn ich weiterhin so beglückt aufwachte wie als Kind am Weihnachtsabend, musste ich mir wirklich Gedanken um meine Zukunft machen. Es war verrückt. Der finstere Konditor konnte beinahe mit dem bösen Oberarzt mithalten und doch konnte ich es auch an diesem Morgen und um diese grässlich frühe Stunde kaum erwarten, in die Backstube zu kommen.

Die Stadt ist wunderschön bei Morgengrauen. Ich beobachte Menschen gern, wenn sie schlafen, dann sind sie so schutzlos, dann erscheinen sie mir so vertrauensvoll. Dann scheint es, als könnten sie niemals einen Hintergedanken hegen. Wen ich einmal schlafend beobachtet hatte, für den blieb mir immer ein zärtliches Gefühl.

So vertrauensvoll erschien mir auch Berlin im Morgengrauen. Die Stadt musste sich noch nicht gegen Lärm und Menschenmassen wappnen, sie konnte noch völlig ungeschützt herumliegen. Und ich fuhr mit meinem Fahrrad und versuchte, sie nicht zu stören.

Die Morgensonne gab Häusern und all dem Rest bereits Konturen. In der Ferne war das Dröhnen vermutlich eines Wagens der Straßenreinigung zu hören. Die Straßenreinigung und ich, dachte ich vergnügt.

Und Sven der Konditor, dachte ich, als ich mich dem Rüdesheimer Platz näherte.

Ich schloss mein Fahrrad am nächsten Straßenschild an und schlich wie eine Diebin Richtung Drachenhöhlentür. Ob dieses Gefühl irgendwann schwächer werden würde? So richtig konnte ich nicht daran glauben.

Sven hatte mir wieder die Tür mit einem Holzklotz offen gehalten. Ich blickte mich kurz um, der dunkle Durchgang gefiel mir nicht. Dann schob ich mit dem Fuß den Klotz in eine Ecke des Flurs und zog die Tür hinter mir zu.

Obwohl ich versuchte, heute lauter die Treppe hinunterzugehen, gelang es mir nur unzureichend. Das fand der mürrische Konditor auch. »Hören Sie mit dieser Schleicherei auf«, war sein gereizter Morgengruß.

»Guten Morgen«, antwortete ich unverdrossen. »Tut mir leid«, schob ich hinterher, und: »Komme ich eigentlich zu spät?«

Immer noch gereizt blickte er auf die große Uhr über einer der Arbeitsflächen. »Wieso zu spät?«

Er schien keine Antwort zu erwarten, aber ich gab ihm trotzdem eine. Manchmal merkt man erst danach, wann man den Mund hätte halten sollen. »Ich dachte«, sagte ich, »weil Sie immer schon da sind. Und weil ich immer erst später komme. Also, immer ist jetzt natürlich übertrieben, also jetzt den dritten Tag, glaube ich, aber ich meine…« Endlich versiegte mein unsinniger Redeschwall. Von Sven stummgestarrt.

»Jacke und Schiffchen«, sagte er und öffnete den Kühlschrank, ohne mich weiter zu beachten.

Ich atmete tief durch und ging zum Nebenraum, um mich umzuziehen. Heute hatte ich mir eine Art Dutt gemacht, um das Schiffchen leichter aufsetzen zu können. Leider waren meine Haare etwas zu kurz, sodass ich ein Dutzend Klammern auf meinem Kopf hatte verbauen müssen, um nicht wie ein zerzaustes Huhn auszusehen. Während ich das Schiffchen über den Dutt quetschte und mit den Klammern herumfuhrwerkte, um es festzustecken, dachte ich an meine Mutter.

Ich hatte schon gestern an sie gedacht, als ich im Drogeriemarkt außer den Plastiklöffeln auch Haarklammern gekauft hatte.

Ungebremst fiel ich durch den Zeittunnel.

Ich stand neben meiner Mutter vor dem Kaufhausspiegel, meine Mutter in einem todschicken dunkelblauen Hosenanzug, ich mit pastellgrüner Bundfaltenhose und pastellgelber Bluse.

Es sah genauso schrecklich aus, wie es sich anhört. Wenn meine Mutter sich bewegte, reflektierte es auf ihrem Kopf: Ihr Haar wurde wie immer von zahllosen, glänzend braunen Klammern gebändigt.

»Das würde mal gut aussehen«, sagte sie. Sie wusste sofort, dass ich diese Pastellkombination niemals anziehen würde. Meine Gründe konnte man im Spiegel sofort sehen. »Du könntest so viel aus dir machen«, fügte sie hinzu. Das war der häufigste Satz meiner Mutter an mich. In Wirklichkeit meinte sie: »Warum siehst du immer so schlimm aus?« Meine Mutter war eher dünn als schlank und weil sie die Figur einer Schaufensterpuppe besaß, stand ihr auch alles. Dass mir mit all den runden Formen nahezu gar nichts stand, schien sie mir immer persönlich übel zu nehmen. Sie blickte mich dann so streng und vorwurfsvoll an, als wollte sie sagen: Das machst du doch jetzt extra! Stell dich gefälligst so hin, dass du vernünftig aussiehst!

Doch egal wie ich mich hinstellte – ich sah in der Kleidung, die meine Mutter vorschlug, sonderbar aus. Heute denke ich, vielleicht hätte ich mich nur einfach nicht neben meine Mutter vor den Kaufhausspiegel stellen sollen.

Ich fühlte mich wieder hässlich und dick, während ich mein Schiffchen feststeckte. Gern hätte ich mir all die glänzend braunen Klammern aus dem Haar gezogen, warum hatte ich mir die Mistdinger nur gekauft! Hatte die böse Stiefmutter Schneewittchen nicht mit vergifteten Haarklammern zu töten versucht? Ich spürte, wie ich heftig zu atmen begann, lächerlich, dachte ein Teil von mir. Ein anderer Teil begann hektisch, die Klammern herauszuziehen.

Strähnen fielen herab und streiften meine Wangen, doch es war mir egal. Im Nebenraum stand unter den Haken für die Jacken ein Plastikmülleimer. Mit einer heftigen Bewegung warf ich die Klammern hinein.

Sven blickte gereizt auf. »Fertig?«, knurrte er. »Kommen Sie her!«

Ich versuchte, meine heftige Atmung in den Griff zu bekommen, während ich zu ihm trat. Er hatte den Block mit Bestellungen vor sich liegen. »Das sind viele«, sagte Sven mit Betonung auf »das« und ich nickte. Auf dem Zettel stand in der geschwungenen Handschrift von vermutlich Wanda: vier Bleche Obst, Kindergeburtstag bis 14 Uhr (2), Hochzeitstag Wagner (cholesterinarm), Leipziger Lerchen (Einstand).

»Was ist die Herausforderung?«, fragte er ruppig. Ich hätte Angst haben können, diese Prüfungsfrage zu verhauen, aber in Wirklichkeit freute ich mich wie ein Kind: Mein Lieblingsrätsel war immer »Hier siehst du fünf Gegenstände, welcher gehört nicht dazu?« gewesen. Und so etwas war das hier nun auch. Nach Svens Zauberei mit den Tortenschmetterlingen ging ich davon aus, dass der Kindergeburtstag für ihn der Sonntagsspaziergang war, Blechkuchen war Standard…

»Der cholesterinarme Hochzeitstag!«, krähte ich wie die Kandidatin einer dusseligen Fernsehshow.

Sven nickte und sah beinahe zufrieden aus. »Worauf muss man achten?«

»Keine Eier?«, schlug ich vor.

Sven hob die Augenbrauen. »Und?«

»Keine Butter?« Ich runzelte zweifelnd die Stirn, aber Sven nickte.

»Der Einfluss von Nahrungsmitteln auf den Cholesterinhaushalt ist umstritten.« Er klang wie ein Sachbuch. »Aber Wagners schwören drauf.«

Ich war verblüfft. Natürlich, ich war schließlich hier, weil er solch ein grandioser Konditor war. Aber seine rumpelige Art hatte völlig verschüttet, dass er erstens über fundiertes Wissen verfügte und zweitens seine Kundschaft im Blick hatte.

Obwohl er keinen Deut freundlicher aussah als zuvor, fand ich ihn für einen Augenblick richtig nett. Ich war wirklich anspruchslos.

Mit einem Klatschen landete das eingeschweißte Rezept für

Leipziger Lerchen vor mir auf der Arbeitsfläche. »Hier«, sagte Sven, beinahe hätte ich vergessen, dass er dieses eingeschränkte Wortkontingent hatte. »Hier«, ein Blech mit passenden Formen schepperte vor mir auf die Fläche. Bei genauerem Hinsehen stellte ich fest, dass es drei Bleche waren, die ineinandersteckten.

»Können Sie das?«, er zeigte so ruckartig auf die Ausrollmaschine in der Mitte der Backstube, als wolle er einen gezielten Schuss aus seinem Zeigefinger abgeben. Ich schüttelte den Kopf. »Gut«, sagte er.

Damit war ich offenbar entlassen. Ich zog die Bleche ein wenig ratlos auseinander, dann las ich mir das Rezept durch. Wie schon an den letzten Tagen staunte ich über die Mengen, die verarbeitet wurden. Ich hatte zwar selber schon Leipziger Lerchen gemacht, aber noch nie aus drei Kilo Mehl. Plötzlich musste ich lachen. Es platzte einfach aus mir heraus. Aus den Augenwinkeln sah ich, dass Sven den Kopf wandte. »Was?«, fragte er schroff.

Ich konnte nicht anders, ich drehte mich zu ihm und musste wieder lachen. Dann riss ich mich zusammen. »Wie kann es gut sein, wenn ich die Ausrollmaschine nicht bedienen kann?« Er runzelte die Stirn als verstünde er nicht, was daran komisch sein sollte. Leider hätte ich es ihm nicht erklären können. Vielleicht war es nichts als die Spannung, die sich in mir aufgebaut hatte und die irgendwann rausmusste.

Verblüffenderweise entspannten sich seine Gesichtszüge. »Gut, meinte ich«, führte er diesmal länger aus, »dann zeige ich es Ihnen nachher.«

Ich lächelte und spürte, wie breit mein Lächeln war. »Oh«, sagte ich, »gut!« Ich konnte mit dem Lächeln auch nicht aufhören, als ich die Zutaten in die Knetmaschine geworfen hatte und die Bleche vorbereitete. Heute war ein guter Tag.

Später zeigte mir Sven, wie man die Ausrollmaschine bediente, und ich hätte schwören mögen, dass er sich über meine Begeisterung freute, auch wenn er das nicht zeigen konnte.

»Die Leipziger Gegend war im 18. und 19. Jahrhundert berühmt für ihre geräucherten Lerchen«, erzählte er, während er kurbelte. »Als es verboten wurde, Lerchen zu fangen, erfanden die Leipziger Bäcker diese Törtchen. Sie sollten aussehen wie mit Speck umwickelte Vogelkörper.«

»Oh«, antwortete ich. Wenn ich so weitermachte, würde ich bald auch klingen wie Sven mit seinem Wortkontingent. Ich lächelte ihn von der Seite an. Vielleicht nahm er es aus den Augenwinkeln sogar zur Kenntnis.

Viele Leipziger Lerchen später roch es in der Backstube nach Blechkuchen und Kindergeburtstagstorten und cholesterinfreiem Kuchen. Ich war langsam, aber das würde besser werden, da war ich sicher.

Außer den Bestellungen entstanden ganz nebenher auch noch fast ein Dutzend Torten und Kuchen für den Laden. Ich schlug Buttercreme und Sahne und glasierte drei Kuchen mit dunkler Schokolade. Sven quittierte das zwar ohne Stirnrunzeln, kündigte aber an, dass wir das morgen üben würden. Wortlos glasierte er einen vierten Kuchen mit weißer Schokolade und stellte ihn neben meine drei Kuchen. Ich nickte, denn ich hatte verstanden. Morgen würden wir das üben, damit ich irgendwann auch so glasieren konnte.

»Bis morgen«, rief ich, als wir am Ende des Arbeitstages alles geputzt hatten und ich Jacke und Schiffchen zurückgehängt hatte.

»Ja«, antwortete er und nickte. Das war vermutlich das Enthusiastischste, was ich kriegen konnte.

Wanda winkte, als ich am Schaufenster vorbeiging, und ich winkte zurück.

Während ich mit dem Fahrrad nach Hause fuhr, dachte ich über meine Männersuche nach. Am Tag zuvor hatte ich mich gehütet, noch einen Blick in den Computer zu werfen. Nicht alle Männer sind wie Peter, redete ich mir ein. Heute würde ich neu Schwung holen.

Zu Hause blinkte der Anrufbeantworter. Ich musste Sonja anrufen, war mein erster Gedanke. Doch es war Kirsten. »Ruf! Mich! An!«, hatte sie hinterlassen. Ich rief sofort zurück.

»Was machen die Männer?«, fragte sie nach der Begrüßung. »Hast du schon jemanden getroffen?« Ich zögerte einen Moment zu lang und Kirsten rief durchs Telefon: »Du hast jemanden getroffen! Erzähl! Erzähl!«

»Ich möchte eigentlich nicht darüber reden«, noch während ich das sagte, merkte ich, dass es nicht stimmte. Ich wollte unbedingt darüber reden.

»Peter sah toll aus«, fing ich also an. Kirsten stöhnte in den Hörer, als ich ihn genau so beschrieb, wie er auch ausgesehen hatte. Ohne die »und später«-Geschichte hätte ich auch gestöhnt. Als ich an der Stelle ankam, wo ich »Tampons« durchs Café krakeelt hatte, verschluckte sie sich vor Lachen und hustete so laut in den Hörer, dass ich ihn mir ein Stück vom Ohr halten musste. »Aufhören!« hustete sie hervor, »hör auf«, und dann musste ich auch lachen. »Weiter so«, sagte Kirsten, als wir uns beruhigt hatten.

Ich wurde ernst. »Das klingt jetzt sicher lustig«, sagte ich, »aber es ist eigentlich ziemlich scheußlich.«

Auch Kirsten wurde ernst. »Ach, meine Liebe«, sagte sie und ich hörte auch das Lächeln durch ihr Mitleid. »Du schlägst dich doch wirklich wacker! Willst du wirklich wegen so einer Pfeife aufgeben?« Ich hörte ihr Feuerzeug klacken. »Du solltest wenigstens noch eine gute Begegnung an die schlechte hängen. Oder?«

Ich nickte, auch wenn sie das nicht sehen konnte, und atmete tief durch. »Du hast ja recht«, sagte ich. »Aber, weißt du...«

»...wenn so ein schnuckeliger Kerl ein solcher Idiot ist, wonach sollst du denn gehen, meinst du das?«

»Genau«, bestätigte ich. »Soll ich jetzt doch den mit den weißen Socken unter kurzen Hosen nehmen?« Wir kicherten beide ein bisschen vor uns hin. »Du wirst schon den richtigen Instinkt entwickeln.«

Mit der freien Hand hatte ich inzwischen den Computer angeworfen.

»Lies doch mal etwas vor«, bettelte Kirsten, als hätte sie gesehen, wie mich der Bildschirm begrüßte.

»Okay«, sagte ich, gerade wollte ich nicht allein sein mit all den virtuellen Männern. »Warte, ich stelle dich auf laut.«

Ich drückte den Knopf und stellte Kirsten neben den Bildschirm. Dann gab ich mein Kennwort ein und rief die neuen Nachrichten ab.

»Hallo Unbekannte«, las ich mit dramatischer Stimme, *»als Tier wäre ich gern ein Adler. Wir wollen beide Vögel sein! Bitte schreib mir zurück. Thomas.«*

»Auweia«, klang es blechern aus dem Telefon.

»Auweia«, bestätigte ich. *»Liebe Nina«*, las ich weiter und fügte erklärend hinzu: »Jochen hat mir schon mal geschrieben, der kennt meinen Namen. *Liebe Nina«, wiederholte ich, »ich war gestern Minigolf spielen. Morgen mache ich das wieder. Ich übe für dich. Danach frage ich dich, ob du dich mit mir auf dem Minigolfplatz verabredest. Und Du, was machst Du? Viele Grüße, Jochen.«*

»Nett«, schepperte es aus dem Hörer.

»Ja«, bestätigte ich.

»Hast du reingeschrieben, dass du gern Minigolf spielst?«

»Was bist du für ein schlaues Kerlchen«, antwortete ich und zitierte: »Mein perfekter Tag: Ich schlafe nicht zu lang und nehme mir mein Frühstück mit auf den Minigolfplatz.«

»Ich würde dir auch schreiben«, schepperte es. »Das ist süß.« Ganz sicher war ich nicht, ob mich Kirsten auf den Arm nehmen wollte, aber ich freute mich lieber, als nachzufragen. »Schreib ihm zurück«, forderte Kirsten. »Triff ihn.«

»Nur die Ruhe«, bremste ich sie. »Ich will nicht noch so eine Sache wie mit Peter erleben. Ich geh es ab jetzt langsamer an.«

»Noch eine Mail, bitte!«

Mit zwei Klicks war die nächste Nachricht mit freigegebenem Foto offen. *»Hallo Unbekannte«*, las ich. *»Frauen, die mit Werk-*

zeug umgehen können, finde ich toll. Trifft man dich auch manchmal im Baumarkt? Ich bin Sicherheitsberater eines großen Unternehmens. Am Wochenende arbeite ich gern mit Holz. Über eine Antwort würde ich mich freuen. Gruß, Michael.«

»Hm«, klang es aus dem Hörer. »Ich seh mir nachher mal sein Profil an«, sagte ich.

»Bitte jetzt!«, bettelte die Stimme aus dem Hörer.

Gehorsam rief ich die Seite auf. »Beschreiben Sie Ihr Äußeres: rundlich, aber nicht zu rund, groß, aber nicht zu groß, haarig, aber nur im Gesicht.«

»Was soll man denn davon halten?« Kirsten war selten ratlos, aber jetzt war sie's.

»Welche Figur der Weltgeschichte wären Sie gern? Old Shatterhand.«

»Figur der Weltgeschichte?«, quiekte es aus dem Hörer.

»Sei nicht so streng«, ich musste grinsen. Ich konnte zu Michael auch keine klare Meinung entwickeln, aber irgendetwas gefiel mir.

»Schreibst du ihm?«, fragte Kirsten.

»Ich weiß noch nicht«, sagte ich. Ich denke schon, dachte ich.

»Hast du noch einen?«, fragte Kirsten.

»Das war's«, log ich. Nachdem wir uns verabschiedet hatten, rief ich Rainers Mail auf. Als ich mir sein Foto ansah, war ich froh, dass ich allein war. Ich war sprachlos und brauchte einen Augenblick, um einen klaren Gedanken zu fassen. Nein, ich brauchte viel länger als einen Augenblick.

Er hatte mir vorgestern so eine nette erste Mail geschrieben! *»Liebe Unbekannte«*, hatte er geschrieben, *»mir hat dein Profil sehr gefallen. Hätte ich mir nicht schon die alberne Katze ausgedacht, die sich durch alle Nachbarsnäpfe frisst, würde ich die Graugans von dir abschreiben. Ich möchte auch im Winter in den Süden! Herzlich grüßt: Rainer.«* Und jetzt blickte mich von seinem Foto ein riesiger Hase an. Oder besser: ein Mann in einem Hasenkostüm.

Ich klickte mich noch durch ein halbes Dutzend ziemlich

nichtssagender Mails, bis ich wieder Rainers Mail öffnete. Ich hatte Post von einem riesigen Hasen bekommen. »*Liebe Nina*«, hatte der Hase geschrieben. »*Wie interessant, dass du so gern bäckst! Ich koche leidenschaftlich gern. Und ich kaufe leidenschaftlich gern Lebensmittel ein. Um sie zu kochen. Bäckst du nur Süßes oder auch Salziges? Ich freue mich auf deine nächste Post, herzlich: Rainer.*«

Das war zweifellos nett.

Nach einer halben Stunde hatte ich eine Mail verfasst, die ich nicht gleich wieder löschte: »*Lieber Rainer, ich kann nicht fassen, dass du ein Foto im Hasenkostüm eingestellt hast. Gibt es eine tiefere Bedeutung, die ich nicht finden kann? Viele Grüße, Nina. P.S.: Süß backe ich lieber als salzig.*«

Ich schickte die Mail ab und wünschte mir schon in dem Moment, als ich den Senden-Button gedrückt hatte, heiß, sie zurückholen zu können. Warum hatte ich nicht noch mal nachgedacht? Oder darüber geschlafen? Dann schalt ich mich: Es war nur eine Mail an einen Hasen. Es würden sich noch andere melden, denen ich schreiben konnte. Trotzdem ließ sich das Gefühl nicht vollkommen abschütteln. Mein Verdacht war, dass ich beinahe wieder in die Peter-Falle getappt wäre: Eine nette Mail und ich hätte mich wieder zu einem Treffen überreden lassen, jede Wette. Das Hasenkostüm hatte mich ausgebremst. Ich sollte Rainer dankbar sein.

Nachdem ich Reis für das Abendessen aufgesetzt hatte, rief ich Sonja an. Es meldete sich nur der Anrufbeantworter, auf den ich wegen Jan nichts sprechen wollte. Ihr Handy war ausgestellt und ich machte mir Sorgen.

Als ich eine halbe Stunde später wieder anrief, nahm immer noch niemand ab. Ich ließ den fertigen Reis Reis sein und fuhr zu ihr. Da ich keinen Tiefgaragenplatz in Mitte besaß, nahm ich die U-Bahn. Am Walter-Schreiber-Platz stieg ich in ein volles U-Bahn-Abteil und bekam erst am Bahnhof Zoo einen Sitzplatz, als alle außer mir auszusteigen schienen und sich die Bahn neu füllte. Ich saß mit dem Rücken zur Wand, rechts von mir die Glasscheibe, die die Sitzplätze vom Einstiegsbereich abschirmte. Es war dumm gewesen, kein Buch mitzunehmen, aber in meiner Sorge um Sonja hatte ich nicht daran gedacht, wie lang die Strecke war.

Neben mir las eine junge Frau ein sonderbares Buch. Das Cover konnte ich nicht sehen, aber es war rundum schwarz, in meinem Gedächtnis suchte ich nach dem Fachwort für die Buchaußenseiten, die von den Blättern gebildet wurden. Hieß das Buchblock? Buchschnitt? Das Buch des Mädchens musste zugeklappt wie ein schwarzer Backstein aussehen. Ich las: »›Bleibt zusammen und seid wachsam!‹, rief Georg. ›Mag sein, dass die Angreifer sich noch in der Nähe befinden!‹ ›Befehle zu geben, steht dir nicht zu, Bursche!‹« Verstohlen betrachtete ich das Mädchen von der Seite. Ihr langes, blondes Haar fiel herab wie ein Vorhang und verbarg ihr Gesicht. Einen Augenblick lang fragte ich mich unsinnigerweise, ob sie glücklich war. Einen Augenblick lang wünschte ich es mir so intensiv, als würde das etwas heilen, ohne dass ich hätte sagen können, was das sein sollte.

Die erste Umsteigehaltestelle Westhafen bereitete mir ähnlich viel Unbehagen wie die zweite: Gesundbrunnen. Beide schienen im Niemandsland zu liegen und ich fühlte mich dort immer sonderbar angreifbar. Zwischen den vielen Menschen am Bahnhof Gesundbrunnen stand die Luft und es war frühsommerlich warm, doch die Sonne selbst wurde von der Überdachung abgehalten. Ich war froh, als ich meine letzte Bahn bestiegen und einen Sitzplatz gefunden hatte. Wenig später fuhr die S-Bahn in den Tunnel hinein und das Fahrgeräusch wurde lauter und um einige Töne tiefer.

Warum ich die S-Bahn-Station Nordbahnhof so mochte, hätte ich schwer sagen können. Auch dies war eine Haltestelle wie im Niemandsland. Alt war sie, man sah es den kleinen gelben Backsteinhäuschen oberhalb des unterirdischen Bahnhofs an, aber sie erinnerte mich vor allem an den Kalten Krieg. Noch Jahre nach der Wiedervereinigung war die Haltestelle umgeben von Brachland gewesen und den mittlerweile gebauten Betonklötzen sah man an, dass sie nicht organisch gewachsen waren. Alle Gebäude waren zu groß und wirkten, als habe man vor allem versucht, möglichst viel Raum abzudecken. Vielleicht war es der Gegensatz zwischen sehr alt und sehr neu, der mich so rührte: Der S-Bahnhof Nordbahnhof hatte allem tapfer standgehalten. Ich lief quer über die Schienen und erreichte noch die Straßenbahn, die mich die zwei Haltestellen bis zur Bergstraße brachte.

Weder Sonja noch Jan waren zu Hause, zumindest öffnete niemand die Tür. In den Ackerhallen in der Parallelstraße kaufte ich ein Schreibheft und ein paar Umschläge. Im kühlen Supermarkt roch es nach Putzmittel und Obst. Seit ich vor rund zehn Jahren zum ersten Mal Sonja besucht hatte, hatte sich viel verändert. Die Läden in der Umgebung hatten gewechselt, nur das Beerdigungsinstitut, die Apotheke und das Brillengeschäft hatten sich gehalten. Dafür war der Altersdurchschnitt nicht mehr so unnatürlich niedrig. Damals schien kaum jemand über fünfundzwanzig zu sein, die Häuser waren grau und die Menschen jung. Inzwischen fühlte es sich nicht mehr so künstlich an, mit mir in der Kassenschlange standen Menschen jeden Alters. Vor Sonjas Haus schrieb ich in der Hocke eine Nachricht in das Schreibheft. Dann riss ich die Seite heraus und klingelte bei einer Nachbarin, deren Name mir bekannt vorkam. »Ich habe einen Brief für Frau Schürger«, rief ich in die Gegensprechanlage und sie drückte auf den Öffner. »Danke« rief ich ins Treppenhaus hinauf und warf den Brief in Sonjas Kasten.

Dann fuhr ich zurück. Als ich die Wohnungstür aufschloss wunderte ich mich beinahe, dass ich schon zu Hause war – es war, als hätte mein Körper den Weg allein hinter sich gelegt, während ich in Gedanken versunken gewesen war. Leonhard freute sich, nicht alleine essen zu müssen. Er hatte aus dem fertig gequollenen Reis ein Abendessen gemacht. Der Tag endete melancholisch, obwohl ich mich freute, mit Leonhard reden zu können: über Diana, über seine Pläne, über die Konditorei.

Doch Sonja rief nicht an, obwohl ich in meinem Brief darum gebeten hatte. Ich machte mir Sorgen.

Den Computer schaltete ich nach dem Essen aus, ohne noch mal auf meine Kontaktseite gesehen zu haben.

ZUCKERGLASUR

So schwer ich auch eingeschlafen war, als am Morgen mein Wecker klingelte, war ich hellwach. Ich fühlte mich, als gebe es kein Problem, dass sich nicht lösen ließ.

Der Tag in der Backstube verging wie im Flug. Nach dem notwendigen Tagesprogramm lernte ich das Glasieren von Kuchen und Torten. Sven stellte mir ein paar Geräte vor, mit denen man eine traumhaft dünne Schokoladenschicht zaubern konnte. Dabei legte er beinahe so etwas wie Geduld an den Tag, als ich ein halbes Dutzend Versuche an einigen Tortenstücken brauchte, bis ich den Bogen raushatte.

»Na«, hatte er zum Schluss geknurrt und ich interpretierte optimistisch ein »Na, das haben Sie jetzt wirklich gut gemacht« in das magere Wort hinein. Deswegen rutschte mir auch ein enthusiastisches »Danke!« heraus, das eigentlich »Danke für das Lob!« bedeuten sollte, von Sven aber nur als »Danke, dass Sie mir das Glasieren beigebracht haben« interpretiert werden konnte. »Dafür auch danke!«, schob ich deswegen blödsinnig hinterher. ›Jetzt den Mund halten, jetzt den Mund halten‹, flüsterte eine innere Stimme und ich befolgte den Rat.

Als ich die Konditorei verließ, warf ich einen Blick auf mein Handy. Sonja hatte mir eine SMS geschickt: »mach dir keine sorgen ich melde mich nach der arbeit«. Da sie im Krankenhaus das Handy nie eingeschaltet hatte, würde ich sie frühestens in vier Stunden sprechen können.

Ich beschloss, das »Unternehmen Männersuche« wieder in Angriff zu nehmen, fuhr mit dem Fahrrad aber einen Umweg über den Finkenpark, einen großen Umweg. Diese Ecke Berlins war so ruhig um diese Zeit, ich hatte das gar nicht gewusst. Um die Mittagszeit, wenn andere Menschen Pause machten und nur Bäcker und Konditorinnen frei waren wie die Vögel, hatte ich hier im Wohngebiet viele Nebenstraßen ganz für mich allein. Im Finkenpark saßen auf einigen Bänken alte Damen, ihre Männer entweder tot oder nie da gewesen oder in ihren Wohnungen oder kleinen Reihenhäusern vergraben. Bis zu den Villen war es noch ein Stück. Langsam umfuhr ich den Finkenteich. Hätte man die angrenzende Straße nicht nach einem Wasservogel benennen können? Bestimmt war schon bei der Stadtplanung klar gewesen, dass ein Park mit einem Teich anschließen würde.

Eine alte Dame streute einigen Spatzen Krümel auf den gestampften Boden. Sie lächelte zu mir hinüber, als ich in einem weiten Bogen über den Rasen fuhr, um ihre Vögel nicht zu vertreiben.

Es war, als kehrte ich aus dem Urlaub zurück, als ich schließlich vor dem Haus vom Fahrrad stieg, die Tür aufschloss und es brav in den Keller trug. Heute würde ich vermutlich nicht mehr wegfahren, da konnte ich Herrn Maczeyzek auch eine kleine Freude machen. Wobei ich nicht ganz sicher war, dass ich das damit wirklich tat: Möglicherweise war er viel glücklicher, wenn er etwas hatte, über das er sich aufregen konnte.

Karl hatte sich gemeldet. Seine Mail war etwas verstörend. »*Liebe Nina*«, hatte er geschrieben. »*Ob ich das Gefühl habe, dich schon lang zu kennen, habe ich mich gefragt. Vielleicht ist es nur das Gefühl, dich schon so lang zu suchen, vielleicht schon immer. Ich war nach dem Krankenhaus Minigolf spielen, damit ich nicht so ein Anfänger bin, wenn wir gemeinsam gehen. Ich habe mich wieder angestellt wie ein Idiot. Würdest du dich trotzdem mit mir verabreden? Ich werde am Samstag um 14 Uhr auf dem Minigolfplatz am Insulaner sein.*«

Ich freute mich, in gewisser Weise. Aber es machte mir auch Angst. Wir kannten uns nicht und, nein, ich hatte nicht das Gefühl, ihn schon lang zu kennen.

Andererseits – war das nicht auch unglaublich romantisch?

Er würde am Samstag auf dem Minigolfplatz sein und warten. In einem amerikanischen Liebesfilm würde mir wochenlang jeden Samstag etwas dazwischenkommen. Und wenn ich es dann ohne jede Hoffnung nach Monaten oder auch nach Jahren endlich schaffen würde, am Samstag um zwei auf dem Minigolfplatz zu erscheinen, würde er dort sein, weil er nie die Hoffnung aufgegeben hatte.

Hach ja!

Und Rainer hatte geschrieben. Ich traute mich kaum, die Mail zu öffnen. Mir war es längst sehr unangenehm, dass ich ihm solch eine rüde Nachricht geschickt hatte. Wenn mir sein Hasenkostüm nicht passte, konnte ich ihn einfach sperren. Ich musste ihm nicht vorher noch gegen sein Schienbein treten.

»Liebe Nina«, hatte er geschrieben. *»Ist es nicht so, dass man etwas braucht, das die Spreu vom Weizen trennt? Wer mein Hasenkostüm nicht mag, passt wohl auch nicht zu mir. Hast du so etwas nicht auch? Vielleicht sortierst du Männer aus, die sich beim Gähnen nicht die Hand vor den Mund halten. Oder Männer, die sich beim ersten Treffen die Rechnung mit dir teilen.*

So etwas ist das Hasenkostüm auch. Und dich hat es nicht ausreichend abgeschreckt, wie ich sehe. Ich freue mich sehr!

Ich würde dich gern persönlich kennenlernen, doch zugleich genieße ich es, dir einfach zu schreiben und Post von dir zu bekommen. Schreib mir, bitte! Rainer.«

Ich las die Nachricht mehrmals, aus Freude und Erleichterung. Es war keine sonderbare Mail, ein Glück. Wenn ein Hase so schreiben konnte, konnte ich auch einem Hasen eine Antwort schicken. Minigolfplatz-Karl würde mir mehr Mühe machen.

»Lieber Rainer«, schrieb ich. Nachdem ich in den ersten Tagen nie unter ein Dutzend Mailentwürfe gemacht hatte, ging es mir inzwischen leichter von der Hand. Vermutlich war es die Erkenntnis, dass immer interessante Männer nachkamen. Vielleicht würde ich irgendwann feststellen, dass es nur Verrückte waren, die nachkamen, aber noch bestand Hoffnung. Auch die

Hoffnung, dass ich in nicht zu ferner Zukunft die Suche würde einstellen können.

»*Lieber Rainer, ich mag es wirklich nicht, wenn jemand beim Gähnen nicht die Hand vor den Mund hält. Aber ob das wirklich ein Grund sein kann, jemanden abzuschreiben? Dafür müsste jemand schon in der Öffentlichkeit popeln.*« Ich strich den letzten Satz wieder. Gott, war ich peinlich!

»*Dass du gern kochst, gefällt mir jedenfalls*«, schrieb ich stattdessen lahm. Dann fügte ich hinzu: »*Ich kämpfe ständig mit meinem Gewicht, verrate das aber keinem, weil das so abgeschmackt ist. Frauen kämpfen mit ihrem Gewicht und Männer wollen nicht reden. Ich wünschte, ich würde dem Klischee weniger entsprechen. Viele Grüße, Nina.*« Das war eine sonderbare Mail. Aber vielleicht hatte Rainer recht und es war sinnvoll, früh die Spreu vom Weizen zu trennen. Wenn sich Rainer nun nicht mehr meldete, war er nicht der Richtige, basta. Dann sollte sich eine andere mit seinem Hasenkostüm herumschlagen.

Als ich gerade auf meinem Crosstrainer schwitzte, klingelte das Telefon. Schwer atmend meldete ich mich.

»Hier ist Josie, alles in Ordnung?«, fragte eine besorgte Stimme. Josie war meine ehemalige Nachbarin. Allerdings hatte sie sich schon vor mir von ihrem Mann getrennt und schlug sich seitdem mehr schlecht als recht als Webdesignerin durch. Sie rief mich immer dann an, wenn sie eine komplizierte Internetseite gestaltet hatte und einen Computertrottel für den Testlauf brauchte.

Ich atmete tief ein und aus. »Ja«, antwortete ich dann, »ich mache gerade Sport.«

»Hör zu«, Josie schien nicht zugehört zu haben, »ein Kunde braucht Samstag eine Torte. Ich habe sofort an dich gedacht und ihm deine Telefonnummer gegeben. Vermutlich wird er sich gleich bei dir melden. Lass dir das nicht entgehen, er hat Geld und Beziehungen. Sei ein Profi! Wir reden später!«

Die Verbindung war unterbrochen. Ehe ich einen sinnvollen,

klaren Gedanken fassen konnte, klingelte das Telefon schon wieder. »Schünemann«, meldete sich eine helle Männerstimme. »Frau Geissler hat Sie mir empfohlen, ich brauche Sie für einen Geburtstag am Samstag.« Er schaffte es, zugleich unsicher und herrisch zu klingen.

»Aha«, sagte ich, um Zeit zu gewinnen. »Meine Lebensgefährtin hat Geburtstag«, fuhr er fort. »Wir haben Überraschungsgäste. Eine Geburtstagstorte, denke ich.«

Ich versuchte, aus diesen Bruchstücken schlau zu werden. Sei ein Profi, hatte Josie gesagt. Ich durfte also nicht »Häh?« antworten. »Mit wie vielen Überraschungsgästen rechnen Sie?«, fragte ich.

»Ich habe zwanzig Personen eingeladen«, antwortete er, »mit Begleitung.« Bei den letzten Worten schwankte seine Stimme. War er nicht mehr sicher, ob er mit Begleitung eingeladen hatte? Oder dachte er dasselbe wie ich: Wie um alles in der Welt soll eine einzige Geburtstagstorte für vierzig Leute reichen?

»Und Sie hatten an eine Geburtstagstorte gedacht…« Ich ließ das Ende des Satzes in der Luft hängen.

Meine Vermutung war richtig gewesen, er lachte schrill und nervös auf. »Das wird nicht genügen!«, herrschte er mich an, als sei das meine Idee gewesen und nicht seine.

Wir schwiegen beide einen Augenblick. Ich überschlug es kurz im Kopf und freute mich, dass ich mir genau über diese Frage in den letzten Tagen mehrmals Gedanken gemacht hatte. Für vierzig Personen würde er vier Torten brauchen oder zwei Blechkuchen.

»Für so viele Personen brauchen Sie vier Torten oder zwei Blechkuchen oder Torte, Blechkuchen, zwei Dutzend Törtchen«, sagte ich laut und mit fester Stimme. Josie hatte mich zur Konditorin ernannt und ich staunte, wie leicht es mir fiel, in diese Rolle zu schlüpfen.

»Genau«, bestätigte die helle Stimme am anderen Ende. »Können Sie das machen?«

»Ja«, so also fühlte es sich an, wenn man schneller redete, als man dachte. »Ich brauche aber noch ein paar Informationen«, schob ich hinterher.

»Selbstverständlich«, sagte Schünemann. Er klang schon viel weniger herrisch.

Ich fragte ihn über seine Lebensgefährtin aus. Mochte sie Schokolade, mochte sie Obst, war sie eher romantisch oder eher sachlich, hatte sie auffällige Hobbies, hatte sie Lieblingsfarben? Bei den Lieblingsfarben wurde Schünemann ungehalten. »Wollen Sie eine Torte backen oder unser Haus neu einrichten?«, fragte er und ich war verblüfft, weil das beinahe nach Humor klang.

»Es soll eine besondere Torte sein«, antwortete ich. »Oder?«

Widerstrebend bestätigte er das und wir einigten uns auf einen Preis. Besser gesagt, ich nannte ihm einen Preis und er stimmte sofort zu.

»Was war denn das, Josie?«, fragte ich, als ich sie zurückrief.

Sie lachte hell. »Das ist mein Lieblingskunde«, sagte sie spöttisch. »Er ruft immer dann an, wenn die Agentur, die er sonst beauftragt, mal wieder den Termin nicht einhalten konnte. Dann soll ich die Sache bis gestern in Ordnung bringen. Er zahlt dafür aber gut. Und als er jetzt von diesem Geburtstag erzählt hat, ist mir aufgefallen, dass er an das Buffet zum Abendessen gedacht, die Geburtstagstorte aber vergessen hat. Und da ist mir eingefallen, dass du mal gesagt hast, das wäre dein Traum: beruflich Torten backen. Hokuspokus Fidibus, hier ist ein Auftrag!«

Beim besten Willen konnte ich mich nicht daran erinnern, Josie irgendwann davon erzählt zu haben. Ich hätte geschworen, dass von meinem Tortenbacktraum überhaupt niemand wusste. Wo kamen die ganzen Feen in den letzten Tagen her, die all meine Wünsche erfüllten? Zuerst ein Praktikum, und nun ein Auftrag?

»Vielen Dank«, sagte ich so inbrünstig, dass Josie lachen musste.

»Keine Ursache«, sagte sie. »Mach mir keine Schande.«

Nachdem ich aufgelegt hatte, traf mich die Erkenntnis wie ein Vorschlaghammer: Morgen war Samstag. Ich hatte wohlwollend geschätzt noch vierundzwanzig Stunden, um eine Torte, einen Blechkuchen und zwei Lagen Törtchen zu backen, was genau, würde ich mir dazu auch noch überlegen müssen.

SCHOKOLADENZAHLEN

Zum ersten Mal freute ich mich, dass ich den absurd großen Kühlschrank aus Christophs und meinem Haus mitgenommen hatte. Eigentlich war mir nur der Gedanken unerträglich gewesen, dass Christoph und seine Französin ihn nutzen würden – als hätte nicht ich ihn ausgesucht, als hätte es mich gar nicht gegeben. Für Leonhards und meine Küche war das silberne Monster überdimensioniert, aber heute gerade groß genug für all die Zutaten. Und Cremes. Und Böden.

Während ich reihenweise Schokoladenzahlen auf Backpapier spritzte, fragte ich mich, wie ich das ohne Sven geschafft hätte. Obwohl ich erst seit einer Woche im Konditorenkeller lernte, fühlte ich mich der Herausforderung verblüffend gewachsen.

Eineinhalb Stunden vor Beginn der Überraschungsparty räumte ich alles in meinen kleinen Fiat, auch wenn es bis Dahlem nicht weit war. Auf diese Weise konnte mir entweder alles von Motorschaden bis Straßensperrung zustoßen oder es würde viel Zeit bleiben, Torte und Törtchen ordentlich zu präsentieren. Obwohl ich sehr vorsichtig fuhr, parkte ich schon eine Viertelstunde später vor dem Haus und nahm die Torte aus dem Kofferraum.

Meine einzige eherne Regel war: Zu einer guten Torte gehören zwei verschiedene Teigsorten. Bei dieser waren es Mürbeteig und Biskuit, dazu Himbeersahne und Quittenmarmelade.

Schünemann hatte darauf bestanden, dass ich eine große Fünfzig auf die Torte schrieb. Er hatte beinahe nichts Hilfreiches über seine Lebensgefährtin sagen können, er kannte keine Lieblingsfarbe, kein Lieblingsobst, kein Lieblingsgebäck. Vermutlich war er so froh, zumindest zu wissen, wie alt sie wurde, dass das unbedingt auf die Torte geschrieben werden musste.

Sehr schlank war sie, seine Claudia, das zumindest hatte er sagen können. Sie aß kaum etwas, an dieser Stelle war er unsicher geworden. »Doch«, hatte er gesagt, »sie isst schon, aber...« Schließlich hatte ich ihm zuversichtlicher, als ich mich fühlte, versprochen, einfach für jeden Geschmack etwas zu backen, er solle sich keine Sorgen machen.

Das Haus war ein um zwei Ecken geführter Bungalow – die Vorderfront des weißen Gebäudes verlief parallel zur Straße, durch einen breiten Rasenstreifen davon getrennt, ein rechter Winkel führte den Seitenteil des Gebäudes von der Straße weg, dann folgte ein zweiter rechter Winkel, der die rückwärtige Längsseite des Bungalows wiederum parallel zur Straße verlaufen ließ. Ich hob anerkennend die Augenbrauen. Dieses Haus passte sicherlich gut in jede Architekturzeitschrift.

Mit der Torte auf dem Arm wanderte ich, wie telefonisch besprochen, um das flache Gebäude herum. Das war wie in einem dieser alten englischen Filme, in denen die Dienstboten nur durch den Hintereingang kommen durften.

Ich klingelte. Die Torte trug ich, Pfirsichkuchen und Joghurttörtchen warteten im Auto.

Der rückwärtige Gebäudeteil war zum Garten hin vollständig verglast. Auf der Terrasse vor den Glastüren stapelten sich Blumengestecke über Blumengestecke in gelben, vorne offenen Transportkisten. Ich klopfte, zuerst leise, dann lauter.

Endlich öffnete mein Auftraggeber. Er war mindestens so groß wie Leonhard, aber weniger muskulös. Er trug eine helle Hose und ein hellblaues Hemd, die Schweißflecken unter seinen Armen waren deutlich zu sehen. Mit einer Hand fuhr er sich durchs dunkle Haar und zerzauste es unvorteilhaft.

»Die Torte...«, er ließ den Rest in der Luft hängen. Weil ich keine Hand frei hatte, konnte ich ihn nur mit einem Kopfnicken begrüßen. »Guten Tag«, sagte ich. »Wo soll ich die Torte abstellen?« Ich versuchte mit mäßigem Erfolg, professionell zu wirken und hoffte, dass er selber zu nervös war, um das zu merken.

»Die Blumen...«, entgegnete er, gab mir aber den Weg frei. »Auf den Tisch dort.« Er deutete in den Raum und ich stellte die Torte ab. Ich hatte sie vor der Fahrt für eine Weile ins Gefrierfach gestellt, damit sie den Transport gut überstand. Kurz hob ich den Deckel des Tortenbehälters, alles schien gut gegangen zu sein.

»Ich hole den Rest«, sagte ich zu Schünemann, der immer noch neben der Glastür stand.

»Die Blumen«, wiederholte er und fügte dann hinzu: »können Sie vielleicht auch die Blumen...« Wieder fehlten ihm die Worte. Ich blickte ihn fragend an und er atmete tief durch. »Der Blumenladen. Sie haben die Blumen viel zu früh geliefert. Ich war nicht da. Jetzt stehen sie da draußen.«

»Soll ich die Blumen...?«

»Nein, nein«, beeilte er sich zu sagen, »ich würde sie hineintragen, könnten Sie sie dann, nun ja, könnten Sie die Blumen verteilen?« Er lachte nervös. Schon seine Stimme war irritierend hell, doch sein Lachen kletterte noch eine Oktave weiter hinauf. Die Gedanken in meinem Kopf überschlugen sich. Es war nicht wirklich viel Zeit. Wenn ich nicht wollte, dass die Überraschungsparty mit all den gelben Kisten auf der Terrasse einen sonderbaren Eindruck machte, musste ich ihm helfen.

So schnell wie möglich holte ich meine kostbaren Törtchen und den Obstkuchen hinein. Ich brachte sie in die angrenzende Küche, während der nervöse Hausherr Blumengestecke auf den großen weißen Esstisch räumte und Transportkisten ineinanderstapelte. Jenseits des großen Esstischs streckte ein weißes Sofa seine Arme und Beine in verschiedene Richtungen. Ich erinnerte mich, dass so etwas Wohnlandschaft genannt wurde. Auf dieser Wohnlandschaft fand sicherlich ein Dutzend Personen Platz, ohne sich auch nur zu berühren. Todschick, dachte ich beklommen und fragte mich, ob Torte und Törtchen nicht mickrig wirken würden.

Das Kistengeklapper des Hausherrn riss mich aus meinen bewölkten Gedanken. So elegant Bungalow und Terrasse auch waren – für den Stapel gelber Kisten gab es keine Tür, hinter der man sie verschwinden lassen konnte. Schließlich versteckte Schünemann sie irgendwo jenseits der Glasterrasse, während ich in Windeseile Blumengestecke verteilte. Als ich in der Küche Torte, Kuchen und Törtchen aus ihren Behältern hob, um sie im Wohnzimmer zwischen den Gestecken auf dem weißen Tisch zu platzieren, klingelte es schon in unregelmäßigen Abständen an der Tür. Die ersten Überraschungsgäste rissen die Küchentür auf. Ich erschrak so, dass ich fast ein Törtchen auf den Boden gefegt hätte.

»Entschuldigung«, zwitscherte die in grünen Stoff gewickelte Frau so selbstbewusst, dass es nicht wie eine echte Entschuldigung klang. »Haben Sie die Torte gebacken?« Sie trug die Haare in einem straffen Pferdeschwanz. Es sah so schmerzhaft aus, dass ich ganz abgelenkt war. Was für ein raffiniertes Kleid, dachte ich. Ich war wirklich abgelenkt. Dann nickte ich. Sie brach in schrilles Gelächter aus, bis ihre Begleiterin, eine große Brünette mit beneidenswert vollen Locken, sie in die Seite stieß. Die Blonde in Grün brach ab und fixierte mich, wie man ein seltenes Insekt fixiert.

»Sie wird nicht fünfzig«, sagte sie dann langsam und deutlich. »Sie wird sechsundvierzig.«

Ich schloss kurz die Augen. Auf der Torte war eine große Fünfzig aus dunkler Schokolade und auf sämtlichen Törtchen kleine Zahlen aus weißer. Wäre das mein Geburtstag, müssten die alle weg. ›Vier Jahre mehr oder weniger‹, hörte ich Schünemann mit wackeliger Stimme in meinem Kopf abwiegeln, ›was sind schon vier Jahre?‹. Das wusste ich besser als er. Das wussten vermutlich sämtliche Anwesenden besser als er.

Ich drückte mich an den beiden Frauen vorbei. Der große Raum war locker mit Menschen gefüllt und alle schienen mir aufgeregt zu sein. Die Gespräche brachen ab, während ich zum Tisch eilte. Noch war das Geburtstagskind nicht da, noch konnte ich retten, was zu retten war. Die Fünfzig hatte ich mithilfe von

Schokoladenstäbchen so abgestützt, dass sie schräg auf der Torte thronte, umgeben von unterschiedlich gefärbten, unterschiedlich geformten Marzipanblumen. Mit ruhiger Hand wie eine berufsmäßige Mikadospielerin zog ich die Fünfzig zwischen den Blüten heraus. Mit der Schokoladenzahl in der Hand starrte ich die Konstruktion aus Schokostäbchen an. Nicht gut. Ich eilte zurück in die Küche und kehrte mit einem Messer zurück. Vorsichtig fingerte ich die Stäbchen heraus. Dann löste ich einige der kleineren Blüten vom Rand der Torte, glättete dort die Creme und verteilte die Blüten oben auf der Torte, wo eben noch eine Fünfzig geprangt hatte. Abrakadabra, dachte ich im Stillen, während mir Stein um Stein vom Herzen fiel.

Die Frau in Grün, die mir aus der Küche gefolgt war, folgte mir auch wieder dorthin zurück. Sie klatschte mir kurz mit leichter Hand Beifall und sagte dann: »Bravo, Bravo, kann ich nur sagen, sie beweisen gute Nerven!« Ich wurde ein wenig rot vor Stolz. Das konnte sie allerdings nicht sehen, weil ich nun mit dem Rücken zu ihr in zunehmender Panik in den Küchenschränken kramte. Die Fünfzig von der Torte hatte ich abnehmen können, doch auf die Törtchen hatte ich die Zahlen direkt aufgemalt, die würde ich nicht abheben können. Die mussten unter irgendetwas begraben werden. Doch in den zahlreichen weißen Schränken befand sich nichts, was sich geeignet hätte.

»Was brauchen Sie?«, fragte die Frau in Grün in meinem Rücken. Sie klang nun nicht mehr so spöttisch wie zu Beginn.

In einem der Unterschränke fand ich schließlich die Rettung: Karamellcreme aus der Tüte, fertig in drei Minuten, wie die Aufschrift versprach. »Ich habe es gerade gefunden!«

Sie musste mir die Erleichterung angehört haben, denn sie lachte auf. »Sie haben zehn Minuten, schaffen Sie das?«, fragte sie. Ich nickte. Die Küchenmaschine war glücklicherweise ein Designerstück, das so schick war, dass man es auf der Arbeitsfläche präsentierte und nicht in irgendeiner Schublade versteckte. Während das Gerät röhrte, fand ich einen Gefrierbeutel, dessen eine Ecke ich aufschnitt. Ich schickte ein stummes Dankeschön an Sven, der mich an einem der Tage aufgefordert hatte, fünf verschiedene Crememuster auf eine Reihe Törtchen zu spritzen. »Los«, hatte er gesagt, als er mir die Vorlagen auf eine Torte gesetzt und die Dekorationspistole in die Hand gedrückt hatte. So etwas Hilfreiches hätte ich der glibberigen Plastiktüte vorgezogen, aber nach einem linkischen Anlauf ging es auch damit ganz gut.

Im Geiste sah ich Sven nicken, als mir Verzierung um Verzierung gelang und die Törtchen schließlich aussahen, als wären sie nie anders geplant gewesen. Die Frau in Grün hatte das erste Tablett schon ungefragt aus der Küche getragen, als es im Wohnzimmer zuerst sehr leise und dann sehr laut wurde. Jemand stimmte »Happy Birthday« an und die anderen fielen schleppend und schief ein. Ich schlüpfte schnell aus der Küche und platzierte die restlichen Törtchen, dann schlüpfte ich wieder zurück und versuchte möglichst leise aufzuräumen.

Ich wusste nicht, ob ich lachen oder weinen sollte. Alles schien gut gegangen zu sein, aber ich fühlte mich so zitterig, als müsste ich gleich losheulen. Zum Spülen brauchte ich mehr Zeit und Wasser als üblich. Aber es ist immer mühsamer, in einer fremden Küche zu arbeiten, nicht nur dann, wenn man grade eine Zahlenkatastrophe abgewendet hatte.

Alle wandten mir den Rücken zu, als ich mich schließlich aus dem Haus schlich. In kleinen Gruppen unterhielten sich die Gäste, da kam in meinem Augenwinkel plötzlich Bewegung auf. Ich erstarrte mit der Glasschiebetür in der Hand. Als ich eins der Törtchentabletts Richtung weißes Sofa fliegen sah, riss ich im aufkommenden Krawall aus Stimmen, Körpern und Geschirr die Glastür auf, deren tiefes Gleitgeräusch ich mehr spüren als hören konnte. Kaum stand ich draußen, zog ich sie mit einem festen Ruck wieder zu und machte, dass ich davonkam. Ich nahm an, dass Claudia kurz vor dem Krawall die Creme von einem der Törtchen gekratzt hatte. Ich nahm außerdem an, dass auf dem weißen Sofa ihr Lebensgefährte gesessen hatte.

Das alles war nicht meine Schuld und ich hoffte inständig, dass Herr Schünemann sich auch noch daran erinnern würde, wenn er morgen meine Rechnung im Briefkasten fand.

Am Abend schwitzte ich unglücklich auf meinem Crosstrainer, nachdem ich eine Tafel Schokolade gegessen hatte. Dann kam Leonard nach Hause. Ich sprang hektisch vom Crosstrainer aus Angst, mein Sohn könnte wieder seine Freundin mitgebracht haben. Noch schlimmer war die Vorstellung, er könnte auch noch Dianas Bruder mitgebracht haben, während ich dick und schwitzend auf meinem Crosstrainer stand, weil ich undiszipliniert eine ganze Tafel in mich hineingestopft hatte. Und das alles, weil die Frau meines ersten Auftraggebers meine Törtchen auf ihr weißes Sofa geschmissen hatte.

Leonhard war allein, was meine schlechte Laune leider nicht besserte. Ich stand verstimmt und mit einem Keiner-liebt-mich-Gefühl im Weg herum, während mein Sohn ein paar Sachen zusammensuchte. Etwas zum Übernachten bei Diana und eine Flasche Weißwein für einen Abend im Park. Mir war danach, ihn zu ermahnen, nicht zu viel zu trinken. Mir war danach, ihn zu ermahnen, nichts Gefährliches zu tun, ohne jedoch genauer sagen zu können, was das sein könnte. Ihn zu ermahnen, rechtzeitig ins Bett zu gehen, weil schneller wieder Montag war, als man gucken konnte. Aber ich befürchtete, mich anzuhören wie ein quengeliges kleines Kind, das von den Eltern alleingelassen wurde, also hielt ich den Mund und stand weiter herum. Außerdem zwang ich mich dazu, nicht zu heulen oder mit dem Fuß aufzustampfen. Was für ein durch und durch verdorbener Tag!

Als Leonhard gegangen war, war mein Crosstrainerschweiß getrocknet und ich fühlte mich außerstande, noch zu duschen. Mit dem scheußlichen Gefühl, morgen nicht nur duschen, sondern auch mein Bettzeug wechseln zu müssen, fiel ich ins Bett und schlief fast umgehend ein. Oh gnädiger Schlaf!

TORTEN NACH MASS

Um Punkt vier Uhr an diesem Sonntag saß ich im Bett. Mit demselben Glücksgefühl wie am Tag zuvor und am Tag davor. Dann fiel mir ein, dass Sonntag war. Es war Sonntag und ich war ohne Wecker um vier Uhr aufgewacht. Ich musste grinsen. Ich fiel wieder ins Kissen und ließ meine Gedanken wandern. Ich dachte an die Geburtstagsclaudia, die schon nicht mehr so schlimm weh tat wie am Tag zuvor. Ich dachte an Sonja und daran, dass ich sie um diese Zeit beim besten Willen nicht anrufen konnte.

Ich dachte an Rainer mit dem Hasenkostüm, doch es war zu gemütlich im Bett, als dass ich zum Computer hätte wandern wollen. Einen Augenblick später hatte sich meine Vergangenheit auf mich geworfen wie ein Halbwüchsiger auf ein wehrloses Kaninchen. Ein böser Halbwüchsiger. Schnapp, und er hatte das Kaninchen erwischt!

Wir hatten das Haus gekauft, Christoph und ich. Christoph hatte einen guten Job, seine Eltern hatten ihm ein Vorerbe ausgezahlt und wir hätten das allein geschafft, mit Kredit. Von mir war nur ein kleiner Teil gekommen, aber Christoph hatte gesagt, dass ihn das nicht stören würde. Er hatte empört ausgesehen, dachte ich, als ich jetzt im Bett lag. Damals hatte ich das nicht sehen können.

Ich sehe mich noch im Wohnzimmer meiner Eltern mit Leonhard auf meinem Schoß. Er lag, Leonhard konnte noch nicht einmal sitzen. Ich drückte ihn gegen meinen Bauch, der nicht verschwinden wollte, meinen Schwangerschaftsbauch, meinen leeren Schwangerschaftsbauch, der endlich schrumpfen musste, wenn ich mir nicht ständig anhören wollte, na, ist das Nächste schon unterwegs? Na Ihr habt es ja eilig! Gar nichts hatten wir.

Christoph fasste mich schon seit Monaten nicht mehr an. Ich verstand ihn damals gut, was es aber nicht besser machte. Ich sah entsetzlich aus und fühlte mich auch so.

Das Wohnzimmer, das so viele Jahre auch meins gewesen war, war an der Seite zum Garten hin verglast. Wir saßen auf eleganten, samtblauen Sesseln, die meine Mutter uns allen vom Mund abgespart hatte. Ich erinnerte mich, dass Schatten über die Zimmerdecke zogen und sie lebendig erscheinen ließen, lebendiger, als ich mich fühlte. Auf dem Samtsofa mit Blick zum Garten saß ich mit Leonhard auf dem Schoß, schräg gegenüber auf meiner rechten Seite saß Christoph, schräg links meine Mutter. Sie hatte behauptet, uns wegen Leonhard sehen zu wollen, aber sie hatte gelogen. Sie saß auf ihrem Stuhl, aufrecht und schlank und gepflegt, und ich fühlte mich wie eine hässliche Wurst. Einen irrationalen Moment lang dachte ich, nimm doch sie, Christoph, nimm sie an meiner Stelle, und es fühlte sich absurd erleichternd an. Als würde mir ein Gewicht von den Schultern genommen, das gleich darauf wieder niederfiel, schwer und schmerzhaft.

»Ich möchte nicht, dass meine Tochter nur Gast ist in deinem Haus«, hatte meine Mutter gesagt und die Gemeinheit, die in den Worten lauerte, mit einer Stimme lieblich wie Frühlingsflieder kaschiert. Sie blickte mitleidig zu mir und sagte: »Wir werden Ninas Anteil übernehmen.« Ich fühlte mich wie an den Sessel genagelt, auf dem ich saß, oder mit einem vergifteten Pfeil an die Sessellehne gepflockt. Kein Wort bekam ich heraus, aber es war sowieso klar, dass hier nur über mich verhandelt wurde, nicht mit mir. Mein Kopf wurde ganz leicht, als wäre ich einer Ohnmacht nahe, und das war ich vielleicht auch. Christoph lehnte das Angebot ab, das kein Angebot war, sondern eine Anweisung. Sein Vorerbe auf seiner Seite, sagte meine Mutter, und ihr Geld auf der anderen, Punkt. Sie sprach nicht von meinem Vorerbe und meinte es auch nicht so. Sie kaufte einfach mit meinem Mann das Haus und ließ mich dort wohnen. Ich sah den Zorn in Christophs Augen, weil ich ihm nicht half. Doch durch meine Adern floss nur noch Angst. Ich hätte nicht einmal sagen können, wovor ich solche Angst hatte, aber ich hörte, wie sie in mir pochte. Po-poch, po-poch. Sie schwemmte in meine Arme und Beine und zurück zum Herzen, in meine Arme und Beine und zurück zum Herzen, sie rauschte in meinen Ohren. Leonhard fing an, sich zu winden, vermutlich spürte er, dass nichts Gutes um ihn war, nirgendwo. Ich sehe mich ihn wiegen, ihn an mich drücken, »sch-sch«, machte ich, »sch-sch«, und die Schatten scharrten an der Decke und ich fühlte den Kloß im Hals. Ich darf nicht weinen. Ich darf nicht weinen.

Das alles war viele Jahre her und in meinen Adern spürte ich keine Angst mehr, höchstens eine ferne Erinnerung daran. Aber eine Trauer lag auf mir wie eine schwere Decke. Niemand hatte auf mich aufgepasst und ich selbst war dazu nicht in der Lage gewesen. Meine Mutter hatte mich mit Haut und Haaren gefressen, obwohl sie sich vor mir geekelt hatte. Und mein Mann hatte von ihr gelernt, mich zu verachten. Ich atmete tief ein, tief und noch tiefer, und wunderte mich, wie viel Luft in meine Lunge passte. Plötzlich musste ich lächeln. Ich schnaubte und wackelte mit dem Kopf. Ich war ihnen durch die Lappen gegangen, dachte ich. Plötzlich fühlte es sich an, als sei es allein meine List gewesen, dass ich ihnen entkommen war, meiner Mutter und Christoph zugleich. In meiner Wohnung gab es einen Flur, in dem Fische mit Brillen lebten, einen Sohn, den ich liebte, dass es wehtat, und nur eine Fahrradfahrt entfernt eine Konditorei, die auf mich wartete und nicht weglaufen würde. Ich fühlte mich mit einem Mal wie der größte Glückspilz der Welt.

Der Name »Torten nach Maß« fiel mir ein, ohne dass ich groß darüber nachgedacht hätte. So könnte meine kleine Firma heißen, wenn ich mehr als diesen einen Auftrag bekommen würde. Wäre das nicht schön?

Eine Weile dachte ich darüber nach, ob es sinnvoll war, weiterzuschlafen. Wenn ich am Wochenende versuchte, meinen Schlafrhythmus umzustellen, war das vermutlich nicht nur schwierig, sondern auch eine dumme Idee, weil ich dann morgen in den Seilen hängen würde. Also stopfte ich mir mein Kissen in den Rücken und las ein paar Seiten in einem Zeitreiseroman, den mir Kirsten zum letzten Geburtstag geschenkt hatte. Er war allerdings so verworren, dass er mich bald aus dem Bett trieb. Der Computer verlangte nach mir. Mit meiner schlechten Laune von gestern hatte ich ihn klugerweise ignoriert. Nun schien er zu rufen: »Schalt mich ein, ich bin voll mit gutaussehender Post!« Stumm fragte ich ihn zurück, was ich mit gutaussehender Post sollte. Beim ersten Treffen musste ich erstens stundenlang nach kaschierender Kleidung suchen und zweitens am Ende die Flucht ergreifen. Dann fuhr ich ihn hoch.

Ein Ulf hatte mich gesperrt. Es war typisch für mich, das als Erstes zu sehen. Für einen Moment war ich wütend, dass ich nicht schneller gewesen war als er, und war stolz auf mich, dass mein erstes Gefühl Wut gewesen war. Der Schritt zwischen Sich-mickrig-hässlich-ungeliebt-Fühlen und Wut war breiter als ein Ozean. Ich ließ mich von dieser Wut treiben und schaltete einen Boris, einen Stefan und einen Peter aus. Nicht lang nachdenken, war die Devise. Aus dem Bauch raus handeln. Danach war ich einerseits erschöpft, andererseits erschrocken. Ich schob die Gefühle zur Seite und öffnete Rainers neue Mail. Der Mann mit dem Hasenkostüm ließ nicht locker.

»Liebe Nina«, schrieb er, *»über deine Mail habe ich sehr gelacht, vielen Dank dafür!«* Ehe ich weiterlas, suchte ich im Gesendet-Postfach meine Mail an ihn heraus. *»Frauen kämpfen mit ihrem Gewicht und Männer wollen nicht reden. Ich wünschte, ich würde dem Klischee weniger entsprechen.«* Ich war erleichtert, weil ich mich diffus an einen Satz mit Popeln erinnert hatte. *»Ich wünschte auch, ich würde dem Klischee weniger entsprechen«*, las ich weiter. *»Ich rede zwar eine ganze Menge, aber ungern über mich. Und wenn ich das nach all den Jahren Erfahrung richtig verstanden habe, wollen Frauen genau das. Was hältst du von einem Treffen,*

bei dem du isst, ohne dir Gedanken über dein Gewicht zu machen, und ich über mich rede, ohne von einem Sachthema zum anderen zu wandern? Ich koche und rede und du isst und redest. Klingt das gut? Viele Grüße, Rainer.«

Ich lehnte mich auf dem Stuhl zurück. Ja, das klang gut. Ich dachte an das rundum misslungene Treffen mit Peter und zögerte, aber dann antwortete ich doch. *»Lieber Rainer«*, schrieb ich, ohne lange zu überlegen. *»Das ist ein verlockendes Angebot. Nächstes Wochenende hätte ich Zeit. Und du? Viele Grüße, Nina.«* Klick, abgeschickt. Ich hatte immer noch kurz Herzklopfen, wenn ich gerade frisch eine Fremde-Männer-Mail abgeschickt hatte. Kurz überlegte ich, ob ich den Computer nach diesem positiven Erlebnis ausschalten sollte, dann aber öffnete ich eine Mail von Michael, dem Mann mit der Gesichtsbehaarung. Dem Baumarktbesucher.

»Hallo Nina«, hatte er geschrieben. *»Danke für deine Antwort. Ich habe dir ein paar Fotos meiner Holzarbeiten angehängt. Ich hoffe, sie gefallen dir. Gruß, Michael.«* Ein wenig entgeistert öffnete ich seine Bildergalerie. Hinter dem Porträtfoto eines übergewichtigen Mannes mit Vollbart, der aussah, als wäre ihm die Fotosituation peinlich, fand ich eine Reihe von Holzkugeln. Unterschiedliche Holzsorten und unterschiedliche Größen. Michael drechselte also Holzkugeln und dachte, es wäre schöner für mich, neben einem einzigen Foto von ihm ein halbes Dutzend Fotos von Kugeln zu finden. Das war rührend und bescheuert zugleich. Ich deaktivierte unseren Kontakt, ärgerte mich aber danach, ihm nicht doch noch geschrieben zu haben, dass seine Holzkugeln schön waren. Ich schüttelte verärgert den Kopf über mich. So ein Unsinn. Er würde eine andere Frau finden, der die Kugeln gefielen und auch Michael selbst.

Karl hatte eine Mail geschickt, die nur aus einem Betreff bestand: *»14 Uhr Insulaner«*. Natürlich, jetzt fiel es mir wieder ein! Es war Samstag und Karl würde am Minigolfplatz auf mich warten. Ich warf einen Blick auf die Wanduhr. Es war noch nicht einmal sieben Uhr, ich hatte noch viele Stunden Zeit, bis ich eine Entscheidung treffen musste. Ich öffnete eine weitere Mail.

Schon wieder ein Thomas. Ich konnte gut verstehen, warum meine Generation ihren Kindern so oft merkwürdig klingende Namen gab. Wir hatten alle die Nase voll davon, dass man unseren Namen rief und sich schon in der nächsten Umgebung ein Dutzend Leute umdrehten. Auch ich war zu meinem Namen nur gekommen, weil es noch zwei weitere Annettes in meiner Klasse gegeben hatte. Eine blieb Annette, eine wurde zu Anni und ich wurde zu Nina. Dieser Thomas war zu Tom geworden, wie ich der letzten Zeile entnahm. *»Hallo Unbekannte! In diesem Jahr bin ich fünfzig geworden und habe mir einen Kindertraum erfüllt: Ich habe jetzt eine Autowerkstatt für Oldtimer und kann jetzt auch während der Arbeitszeit an Autos schrauben. Ich selbst besitze einen Triumph TR6 von 1971, vielleicht sagt Ihnen das etwas. Ich bin aber kein besessener Autofahrer, in meiner Freizeit gehe ich Wandern oder ins Kino. Besonders gern sehe ich Stummfilme, mein Lieblingsfilm ist ›Sunrise‹. Ich weiß, es ist schlimm, in der ersten Mail nur von mir zu schreiben. Aber was soll ich denn sonst tun, solange ich Sie nicht kenne? Gruß, Tom.«*

Das war eine merkwürdige Mail. Vermutlich waren es die Oldtimer, die mich trotzdem zögern ließen. Weil ich einfach noch nie jemanden kennengelernt hatte, der Oldtimer liebte, und ich schlicht nicht beurteilen konnte, ob mir so ein Mann gefallen würde. Also beschloss ich, ihm schnell zu schreiben, ehe ich doch noch eine Meinung dazu entwickelte. Geh ein Risiko ein, dachte ich, und wenn es nur ein Autoschrauberrisiko ist. *»Lieber Tom, Sie sind der erste Oldtimerfan, den ich je kennengelernt habe. Ihren Triumph TR6 habe ich mir immerhin im Internet angesehen, er gefällt mir gut! Ich selbst habe mir gerade einen Kindertraum erfüllt und ein Praktikum in einer Konditorei begonnen. Es ist toll! Es ist noch viel toller als toll! Einen Stummfilm habe ich noch nie in meinem Leben gesehen. Dass ich immer dachte, das muss ja stinklangweilig sein, das verrate ich Ihnen nicht, weil es mir ein bisschen* *peinlich ist. Ich sehe mir dafür gern Dokumentarfilme im Kino an, je länger desto lieber. Gruß, Nina.«* Du liebe Zeit, das war auch eine merkwürdige Mail! Aber jetzt wusste ich immerhin, warum ich ihm hatte schreiben wollen: wegen des Kindertraums.

Ich dachte an Sven und fühlte ein Kichern im Bauch aufsteigen, weil ich den Griesgram vermisste und dachte, er würde sicher in Ohnmacht fallen, wenn er das wüsste. »Wie schlecht muss ich Sie denn noch behandeln?«, würde er rufen. Dann schüttelte ich im Geiste den Kopf. Nein, würde er nicht. So schlimm war er gar nicht.

Klick, Mail abgeschickt, Herzklopfen, nächste Mail. Ich fand noch zwei Männer vom Typ Weiße-Socke-in-Sandalen, einen staubtrockenen Netzwerkspezialisten und einen, der ein Foto von sich als Kölner Karnevalsprinz mitgeschickt hatte.

Als ich schließlich aufstand, um mir einen Tee zu kochen, war es acht Uhr. Sonja war Frühaufsteherin und ich schickte ihr eine SMS. *»Bist du schon wach?«* Keine Minute später brummte mein Handy. *»Ja«*, war die knappe Antwort und ich rief sie an.

»Wie geht's dir?«

»Nicht so gut.«

Sonjas Stimme klang dünn, als hätte sie lang geweint und sei damit noch nicht fertig. Ich schwieg.

»Denkst du…«, ihre Stimme verklang und ich wusste, wie die Frage weitergehen sollte. Ich legte so viel Zuneigung in meine Stimme wie möglich, weil ich wusste, dass sie meine Antwort nicht hören wollte.

»Mach dich unabhängig von ihm«, sagte ich. »Du musst jetzt für dich und dein Kind planen.«

»Ich will aber für uns drei planen«, piepste sie, »ich will keine alleinerziehende Mutter sein!«

Ich sagte nichts dazu. Niemand wollte das, nahm ich an. Hatte auch ich etwas gewollt, was ich nicht hatte haben können? Kurz überlegte ich, ob ich überhaupt etwas gewollt hatte außer einem Zuhause ohne meine Mutter.

»Magst du vorbeikommen?«, fragte ich, »Leonhard ist bei Diana.« Ich konnte mir beim besten Willen nicht vorstellen, sie zu trösten, während Jan im Nebenzimmer grollte. Auf keinen Fall würde ich wieder zu ihr nach Mitte fahren.

»Mhm«, hörte ich am anderen Ende und interpretierte das als Nicken. Dann legte Sonja auf.

Bis sie klingelte, hatte ich uns Kaffee gekocht und in der Bäckerei am Friedrich-Wilhelm-Platz Croissants besorgt. »Hier, Schatz« – ich hätte dort auch meine Croissants gekauft, wenn sie nach Pappe geschmeckt hätten, einzig um diese Anrede des Verkäufers zu hören.

Sonja klingelte in dem Moment, als ich die Croissants auf den Tisch gestellt und die leere Tüte verstaut hatte. Sie stand ganz zerzaust in der Tür und sah schöner aus denn je. Ihr blondes Haar hatte sie zu einem etwas struppigen Knoten geschlungen, aus dem überall Strähnen heraushingen. Ihr wadenlanges, weinrotes Kleid hatte schmale Ärmel und fiel so locker, dass sie es vermutlich auch noch im neunten Monat würde tragen können. Dann würde sie allerdings nicht mehr aussehen wie ein Laufstegmodel. Ein im Moment ziemlich verheultes Laufstegmodel. Ich nahm sie in die Arme. So standen wir eine Weile, bis sie langsam ruhiger wurde.

»Hast du schon gefrühstückt?«, fragte ich.

Sonja schüttelte den Kopf. Ich war nicht unzufrieden darüber, dass sie nach und nach alle vier Croissants aß. Während ich ihr dabei zusah, fühlte ich mich wunderbar tugendhaft.

»Ich kann ja verstehen, dass er überfordert ist, das bin ich ja auch«, sagte sie in zahlreichen Variationen immer wieder, ebenso wie: »Er muss sich an den Gedanken erst gewöhnen, das muss ich ja auch«, und: »Es war doch klar, dass wir irgendwann Kinder haben würden, wir lieben uns doch!«

Ich las in ihren Augen, dass sie von mir eine Bestätigung hören wollte. Ich lächelte traurig und streichelte ihre Hand.

»Was hättest du gemacht, wenn Christoph Leonhard nicht gewollt hätte?«

Ich hatte nicht damit gerechnet, dass sie mehr als nur an mich hinreden würde. Schließlich zuckte ich die Schultern. »Man kann das nicht erzwingen, oder?« Aber mit dieser nichtssagenden Aussage gab sich Sonja nicht zufrieden. »Ich hätte nicht gewusst, wie ich uns allein hätte finanzieren sollen«, versuchte ich es erneut.

»Und wenn das nicht das Problem gewesen wäre? Wärst du ausgezogen?« Sonja bohrte ihren Blick in meinen, als könnte sie darin eine Lösung für sich selbst finden.

Ich verzog den Mund zu einem schiefen Lächeln. »Ich denke, ich wäre nicht ausgezogen. Ich hätte jeden Tag aufs Neue gehofft, dass ein Wunder geschieht.«

Wir lachten beide leise. Sonja fasste über den Tisch nach meiner Hand. »Vielen Dank für alles«, sagte sie.

»Du spinnst«, erwiderte ich sanft.

»Doch«, sagte Sonja nachdrücklich. »Ich weiß, dass du mich bescheuert findest, aber du bist trotzdem meine Freundin.«

Die Sonne schien inzwischen gleißend zum Fenster herein und ich schlug einen Spaziergang vor. Sonja sah zögernd auf ihre langen Ärmel, nickte aber dann. Ich lieh ihr eine Sonnenbrille gegen die Sonne und die verweinten Augen und wir brachen auf. Gern hätte Sonja meine Konditorei gesehen, aber ich wollte an meinem freien Sonntag nicht dort auftauchen. »Dann fühle ich mich wie eine Stalkerin«, sagte ich mit Unbehagen.

Nichts hätte ich lieber getan, aber es wäre mir auch nichts peinlicher gewesen. So wanderten wir stattdessen zum Perelsplatz, einem von viergeschossigen Altbauten mit geschmackvollem Stuck und Balkonen umgebenen Gelände, auf dem ein Spielplatz, eine Schule, ein Sportplatz und ein kleines Café Platz hatten. Die vielen alten Bäume, die dazwischen wuchsen, waren so groß und dicht, dass der Spielplatz wie eine Lichtung wirkte. Weder die Straße noch Sportplatz oder Schule waren von dort aus zu sehen oder zu hören. Wir besorgten uns Kaffee, der für die

Spielplatzbesucherinnen in Pfandbechern ausgeschenkt wurde, und setzten uns auf eine der Bänke. Offenbar war es zu früh für Eltern mit Kindern. Ich erinnerte mich, dass Leonhard immer grässlich früh wach gewesen war, dennoch wäre auch ich so früh noch nicht auf den Spielplatz gegangen. Wir hatten an den Wochenendvormittagen in Schlafanzügen mit Lego gespielt, daran erinnerte ich mich.

»Schau«, sagte ich zu Sonja und zeigte auf die Ausgänge. »Als Leonhard zwei, drei Jahre alt war, bin ich nie hierhergekommen, weil es so viele Fluchtwege gibt, die er sicher genutzt hätte. Erst als er älter war, hat ihn der Spielplatz interessiert.«

Sonja lächelte. »Der in der Bergstraße hat auch viele Ausgänge«, stellte sie nach kurzem Überlegen fest.

Ich nickte. Den Spielplatz in Sonjas Straße kannte ich auch. Dort hatte ich vor Jahren mit Leonhard Fußballspielen geübt. Ich seufzte. War das eine gute Zeit gewesen? Ja und nein, zu diesem Ergebnis kam ich. Ja wegen Leonhard, nein wegen Christoph. Oder nicht? Oder doch?

»Schau mal wie süß!«, raunte mir Sonja zu und zeigte auf ein kleines Mädchen, das in Richtung Schaukel wackelte. Sie war vermutlich noch keine zwei und trug eine Windel, die ihre Gehversuche zusätzlich erschwerte.

»Süß«, bestätigte ich.

»Ich hätte auch gern ein Mädchen«, seufzte Sonja. Sie strich sich über die Wangen, ich sah es aus dem Augenwinkel. Vermutlich wischte sie Tränen fort.

»Um ein Mädchen hätte ich mir wahrscheinlich noch mehr Sorgen gemacht«, stellte ich fest.

»Für Jan möchte ich aber vielleicht doch einen Jungen. Jan hätte bestimmt lieber einen Jungen«, sagte Sonja leise.

Ich rollte hinter meiner Sonnenbrille die Augen. Jan hätte vermutlich lieber Läuse als einen Jungen!

»Oder doch nicht«, fügte sie hinzu. »Er hat ja eigentlich viel mehr weibliche Seiten.«

Jetzt drehte ich den Kopf und starrte sie an. »Sonja!«, sagte ich entgeistert. »Sind das die Hormone?«

Darüber musste sie so lachen, dass sie einen Schluckauf bekam.

Auf dem Rückweg dachte ich darüber nach, ob ich unter irgendeinem Vorwand doch zum Rüdesheimer Platz fahren konnte. Brauchte ich Torte? Hatte ich etwas im Keller vergessen? Sonja verabschiedete sich vor ihrem Auto, das sie beinahe vor meiner Tür geparkt hatte. Mit zwei Sonnenbrillen in der Hand stieg ich die Treppen hinauf und hörte auf dem Weg zum ersten Stock die Tür zum Hof ins Schloss fallen und einen scharrenden Besen. Maczeyzek, dachte ich, ich war ihm knapp entkommen. So leise wie möglich stieg ich die letzten Stufen hinauf. Gerade als ich ebenso leise den Schlüssel im Schloss drehen wollte, hörte ich in der Wohnung das Telefon klingeln. Eilig trat ich durch den Flur und erreichte es, bevor der Anrufbeantworter ansprang.

»Wir haben uns gestern bei Frau Schnierings Geburtstagsfeier kennengelernt«, sagte eine Frauenstimme. »Ich schreibe für das Magazin ›Food and Life‹ und wir hatten zuletzt sehr viel Fleisch und Männer und Sterneküchen, Sie wissen schon.« In die kurze Pause nach diesem Satz machte ich ein Geräusch, das alles und nichts bedeuten konnte. Ich hatte keine Ahnung, wovon diese Frau sprach. Ich hatte keine Ahnung, wer sie war. »Und da dachte ich, Sie und Ihre Torten, das wäre ein Treffer! Die Geschichte mit den Zahlen und mit der Tortenschlacht, das hätte ich mir nicht besser ausdenken können!« Sie lachte hell.

Aha, dachte ich lahm. Sie hatte sich zumindest nicht verwählt. Aber was wollte sie von mir, hatte sie das schon gesagt? Hatte ich das verpasst?

»Ich würde Sie gern besuchen. Wann hätten Sie Zeit? Ich möchte Sie nicht drängen, aber es müsste spätestens am Dienstag sein. Gewöhnlich überfalle ich niemanden am Sonntag, aber die Zeit läuft uns davon.«

Fast hätte ich mir mit der Faust gegen den Kopf geschlagen,

um ihn zum Anspringen zu bringen. Was wollte sie? Was sollte ich jetzt sagen? Worum ging es hier? Wie konnte ich Zeit schinden, um das alles zu verstehen?

»Dienstag?«, fragte ich daher vorsichtig.

»Am liebsten wäre mir natürlich heute, aber das ist vielleicht etwas kurzfristig. Morgen wäre auch möglich, da könnte ich Sie einschieben. Und Dienstag natürlich, Dienstag wäre mir allerdings der Nachmittag lieber.«

»Können Sie mir sagen, was Sie genau möchten?«, fragte ich vorsichtig.

Die fremde Frau am anderen Ende lachte wieder hell. »Ich falle immer so mit der Tür ins Haus!«, rief sie, als würde sie ihre größte Stärke anpreisen. »Ich möchte ein Porträt über Sie schreiben. Eine Homestory, verstehen Sie?«

Wieder machte ich ein Geräusch.

»Sie sind ein Ein-Frau-Unternehmen, nicht wahr? Ingo war sich nicht ganz sicher, aber das ist typisch für ihn«, wieder lachte sie. Wer zum Teufel war Ingo?

»Ingo?«, fragte ich vorsichtig. Ich stakste durch dieses Telefonat wie über dünnes Eis.

»Schünemann!«, rief meine Anruferin und lachte wieder, »Ingo Schünemann! Sie haben gestern für ihn gebacken! Ich war ein Gast! Eine alte Freundin von Claudia! Claudia Schniering! Und ich würde Sie gern für unser Lifestylemagazin interviewen!« Sie lachte wieder. Endlich hatte sie begriffen, dass ich auf der Leitung stand. Und ich begann zu begreifen, dass ich ein Problem hatte. Wie war noch der Name des Magazins? ›Food and Life‹? Ich erinnerte mich dunkel daran, dass ich schon einmal ein Exemplar in der Bahnhofsbuchhandlung gesehen hatte. Sehr edel, sehr teuer. Ganz sicher nichts für meine Küche. Und obwohl ich immer noch nicht vollständig verstanden hatte, worum es gehen sollte, roch dies hier nach einer ziemlichen Chance.

»Dienstag«, sagte ich daher, das war der am weitesten entfernte Termin, bis dahin würde ich meinen Kopf sortiert und eine Idee haben.

»Gut«, sagte meine Gesprächspartnerin, »sagen wir 17 Uhr?«

Ich stimmte zu und zwang mich dann, sie nach ihrem Namen zu fragen. »Ich habe Sie vorhin nicht richtig verstanden.« Langsam fand ich zu einem Ton zurück, der zumindest halbwegs professionell klang.

»Oh entschuldigen Sie!«, rief sie und klang gar nicht, als wollte sie sich entschuldigen. »Frings, ich habe mit Ihnen in der Küche gestanden!« Es kamen also drei Frauen infrage, erinnerte ich mich. »Geben Sie mir Ihre Adresse. Ich werde einen Fotografen mitbringen.«

Ich hatte einen Geistesblitz. »Ich nutze Räumlichkeiten am Rüdesheimer Platz«, sagte ich mit fester Stimme. Das würde Sven im Leben nicht durchwinken. Ich gab ihr die Adresse der Konditorei und wir verabschiedeten uns. Minuten später stand ich immer noch reglos neben dem Telefon. Ein Teil von mir war freudig aufgeregt und ein Teil von mir zu Tode erschrocken darüber, in was für eine Lage ich mich gerade gebracht hatte. Insgesamt fühlte ich mich, als stünde ich mit einem Bein in einer Parallelwelt. Vielleicht sogar mit beiden.

Ein Blick auf die Uhr sagte mir, dass ich jetzt aufbrechen musste, um rechtzeitig auf dem Minigolfplatz zu sein. Nein, entschied ich. Das wurde mir gerade alles zu viel. Wie hatte sich alles nur so schnell entwickeln können? Hatte ich nicht gerade erst in Kirstens Wohnzimmer geheult, weil ich so einsam in einer Sackgasse steckte? Das schien Lichtjahre her zu sein. Kirsten. Ich musste Kirsten anrufen. Ich brauchte meine Freundin, um das Chaos in meinem Kopf zu sortieren.

Es dauerte sicherlich eine Stunde, um einfach nur zu berichten, was in den vergangenen Tagen passiert war. Dabei hatte ich noch nicht einmal beschrieben, wie ich mich bei all dem fühlte, was mir Angst machte, was ich plante und was vermutlich alles auch noch auf mich zukommen würde.

Kirsten lachte zwischendurch so laut, dass ich eine Erzählpause machen musste. »Weiter«, japste sie dann, »weiter!«, und ich erzählte weiter. Und während ich erzählte, wurde ich immer ruhiger. Ja, in den letzten zwei Wochen war ich in mehr Durcheinander geschlittert als in den letzten fünf Jahren zusammengenommen, aber wenn ich ehrlich war, dann war es ein ganz schön gutes Durcheinander. Ich staunte gerade über mich, als Kirsten am anderen Ende sagte: »Respekt, Nina.« Ja, dachte ich, unerwartet zufrieden mit mir und meinem Leben, ja, das fand ich auch.

RHABARBER-SCHMAND

Montag saß ich wie die beiden Tage zuvor um vier Uhr wach im Bett. Diesmal aber wartete wirklich die Backstube. Und leider ein unangenehmes Gespräch mit dem schrecklichen Sven. Während ich unter der Dusche stand, fragte ich mich, ob die Bezeichnung tatsächlich noch zutraf. Und dann, ob die Bezeichnung nach unserem Gespräch vielleicht wieder zutreffen würde. Ich seufzte. Die Journalistin verdarb mir völlig den Beginn meiner zweiten Praktikumswoche.

Wo waren die Morgenstundevögel eigentlich den restlichen Tag über? Während ich mit meinem Fahrrad Richtung Süden fuhr, vereinzelte Autos hörte und kein einziges sah, zwitscherten die Vögel in den Straßenbäumen, als bekämen sie es bezahlt. So viele unterschiedliche Stimmen – ich wunderte mich, dass Forscher noch nicht geschafft hatten, das Gezwitscher in Sprache zu übersetzen. Es klang so kompliziert und variationsreich. Vielleicht erzählten sie sich komplizierte, über Jahrhunderte weitergereichte Mythen. Oder sie diskutierten über den Sinn des Lebens oder das Leben nach dem Tod.

Der Rüdesheimer Platz lag wie immer einsam im morgendlichen Zwielicht. Die Tür zur Backstube wurde vom Holzklotz offengehalten und ich versuchte ein weiteres Mal, die Treppe nicht hinunterzuschleichen, sondern auf den Stufen Geräusche zu machen. Mit Erfolg. Sven hatte mich gehört, ich merkte es an seiner Körperhaltung, als ich in den Keller trat. Er blickte auf und ich hätte schwören können, dass er weniger unfreundlich blickte. »Guten Morgen«, sagte ich und lächelte, als könnte ich ihm damit vormachen, wie es ging. Er nickte aber nur ruckartig und drehte dann den Kopf zum kleinen Raum im hinteren Bereich. ›Guten Morgen, nehmen Sie sich Schiffchen und Jacke, dann können wir anfangen‹, ergänzte ich im Stillen. Das tat ich dann auch.

»Und?«, er nickte mit dem Kinn zum Bestellzettel an der Wand. Ich las: Drei Bleche Obst, achtzigster Geburtstag ohne Sahne, Büro, Einstand (30).

»Okay«, begann ich, »Geburtstagstorte ohne Sahne, also entweder Buttercreme oder«, ich zögerte, «Obst würde auch gehen, Marzipan...«

»Besprechen wir noch«, sagte Sven ungeduldig. Gut, dachte ich, es war übers Wochenende kein neuer Konditor vom Himmel und in seinen Körper gefallen.

»Außerdem irgendwas für einen Einstand im Büro, ich nehme an, für dreißig Personen. Törtchen vielleicht. Oder genug Kuchen.«

Sven nickte ruckartig. Schlagartig fiel mir ein, woran mich seine komische Art, so ruckartig zu nicken, erinnerte: an ein Huhn. Ich musste breit grinsen, um nicht rauszuplatzen.

»Was?«, fragte er brüsk.

Ich grinste weiter wie ein Idiot. »Nichts«, sagte ich und schüttelte den Kopf, »nichts, ich freue mich nur!« Wenn er mich weiter anstarrte, würde ich in hysterisches Gelächter ausbrechen vor lauter Nervosität und Überdrehtheit.

Glücklicherweise runzelte er nur die Stirn und gab mir die ersten Anweisungen: »Rhabarber putzen für zwei Bleche, Erdbeeren für zwei Bleche.«

»Keine Bleche für den Laden?«, fragte ich und war ganz stolz, dass ich mitgedacht hatte. Statt mich zu loben, sah er mich nur an, als hätte er sich einen dreistelligen IQ gewünscht.

»Wir backen zwei Rhabarber, zwei Erdbeer, zwei Dosenpfirsich und zwei Banane-Kirsch. Die Hälfte Bestellung, die Hälfte Laden.«

Klar, dachte ich, während ich den Rhabarber aus dem Eimer nahm, schälte und schnitt. Wir konnten ja wohl kaum zweimal zwei gleiche Blechkuchen liefern, das hätte ich mir auch denken können.

Stumm arbeiteten wir bis zum späten Vormittag. Die einzigen Worte, die ich bis dahin hörte, waren: »Knetteig für Erdbeer«, er reichte mir die laminierte Seite, »Hefe für Rhabarber-Schmand«, eine zweite laminierte Seite, »Rührteig für Pfirsich«, die dritte, und »Banane-Kirsch«, die vierte laminierte Seite. Inzwischen waren die gesamten Blechkuchen fertig. Es war elf Uhr und ich hatte acht Kuchen gebacken. Acht Blechkuchen. Ich war so hibbelig, dass ich tatsächlich einmal kurz von einem Bein aufs andere treten musste und wieder zurück und noch mal und wieder zurück, so stolz war ich auf mich.

»Müssen Sie aufs Klo?«, fragte Sven, als wäre das ein Frevel.

»Nein«, antwortete ich vergnügt, »ich bin fertig. Mit allen acht Kuchen.« Ich konnte nicht anders, ich musste ihn anstrahlen. Wäre ich ein Hund gewesen, ich hätte gewedelt und Männchen gemacht. Als er mich weiter stumm anblickte, machte ich zuerst mit dem einen, dann mit dem anderen Arm eine schwungvolle Handbewegung, um die Kuchen zu präsentieren.

Er schnaubte und, tatsächlich, er lächelte. »Ja«, sagte er. »Gut gemacht.«

Ich lachte kurz auf, so glücklich machte mich dieses Lob. Ich war so bescheuert! Man musste mich nur kurz halten, schon flippte ich über ein »Gut gemacht« fast aus.

»Und jetzt?«, fragte ich und strahlte immer noch.

»Jetzt tragen Sie die Hälfte hoch.«

Kurz war ich sprachlos, dann schnappte ich mir das erste Blech. Nachdem ich vergangene Woche nur die Kellersklavin gewesen war, die erst nach Feierabend von der Fußfessel gelassen wurde, durfte ich heute meine Kuchen selbst hochtragen. Ich fühlte mich befördert und das war ich vermutlich auch.

Wanda lächelte, als sie mich sah. »Nina!«, rief sie und nahm mir den Kuchen ab, um ihn in der Auslage zu platzieren. Ehe sie weitersprechen konnte, war ich schon wieder auf dem Weg. Erst als sie alle vier Kuchen verstaut hatte, stemmte ich die Fäuste in die Seiten. »Hab alle ich gemacht!«, sagte ich stolz wie ein Kind.

Wanda fragte sie mit einem Blick zur Treppe: »Kommst du zurecht?« Sie wackelte mit den Augenbrauen.

»Prima. Und wie geht's dir?«

»Ich hab mit Freunden eine Tour gemacht am Wochenende, Bikertreffen in Eberswalde.«

Inzwischen kannte ich ihre Leidenschaft für schwere Motorräder. Ich lächelte und hob die Hand. »Ich muss! Bis später!«

Sven sah bei meiner Rückkehr so ungeduldig aus, als hätte ich eine Stunde oben herumgetrödelt. »Der Einstand«, sagte er. »Heute bereiten wir die Torten für morgen früh vor, damit wir sie morgen nur noch zusammensetzen müssen. Denn morgen machen wir Petits fours. Wie geht das?«

»Keine Ahnung«, antwortete ich und Sven nickte, nicht als hätte er sich das gedacht, sondern als würde er es zur Kenntnis nehmen. »Wir füllen Biskuitteig mit Marmelade. Bevor Marzipan und Guss folgen, muss er zwölf Stunden mit einem Brett beschwert werden.« Er sah mich prüfend an, als wolle er sich vergewissern, dass ich auch zuhörte. »Gewöhnlich bereite ich sie am Abend vor, damit der gefüllte Teig zwölf Stunden mit einem Brett beschwert liegen kann, aber da sind Sie nicht da. Also reichen sechs Stunden, wir fangen morgen früh direkt an.«

»Ich kann auch heute am Abend kommen«, sagte ich schnell. Erstens war es mir unangenehm, dass er seine Pläne ändern musste, zweitens wollte ich nicht, dass meinetwegen die Petits fours misslangen. Sven zögerte kurz. »Wirklich«, bekräftigte ich.

Er kniff kurz die Augen zu schmalen Schlitzen, dann sagte er: »Kompromiss. Eine Portion mach ich am Abend allein, die zieht zwölf Stunden durch, eine zweite machen wir morgen, die bekommt sechs Stunden Zeit. Mal sehen, ob man einen Unterschied merkt.«

Daraufhin lächelten wir uns spontan an. Und als wären wir beide darüber erschrocken, wandten wir sofort die Köpfe ab.

»Was soll ich für morgen vorbereiten?«, fragte ich sachlich und Sven antwortete ebenso sachlich: »Fünf Biskuit für Torten, sechs Bleche Biskuit für Petits fours, sechs Knetteige in den Kühlraum. Danach zweimal Spritzgebäck.« Beschwingt machte ich mich an die Arbeit. Der Konditor war ein merkwürdiger, ein spröder und maulfauler Mensch. Aber er teilte mein Vergnügen an Backexperimenten und mehr brauchte ich gerade nicht, um glücklich zu sein. Während ich mit der monströsen Rührmaschine Krach machte, spürte ich dem Gefühl nach. In den letzten zehn Tagen war ich öfter glücklich gewesen als in den letzten zehn Jahren, so zumindest fühlte es sich an. Ich zwang mich dazu, nicht an die Zukunft zu denken.

Dann dachte ich an den nächsten Tag. Hätte ich etwas in der Hand gehabt, ich hätte es vor Schreck fallengelassen. Meine Verabredung mit der Essen-und-Leben-Journalistin! Noch bevor dieser Tag vorüber war, würde ich es mir mit meinem mürrischen Konditor verdorben haben. Oder sollte ich lieber der Journalistin absagen? Oder doch nicht? Oder doch?

»Nina!«, eine ungehaltene Stimme schreckte mich aus meinen Gedanken. Ich war völlig in Gedanken vor dem Rührgerät festgewachsen. Jetzt oder nie. Ich schaltete das Gerät aus und holte tief Luft.

»Ich hab eine Bitte«, begann ich und blickte Sven gar nicht erst an, um nicht aus meinem bisschen Schwung zu geraten. »Ich hab letztes Wochenende für einen Geburtstag gebacken. Nichts Besonderes, aber eine Journalistin will mich jetzt interviewen. Ich glaube, nicht weil es so gut geschmeckt hat, sondern weil so viel schiefgegangen ist. Ich meine«, ich redete mich um Kopf und Kragen, merkte ich, »als ich gerade ging, schmiss irgendjemand die Törtchen auf das weiße Sofa und wer weiß, was danach noch passiert ist, auf jeden Fall will sie mich interviewen. Ah, das hatte ich schon gesagt.« Ich schwieg und hatte das dumme Gefühl, etwas Entscheidendes vergessen zu haben. »Und sie will meine Backstube sehen!«, beinahe verhaspelte ich mich,

»und da dachte ich, vielleicht könnte ich ihr diese Backstube zeigen. Weil sie erst am späten Nachmittag kommt und da sind wir hier ja fertig. Morgen«, schob ich hinterher, »also morgen will sie kommen.« Jetzt wandte ich doch den Kopf und starrte Sven an wie ein Hase im Scheinwerferlicht.

Sven runzelte die Stirn. »Morgen kommt eine Journalistin hierher?«, fragte er. Ich nickte ruckartig. Auch wie ein Huhn, dachte ich. »Und sie denkt, das ist Ihre Backstube?«

»Nein, ah, nein, nein!«, ich schüttelte wild den Kopf, »ich will ihr sagen, dass ich diese Backstube mitbenutzen darf. Also nach Ihrem Feierabend. Ich werde auch Werbung für Ihre Konditorei machen, dachte ich mir. Ich werde sagen, dass Sie ein großartiger Konditor sind. Weil – sind Sie ja auch!« Wieder spürte ich, wie ich zu starren begann vor Anstrengung. Das hier konnte ich nicht gewinnen und ich hatte es vorher schon gewusst, warum hatte ich Idiotin nicht den Mund gehalten? Lang blickten wir uns stumm an. Dann fragte Sven: »Warum sind die Törtchen auf dem Sofa gelandet?«

Weil er zum ersten Mal wirklich neugierig wirkte, erzählte ich ihm die ganze Geschichte. Ich beschrieb ihm, was ich gebacken hatte und wie ich es transportiert hatte und wie ich die Fünfzig von der Torte geprokelt hatte und die Törtchenzahlen kaschiert – bei Erwähnung der Fertigcreme hatte Sven das Gesicht verzogen – und wie das Geburtstagskind offenbar eine davon unter der Creme gefunden und die Törtchen geworfen hatte. Sven schnaubte und grinste. Nach einer Weile drehte er sich wieder zu seiner Arbeitsplatte und verzierte weiter die Buttercremetorte für den achtzigsten Geburtstag.

»Die Frau, Ihre Journalistin, sie kann kommen«, sagte er mit dem Rücken zu mir. Und nach einer Weile fügte er hinzu: »Haben Sie was draus gelernt?«

Ich überlegte kurz. »Ich werde nie wieder Zahlen auf Torten schreiben.« Ich hörte ihn wieder schnauben. »Und ich werde immer Ersatzcreme mitbringen.«

Lange arbeiteten wir stumm. Ich warf mehrmals das Rührgerät an, mal mit Schneebesenaufsatz, mal mit Knethaken.

»Wir sind Sie an den Auftrag gekommen?«, fragte Sven irgendwann.

»Über eine Bekannte«, antwortete ich.

Danach sprachen wir nicht mehr. Ich buk gefühlte hundert Bleche Spritzgebäck aus meinen zwei Monsterportionen und wollte keinen Moment etwas anderes tun. Meditativ spritze ich S-Linien und noch mehr S-Linien, wie ich sie in den Tütchen auf der Konditoreitheke gesehen hatte. Stumm reichte mir Sven eine Waage, kleine Tüten und Geschenkband und ich verbrachte die Zeit bis zum Feierabend damit, zahllose Tüten mit hundert Gramm der Kekse zu füllen, wie es auf dem Musteraufkleber stand. Schweigend reinigten wir gemeinsam die Backstube, als hätten wir nie etwas anderes getan.

Ich hängte meine Jacke und mein Schiffchen in den Nebenraum. Noch ehe ich etwas sagen konnte, sagte der Konditor: »Gut. Wir sehen uns morgen.« Ja, ich weiß, dass ich mich mit wenig zufriedengab, aber ich freute mich darüber, dass er den Anfang gemacht hatte und dass seine Stimme dabei richtig freundlich klang. Wilde Tiere zähmte man auch nicht von einem Tag zum anderen.

PETITS FOURS

»Wir machen Petits fours«, erläuterte Sven. »Ich habe bereits Biskuit gebacken, das können Sie ja. Wir füllen die Petits fours unterschiedlich, klassisch sind Marmelade und Buttercreme.« Er stellte mehrere Schüsseln und Töpfe auf den Tisch. »Gleich große Teigplatten«, sagte er und schnitt mit faszinierendem Augenmaß die vier großen Rechtecke in jeweils drei gleich große Teile. »Kirschmarmelade«, sagte er und schob mir einen Tiegel zu. Offenbar war ich für die ersten drei Teile zuständig. Er selbst nahm die Aprikosenmarmelade und bestrich die drei Teile des zweiten Rechtecks. Die des dritten Rechtecks bestrich er mit Buttercreme, während ich auf einen Wink hin die drei Teile der vierten Biskuitplatte ebenfalls mit Kirschmarmelade einpinselte. »Stapeln«, sagte er dann, minimalistisch wie immer. Dann stapelte er dreimal im Wechsel Kirschmarmelade auf Aprikosenmarmelade und darauf zweimal im Wechsel Buttercreme auf Kirschmarmelade. Wir standen vor einer Arbeitsplatte, auf der nun zwei absurd hohe essbare Stapel standen. Essbar, wenn man ein Maul so groß wie ein Krokodil hatte.

Sven blickte mich von der Seite an. »Dies muss nun mit einem Brett beschwert werden.

Ich starrte ihn an. »Der Biskuit ist extra aufgegangen, damit er jetzt zerquetscht werden kann?« Ich war ein wenig fassungslos.

Sven huschte so etwas wie ein Lächeln übers Gesicht. »Sie werden es schmecken«, antwortete er nur geheimnisvoll. Dann schnitt er einen schmalen Streifen der Länge nach von jedem der Stapel. Diese Streifen stellte er beiseite, während er auf beide Stapel jeweils eine Frischhaltefolie legte und auf die Frischhaltefolie ein Brett.

Um die Petits fours verzieren zu können, formten wir unzählige winzige Rosen aus rosafarbenem und grünem Marzipan.

»Gehen Sie nachts in die Backstube und färben Marzipan ein, wenn Sie nicht schlafen können?« Ich spürte, wie mich Sven von der Seite anblickte.

»Ich mache das in der Stunde, die Sie immer zu spät kommen«, antwortete er dann. Mein Kopf schnellte hoch und Sven entfuhr etwas, was man tatsächlich ein Lachen nennen konnte. »Nee«, sagte er dann nachdrücklich und wir blickten uns einen Augenblick an, der sich sonderbar lang anfühlte. »Ich mache hier nichts ohne Sie.« Jetzt war sein Ton wieder so neutral wie immer, die spröde Zärtlichkeit in seinem »Nee« hatte ich mir vermutlich nur eingebildet. »Außer vielleicht Marzipan färben«, fügte er dann hinzu, durchquerte die Küche und zog die mit Brettern beschwerten Teigstapel vom Vortag an den Rand der Arbeitsplatte.

»Zwei Lagen habe ich schon gestern Abend gefüllt, die stehen jetzt schon lang genug. Wir schneiden und verzieren sie jetzt.«

Er schnitt mit geschmeidigen Bewegungen exakte, kleine Würfel. Mit Fingern, deren Geschicklichkeit mich immer wieder verblüffte, rührte er nun Zuckerglasur an und füllte sie in ein Etwas mit Tülle. »Hier«, sagte er und drückte mir das Ding in die Hand.

Ich wartete, bis er eine zweite Portion Zuckerglasur in Rosa für sich selbst gemischt und in ein zweites Dings gefüllt hatte. »Wie heißt das?«, fragte ich.

Sven sah mich mit einem Blick an, der »Gerade hatte ich gedacht, da wäre ein Gehirn drin« ausdrückte, und sagte: »Zuckerguss.«

Ich grunzte. »Das Ding hier, nicht der Inhalt«. Ich versuchte, seine schroffe Art zu kopieren.

»Spritzbeutel«, antwortete Sven, »oder Dressiersack.« Dann sagte er »so« und begann, den Zuckerguss aus der Tülle über den oberen Rand eines Biskuitstapelwürfels zu verteilen. Er bewegte den Spritzbeutel immer im Quadrat über die einzelnen Würfel, sodass das Gebäck gleichmäßig mit Zuckerguss bedeckt wurde, und zwar nicht nur oben, sondern auch an den vier Seitenflächen. Zweimal bestaunte ich seine Arbeit, dann ging ich selbst ans Werk. Nach dem ersten Würfel, bei dem ich ziemlich viel Glasur verbrauchte, die durch das Kuchengitter nach unten lief, machte ich zufrieden »Hah!« Sven hielt kurz inne, vermutlich musterte er meine Arbeit, ich konnte nicht aufsehen, weil ich schon am nächsten Würfel arbeitete. Offenbar war er mindestens leidlich zufrieden, sonst hätte er etwas gesagt. So aber arbeiteten wir einträchtig, bis unsere Dressiersäcke leer waren. Das war wirklich der bescheuertste Name für ein Verzierungswerkzeug! »Jetzt Sie«, sagte Sven und hielt mir das Gefäß für weißen Zuckerguss hin, ich sollte offenbar Nachschub anmischen.

Sekunden später wurde mir klar, dass das Umhüllen nicht die eigentliche Kunst war, sondern das Mischen des Zuckergusses. »Zu dünn«, schimpfte ich, füllte mehr Puderzucker ein, »zu dick«, ich brauchte Zitronensaft und heißes Wasser. Es war die Pest, bis ich halbwegs den Bogen raushatte. Aber als schließlich Reihen und Reihen weißer und rosafarbener Petits fours mit winzigen Rosen verziert vor uns standen und wir uns einen Moment lang alle anlächelten, die Petits fours und Sven und ich, kochte das Glück in mir empor wie dicker Pudding.

Bevor ich ging, probierten und verglichen wir unsere Petits-fours-Sammlung. Zwölf Stunden mit einem Brett beschwert, sechs Stunden beschwert, gar nicht beschwert, mit Marmelade, mit Buttercreme, mit Zuckerguss, mit Zuckerguss und Marzipanrose, mit Schokoladenumhüllung. Ich verstand schnell, warum Sven die ohnehin kleinen Petits fours zum Probieren in jeweils vier Quadrate schnitt: Wir wären sonst nach drei Petits fours in einen Zuckerschock gefallen. Langsam und schweigend testeten wir alle Versionen. »Süß«, stieß ich nach einer Weile hervor, doch Sven ließ sich nicht beirren. »Und?«, fragte er, als wir durch waren. Konzentriert ordnete ich die verbliebenen Quadrate an: Am besten war das zwölf Stunden lang gepresste Stück, die Variante, die gar nicht beschwert worden war, landete auf dem letzten Platz. Zuckerguss hatte besser geschmeckt als Schokolade, Marmelade besser als Buttercreme.

Svens Reihe sah ähnlich aus, allerdings mochte er Buttercreme lieber als Marmelade. »Ein gutes Experiment«, sagte ich mit Nachdruck und konnte gar nicht mehr aufhören, zu nicken. Dann rutschte mir heraus: »Wir sind ein gutes Team!« Ich schloss die Augen. Musste ich so bescheuert sein? Musste ich immer peinliche Dinge sagen?

»Ein gutes Team, ja?«, sagte Sven nur.

Bis zum Feierabend dachte ich darüber nach, ob es etwas gegeben hätte, das ich auf diesen Satz hätte sagen können, auf seinen oder auf meinen. Etwas Schlaues. Etwas Geistreiches. Etwas Ironisches. Es fiel mir nichts ein. Die einzige Lösung wäre gewesen, in meine Sprechblase zu klettern und den Satz auszuradieren. Leider war ich keine Comicfigur.

Nachdem ich die Konditorei verlassen hatte, blieb mir noch eine gute Stunde, bis die Journalistin kommen würde. Ich hatte mir das Schlüsselband um den Hals gehängt, als ich mit dem Fahrrad nach Hause fuhr, um mich zu duschen und umzuziehen und was sonst noch für ein Lifestylemagazin nötig sein konnte.

Als ich die Wohnungstür geöffnet hatte, prallte ich regelrecht zurück: Außer Leonhard standen auch noch Diana und ihr Bruder Max im kleinen Fischflur. Wie in einer albernen Komödie versuchten Leonhard und Diana unter zahllosen Entschuldigungen an mir vorbeizudrängeln, während ich unter ebenso vielen Entschuldigungen hineinzudrängeln versuchte. Dann traten die beiden wieder in den kleinen Flur zurück und ich wieder in den Hausflur. Schließlich standen wir alle vier im Wohnzimmer. Ich hatte es eilig, doch trotzdem freute ich mich plötzlich ganz unpassend überströmend über die drei. Über meinen hübschen

Sohn, dem die Verliebtheit ganz weiche Bewegungen verlieh, über Diana, die in ihrer Kantigkeit gar nicht dazu zu passen schien und mich vermutlich gerade deswegen so rührte, und über ihren Bruder Max, der ganz anders attraktiv war als Leonhard, herber und erwachsener, und mich so neugierig ansah, als trüge ich ein Geheimnis mit mir herum. Was wollte er hier, diese Frage pendelte durch meinen Kopf, während Leonhard und ich atemlos unsere Pläne austauschten und uns gegenseitig ins Wort fielen, als griffen unsere Sätze ineinander wie Reißverschlusszähne.

»Wir gehen baden«, »gleich treffe ich eine Journalistin in der Backstube«, »Wannsee oder Schlachtensee, wir wissen es noch nicht«, »frag nicht, es ist eine längere Geschichte«. Diana trug die Badetasche, als sie schließlich doch noch an mir vorbeistrebten. Ab wann sahen Männer in kurzen Hosen verkleidet aus, fragte ich mich, während ich Max hinterherblickte. Ich schrak zusammen, als er sich umdrehte und mich ertappte.

»Erfahre ich irgendwann von dieser Journalistin?« Während sich die Schritte von Leonhard und Diana entfernten, stand er auf der Treppe und wartete auf eine Antwort.

»Bestimmt«, sagte ich und lächelte.

Max nickte und verschwand im Treppenhaus.

In weißer Baumwollunterwäsche dachte ich vor dem Kleiderschrank über die richtige Wahl nach. Ich würde fotografiert werden, also war es nicht egal, was ich anzog. Ich sollte halbwegs professionell aussehen und halbwegs gut. Ich musste damit Fahrrad fahren können, am Rüdesheimer Platz würde ich mit meinem Parkplatzglück nie eine Lücke finden. Und es musste sommerlich genug sein, dass ich darin nicht schwitzte wie verrückt. Es war wenig wahrscheinlich, dass ich das alles unter einen Hut bringen würde.

Schließlich entschied ich mich für ein dunkelblaues Etuikleid mit einem verboten tiefen Ausschnitt – und für mein Auto.

Weil ich mit mehr Glück als Verstand einen Parkplatz in einer Seitenstraße gefunden hatte, blieb mir genug Zeit für sorgfältiges Make-up. Während ich einen dezenten Lippenstift benutzte, dachte ich über die Zukunft nach. Dachte an mich in einer Backstube, jeden Tag und nicht nur ein paar Wochen lang, an mich und meine eigene, kleine Firma, an eine ganze Existenz ohne einen gehässigen Oberarzt. Es war ein Gefühl von Waghalsigkeit, dass ich mir solche Überlegungen gestattete, noch ehe diese Journalistin überhaupt den Kopf in die Backstube gesteckt hatte. Aber zugleich war es schwer, es nicht zu tun. Es würde mich so viel Kraft kosten, sie zu empfangen und einen professionellen Eindruck zu machen, was konnte denn überhaupt daraus werden? Ich würde wohl kaum Svens Backstubenuntermieterin werden können: Selbst wenn ich mir ein Herz fassen und ihn fragen würde, es wäre allein logistisch völlig unmöglich.

Ich würde zu Hause backen müssen, doch was würde das Gesundheitsamt dazu sagen?

Ich trug Rouge auf und seufzte unwillkürlich. Das Gesundheitsamt würde sagen, interessante Idee, Frau Scheibe, aber natürlich völliger Unsinn. Eine private Normaloküche, mittags schiebt ihr Sohn sich Backfisch in den Ofen und nachmittags backen Sie eine Hochzeitstorte, haha, lustig!

Ich hatte gerade den letzten Lidstrich gezogen, als ich oben die Tür über den Boden scharren hörte.

»Hallo?«, rief die Stimme, die ich bereits kannte.

»Kommen Sie runter«, antwortete ich. Frau Frings von ›Food and Life‹ war die Frau in Grün, die so schrill gelacht hatte, als sie die falschen Zahlen auf dem Kuchen gesehen hatte. Sie war es allerdings auch gewesen, die geklatscht hatte, als mir eine Lösung für das Problem eingefallen war. Heute trug sie ebenso wie ich ein Etuikleid, allerdings in Signalrot, und sah darin einfach umwerfend aus. Ich stützte mich auf die Arbeitsplatte, nachdem ich ihr und ihrem Fotografen die Hand geschüttelt hatte, und fühlte mich gleich sicherer.

Frau Frings, die wieder diesen straffen Pferdeschwanz trug, der mir schon beim Hinsehen Schmerzen bereitete, sah sich um und klatschte in die Hände.

»Wunderbar«, rief sie, »John, fang schon mal an!«

Damit meinte sie den Fotografen. Sie selbst war mit ihren Absätzen sicher über eins fünfundsiebzig groß und John überragte sie noch ein Stück. Er sah aus, wie ich mir einen Rohköstler vorstellte – hager und auf eine beklemmende Art asketisch und gesund. Und ausgerechnet so jemand fotografierte für ein Magazin über Essen, dachte ich.

»Wann fangen Sie an?«, fragte Frau Frings. »Gabi!«, betonte sie.

Sie hatte erwartet, dass ich nun für sie backen würde, ach, hatten wir das nicht am Telefon besprochen? Nein, hatten wir nicht, stellte ich fest. Gabi ließ sich davon gar nicht irritieren.

»Sie können sicherlich zaubern«, stellte sie fest.

Ich lächelte verkrampft. Professionell sein, dachte ich. Zaubern. Professionell sein. Zaubern.

»Gut, legen wir los«, sagte ich entschlossen.

»Müssen Sie diese Sachen tragen?«, fragte Gabi, als ich mir die Schürze umband.

»Ja«, antwortete ich, »nein, nicht unbedingt. Doch. Es ist eine Frage der Hygiene.«

Gabi machte eine wegwerfende Handbewegung: »So viel Realität können unsere Leserinnen gar nicht aushalten«, sie lachte hell und John gluckste.

Der Biskuitteig war schnell gemischt und auf ein Blech gestrichen, der Mürbeteig war bereits wieder draußen. Ja, ich konnte gleichzeitig backen und reden, bestätigte ich. Dann erzählte ich, dass Konditoreien schon als Kind für mich Sehnsuchtsorte gewesen waren. Gabi seufzte hingerissen. Ich erzählte von meiner Patentante, der Schwester meines Vaters. In ihrer Wohnung hatte es immer nach Kuchen gerochen. Während ich von Tante Linde erzählte, regte sich die Stimme meiner Mutter in meinem

Kopf. »Hat Sieglinde schon wieder zugenommen? Aber wen wundert's, hier steht schon wieder überall Essen herum, und alles voller Butter und Zucker«, hörte ich sie missbilligend schnalzen. »Sollen denn alle so dick werden wie sie?« Solche Sätze hatte sie meinem Vater zugeraunt, am besten noch mit dem leise aber langsam und deutlich geraunten Wort »Wal-rösser?« am Schluss, während meine Tante in der Küche Kaffee kochte.

Gabi war begeistert. »Sie haben das Backen also von Ihrer Tante gelernt! Wie alt ist sie denn heute?«

»Sie ist tot, schon fast dreißig Jahre«, sagte ich und Gabi gab einen Laut des Bedauerns von sich. »Ich sag nur Fett!«, hatte meine Mutter im Beerdigungsinstitut gezischt, laut genug, dass es die Leute in der Reihe vor uns hören konnten.

Dann wechselten wir das Thema und ich erzählte Gabi eine ziemlich wilde Geschichte darüber, wie mein Geschäftsmodell aussah. Ich sprach zum ersten Mal den Namen aus, der mir eingefallen war und mir immer noch gefiel: »Torten nach Maß«. Erst in diesen Minuten wurde mir selbst bewusst, was das alles bedeuten konnte. Bedeuten würde. Während ich die Nougatbuttercreme schlug, machte ich eine kurze Pause, weil das Rührgerät zu laut war. Der gebackene Biskuit kühlte längst aus. John schoss immer wieder Fotos, doch ich versuchte schon längst nicht mehr, besonders vorteilhaft auszusehen. Ich spürte, dass das keinen Sinn mehr hatte, mein Make-up hatte sicherlich ebenso gelitten wie mein Haar, aber ich genoss, wie leicht mir das Tortenrezept von der Hand ging. Als ich die mit Creme bestrichenen Teigstreifen so auf den Mürbeteigboden wickelte, dass er von oben wie eine Baumscheibe aussah, kiekste Gabi aufgedreht.

»Hast du das, John?«, fragte sie und John grunzte bestätigend. »Ich beneide Sie gerade so!« In ihrer Stimme schwang tatsächlich etwas von echter Sehnsucht und ich drückte ihr kurzerhand ein Stück Marzipan in die Hand.

»Möchten Sie das Marzipan ausrollen und einen Baumstamm ausschneiden?«

Die Journalistin blickte mich an, als hätte ich ihr gerade einen Hundewelpen in den Arm gelegt. Dann begann sie mit Inbrunst Marzipan auszurollen und immer, wenn John ein Foto von ihr schoss, lachte sie laut auf wie ein Kind, das so vollgestopft ist mit Glück, dass das irgendwo rausmuss. Hin und wieder gab ich ihr Tipps und bestrich währenddessen die Torte auch außen mit Creme. Gabi gestaltete einen absurd verästelten Baum und gemeinsam bastelten wir das Marzipan auf die Torte. Grünes Marzipan rollte sie ebenfalls aus und schnitt kleine und große Blätter zurecht, die sie am Baum verteilte.

»Herrjemine!«, rief sie dann erschrocken. »Das können wir nun wirklich nicht fotografieren! Das wird Ihrem Können nicht gerecht!« Ich wollte höflich widersprechen, doch sie ließ mich gar nicht ausreden. »Was haben Sie noch da, was wir fotografieren könnten?«

Ich überlegte kurz, dann fielen mir die Petits fours oben im Laden ein. Ich war sicher, dass ich Svens Exemplare von meinen unterscheiden konnte. »Können Sie kurz warten?«

Ich schnitt ihnen die Baumstammtorte an und lief schnell in den Verkaufsraum. Wanda verstand mich mit wenigen Worten und ich schnappte mir die Platte mit den Petits fours, die ich verziert hatte. Glücklicherweise war noch keiner der kleinen Kuchen verkauft worden. So schnell es mit der Platte, die auf meinen Händen balancierte, möglich war, eilte ich zurück in den Keller.

Dort schaufelte sich John gerade ein absurd großes zweites Tortenstück auf seinen Teller und Gabi gestikulierte mit vollem Mund.

»Sie sind eine Künstlerin«, rief sie, als sie wieder sprechen konnte, und warf einen begehrlichen Blick auf die Torte.

»Möchten Sie noch ein Stück?«, fragte ich.

Mit Verzweiflung in der Stimme antwortete die Journalistin: »Ich kann nicht! Ich kann einfach nicht mehr!«

»Sie können die Torte mitnehmen, wenn Sie möchten«,

schlug ich zögerlich vor. Es erschien mir wie plumpe Bestechung, aber Gabis Augen begannen zu leuchten.

»Ach, das kann ich gar nicht annehmen!« Die Worte waren ein Lippenbekenntnis.

John fotografierte unter Begeisterungsrufen von Gabi die geblümten Petits fours, ich packte die restliche Torte ein und die beiden verließen die Backstube. Dann sank ich in einer Ecke auf den Boden und zog sie Beine an meinen Körper. Hatte ich alles richtig gemacht? War ich professionell gewesen? Irgendwann stand ich auf, brachte die Petits fours wieder nach oben, säuberte Geräte und Arbeitsflächen und fuhr erschöpft nach Hause. Mein Etuikleid war verschwitzt und hatte Mehlflecken. Entgegen meiner Gewohnheit ließ ich das Kleid in meinem Zimmer einfach auf den Boden fallen und schlüpfte ins Bett, ohne mich abgeschminkt oder mir die Zähne geputzt zu haben. Nur ein Nachthemd zog ich mir über, falls Diana in der Nacht in die Wohnung kommen und sich in der Tür irren würde. Dann schlief ich ein.

TÖRTCHENMASSAKER

Ich erwachte aus einem hässlichen Albtraum und tastete panisch nach der kleinen Lampe auf meinem Nachttisch, um den Alp zu vertreiben. Wie ich bei einem Blick auf meinen Wecker feststellte, würde er schon in einer Viertelstunde klingeln. So verwirrt, wie ich mich fühlte, zweifelte ich, dass ich die Nacht so schnell würde abschütteln können.

Ich hatte von meiner Tante Linde geträumt. Sie hatte in unserer Küche gebacken, in der Küche meiner Eltern, in der Küche meiner Mutter. Meine Mutter war die ganze Zeit sinnlos in der Küche herumgeeilt und hatte dabei die kleinen Törtchen zertreten, die meine Tante unermüdlich produziert hatte. Die ganze Zeit sah ich meiner Mutter untätig dabei zu, wie sie das Gebäck zerstörte, bis mir irgendwann klar wurde, dass dies gar nicht das Schlimmste war, was gerade geschah: Erst jetzt sah ich das Messer in der Hand meiner Mutter, das sich im Laufe des Traums noch in ein Beil und in eine Machete verwandelte und mit dem sie meiner Tante mit unsauber geführten Schwüngen Fleischstücke aus dem Körper schlug.

Das aber, was mir beim Aufwachen so besonders schrecklich erschien, war mein Traumgefühl. Ich hatte gehofft, die Zerschlagung meiner Tante würde andauern, denn so lange bliebe ich von meiner Mutter verschont. Stumm liefen mir im Bett die Tränen über die Wangen, sie liefen und liefen.

Als der Wecker schließlich klingelte, war ich so erschöpft, als hätte ich meine ganze Kraft für die Tränen aufwenden müssen.

Lang hatte ich keinen dieser Träume mehr gehabt, die einen nicht aus den Fängen lassen. Auch meine Fahrt durchs morgendliche Berlin vertrieb ihn nicht. Es fällt mir nicht leicht, das zuzugeben, aber das alles führte dazu, dass ich Sven meinen Traum erzählte. Noch während ich das tat – wir arbeiteten gerade beide an den Standardaufgaben des Tages, Blechkuchen und Biskuit –, schlug ich mir innerlich gegen die Stirn. Tat ich gerade wirklich etwas so Hirnverbranntes? Träume erzählte man selbst nahestehenden Menschen nur in Notfällen, fand ich. Ich erzählte ihm den ganzen Traum.

Sven ließ sich nichts anmerken, während ich sprach, er stellte zwischendurch sogar eine Knetmaschine ein und ich musste die Stimme erheben. Mir war es egal, wenn das ein Zeichen dafür war, dass ich ihm mit meiner Geschichte auf die Nerven ging. Als ich fertig war, arbeiteten wir eine Weile schweigend weiter. Dann sagte er: »Ein scheußlicher Traum. So was wird man schwer los.« Er schwieg und ich fühlte mich unerwartet verstanden. Es fühlte sich an, als könnte ich gleich wieder anfangen zu weinen. Diesmal würde mich kein Weckerklingeln zum Stoppen bringen. Doch ein Hoch auf meine Selbstbeherrschung, ich atmete ein paarmal tief durch, dann war der Moment vorbei. »Stimmt«, antwortete ich brüsk. Bis wir uns an die Kür des Tages begaben, das Kegelgruppenjubiläum, die drei Geburtstage und den Willkommen-aus-der-Reha-Dreistöcker, sprachen wir nicht mehr.

»Ihr schlimmer Traum«, er kam unerwartet auf vorhin zurück, »vielleicht sollten wir irgendwann einen Haufen Törtchen backen und sie Ihrer Mutter schicken.«

Überrascht blickte ich auf und sah ein leises Lächeln in seinem Mundwinkel. Dann wechselte er das Thema. »Die Journalistin«, sagte er.

Über meinen hartnäckigen Albtraum hatte ich den gestrigen Nachmittag fast vergessen. Ich erzählte Sven davon und er hörte so konzentriert zu, dass ich nicht eine Zwei-Sätze-Kurzfassung erzählte, sondern die ganze Geschichte – vom Schaubacken, vom Marzipanbaum, von der Tortengier der beiden. Sven lachte. Er lachte nicht zum ersten Mal, aber es war auch diesmal wieder so unvermutet, dass ich mich über die Intensität des Glücksgefühls wunderte, das mich packte. Ich habe mir nie gewünscht, ein komisches Talent zu haben, doch in diesem Moment wünschte ich mir das so intensiv, dass es schmerzte. Wünschte ich mir so sehr, solch einen Moment mit ihm wiederholen zu können.

»Und jetzt?«, fragte er.

»Übermorgen erscheint die Zeitschrift mit der Homestory.«

Er nickte. Das Thema war abgeschlossen.

Nach den Backstubenstunden, die ich kaum richtig als Arbeit bezeichnen wollte, saß ich wie jeden Tag auf einer der Bänke am Rüdesheimer Platz und ließ mich in meine Vergangenheit fallen. Es war, als würde ich durch meine Arbeit in der Konditorei Matratzen vor mir auftürmen. Sie federten meinen Sturz ab, meinen Sturz in vergangene, böse Zeiten. Als hätte ich diese Stürze keinen Tag früher wagen können.

Nicht ohne Grund war ich Chefsekretärin geworden. Ja, ich hatte Biologie studiert, niemandem gegenüber mochte ich zugeben, wie bestürzend wenig Enthusiasmus im Spiel gewesen war. Davor hatte ich eine Ausbildung zur Sozialversicherungsfachangestellten gemacht. Kurz überlegte ich, einfach aufzustehen, einen Spaziergang durch die Sonne zu machen und an etwas anderes zu denken. An etwas Schöneres. Aber der Gedanke an diese Ausbildung steckte in mir wie ein vergifteter Pfeil. Ein Teil von mir, ein gesunder Teil von mir, wollte beherzt an den Schaft greifen und ihn mit einem Ruck herausziehen.

»Sozialversicherungsfachangestellte im Bereich der Krankenkassen« lautete meine korrekte Berufsbezeichnung. Eine Ausbildung, die in kein Formular passte. Aber die Sache mit der Krankenkasse hatte, glaube ich, die Krankenhausverwaltung bestechend gefunden. Wenn die gewusst hätten! In der Ausbildung hatte ich nicht einmal Schreibmaschine schreiben gelernt. Dafür konnte ich prima Ansprüche auf gesundheitliche Leistungen feststellen und auf einem Datensichtgerät Erstattungsansprüche prüfen. Wir hatten eine einzige Schreibmaschine für die ganze

Klasse gehabt, so ein altes Ding, mit dem wir Formulare mit Blaupause bearbeiten konnten. Dass ich heute mit zehn Fingern tippen konnte, lag nur daran, dass ich Abendkurse belegt und wie verrückt geübt hatte. Den Blockunterricht mit Datensichtgerät und alter Schreibmaschine hatte ich gemocht, aber die Arbeit in der Krankenkasse war grässlich gewesen.

Mein Chef hatte sich keine anzügliche Bemerkung verkniffen, allerdings nur, wenn niemand in der Nähe war. Wagner hieß er, ich hatte schon Jahre nicht mehr an ihn gedacht. Sonderbarerweise fühlten sich die Gedanken an ihn und die ganze hässliche Zeit an diesem Tag nicht so schlimm an wie früher. Heute war es, als sähe ich alles durch eine Glasscheibe, die sich zwischen mich und damals geschoben hatte. Ich konnte mich sehen, wie er mir an den Hintern fasste und an die Brüste, wenn niemand in der Nähe war. Ich konnte sehen, wie er nahe an mich rückte, wenn es keiner sah. Ich konnte sehen, wie er mich quälte und wie ich litt, doch ich schlüpfte nicht mehr in meine Haut, ich sah mir nur noch dabei zu.

Ein einziges Mal hatte ich einer Kollegin davon erzählt, doch die hatte mich nur angeekelt angeblickt. Wagner war der Saubermann gewesen, der distanzierte Gentleman, und ich die kleine Auszubildende, die ihn mit Dreck bewerfen wollte. Danach hatte ich nie wieder etwas gesagt, sondern nur Tag um Tag zu überstehen versucht. Und Jahr um Jahr.

Überrascht stellte ich fest, dass aus dem Damals endlich Vergangenheit geworden war. Aber während ich in der Sonne saß und den vergifteten Pfeil im Licht hin und her drehte, während die Wunde nur noch leise brannte, wurde mir immerhin klar, dass mir durch diese Ausbildung der eine krumme Flügel gewachsen war. Mit diesem hatte ich aus dem schwarzen Nest meiner Eltern fliegen können. Das Studium danach war nur ein kleiner Schritt gewesen.

Aber warum hatte ich nach der quälenden Ausbildung nichts anderes gemacht? Warum hatte ich Biologie studiert? Ich versuchte mit aller Kraft, mich daran zu erinnern, doch es war, als stünde eine durchsichtige Mauer zwischen mir und dem Damals. Es gelang mir einfach nicht, näher heranzukommen. Ich glaube, in der Schule war mir Biologie leichtgefallen. Was für eine erbärmliche Erklärung!

Wäre mein Leben anders verlaufen, wenn ich mich damals anders entschieden hätte? Gern hätte ich mich jetzt geohrfeigt, aber dabei wollte ich mich auf dem Rüdesheimer Platz nicht beobachten lassen. Und was hätte das auch gebracht – eine lumpige Ohrfeige für zwanzig verschenkte Jahre! Natürlich wäre mein Leben anders verlaufen. Was für sinnlose Gedanken. Wäre ich Kirsten, würde ich stattdessen über die positiven Dinge nachdenken. Über Leonhard. Über meine guten Freundinnen. Über mein Praktikum. Ich dachte an diesen albernen Postkartenspruch: *»Heute ist der erste Tag vom Rest Deines Lebens.«* Albern hin oder her, genau das war es. Heute war der erste Tag vom Rest meines Lebens. Nie wieder würde ich es so sinnlos verplempern, das schwor ich mir.

Möglicherweise hätte ich Maczeyzek eine größere Freude gemacht, wenn er sich über mich hätte ärgern dürfen. Dennoch hatte ich mein Fahrrad gerade brav in den Keller getragen, als ich Schritte vor der Hintertür hörte. Ich seufzte und stieg weiter die Treppe hinauf. Ich war nicht in der Stimmung, mich wegen der Werbestapel im Flur zur Rede stellen zu lassen.

Gerade wollte ich meinen Schlüssel neben der Tür aufhängen, als Leonhard schwungvoll die Tür zum Wohnzimmer aufriss. Vor Schreck ließ ich den Schlüsselbund fallen.

»Mama«, rief er überrascht.

»Gehst du gerade?«, fragte ich.

So richtig gewöhnte ich mich nicht daran, dass mein Sohn nur noch sporadisch anwesend war. Ich lächelte ihn an. Er war so wahnsinnig hübsch mit seinen weich geschwungenen Lippen und seinen wachen Augen.

»Diana wartet an der S-Bahn«, sagte er. »Wir fahren zum Schlachtensee.«

»Sehen wir uns später noch?«

Er nickte. »Klar«, sagte er, »wir können zusammen essen, heute Abend. Diana hat morgen Frühdienst.«

»Ich besorge Essen«, versprach ich und Leonhard gab mir zum Abschied einen flüchtigen Kuss auf die Wange.

Als es keine fünf Minuten später an der Tür klingelte, stand Max vor der Tür, Dianas Bruder. »Oh«, rief er. Wieder oder immer noch dieser wunderbar lässige Haarschopf, den er mit einer Verlegenheitsgeste zugleich unordentlicher und modischer machte.

»Sie suchen sicher Diana«, stellte ich fest und fühlte mich uralt mit diesem Satz.

»Oh, sagen Sie bitte nicht Sie«, sagte Max impulsiv, »so alt sind wir doch noch nicht!«

Darüber musste ich laut lachen, fasste mich aber sofort wieder. »Nina«, sagte ich und streckte ihm die Hand hin. Er lächelte und die Sonne wäre davon aufgegangen, wenn sie das nicht längst schon getan hätte. »Max«, wir drückten kurz zu und ließen uns wieder los.

»Ich suche tatsächlich Diana«, sagte er dann und ich verwarf den Gedanken, ihn hineinzubitten.

»Leonhard ist vor ein paar Minuten aufgebrochen, um sie an der S-Bahn zu treffen. Sie wollten zum Schlachtensee.«

Max nickte. »Ich weiß«, sagte er. »Sie hat meinen Schlüssel und sie geht nicht an ihr Handy.«

»Soll ich Leonhard anrufen?«, bot ich ihm an.

»Bitte«, sagte er und lächelte niedlich. »Könntest du ihm sagen, ich komme zur S-Bahn?«

Er drehte sich schon um, um die Treppe zu nehmen. Das Du war ihm so selbstverständlich über die Lippen gekommen, als würden wir uns schon ewig kennen.

»Klar«, nickte ich. Mit zwei Schritten stand er mir gegenüber.

»Wir veranstalten morgen ein Picknick auf dem Kreuzberg. Ganz zwanglos, jede Menge Leute. Gleich am Wasserfall. In der

Nähe des Nationaldenkmals. Würdest du kommen? Ich würde mich riesig freuen!«

Ich musste Leonhard anrufen, dachte ich. Ich konnte nicht mit den jungen Leuten picknicken. Oder konnte ich? War ich zu alt? War ich nicht zu alt?

»Gern«, ich sagte schnell zu, ehe ich es mir anders überlegen konnte. Ein Teil von mir war stolz auf mich.

»Um drei«, rief er, schon auf der Treppe, und im Treppenhaus: »Ich freu mich sehr!«

Leise schloss ich die Tür und rief Leonhard an. Im Hintergrund hörte ich, dass er schon auf dem S-Bahnsteig sein musste.

»Nicht einsteigen«, rief ich in den Hörer, »Max braucht den Schlüssel von Diana, er kommt ihn holen. Gleich!«

Leonhard verstand sofort. »Okay!«, rief er gegen den Lärm und wir legten auf.

Nun hatte ich eine Picknickverabredung mit einem Rudel junger Leute. Ich war verrückt. Und ein bisschen froh war ich auch.

Als Leonhard am Abend nach Hause kam, hatte ich die Nudelsuppe vorbereitet, die ich immer gekocht hatte, als er klein gewesen war. So viel änderte sich, vermutlich war das der Grund dafür, warum ich an diesem Tag etwas Bewährtes hatte kochen wollen.

Leonhard erzählte eine Menge von Diana, von ihrer Ausbildung und wie ihm ihre Zielstrebigkeit gefiel. Er erzählte von den Plänen, die sie gemeinsam schmiedeten, und fragte nach meinem Praktikum. »Du bist ganz verändert«, hatte Leonhard festgestellt und gegrinst. Danach hatten wir beide schnell das Thema gewechselt und ich wusste auch, warum. Weil wir so an mein Unglücklichsein gewöhnt gewesen waren, dass es uns gar nicht mehr aufgefallen war.

LEIPZIGER LERCHEN 2

Die druckfrische Ausgabe von ›Food and Life‹ war Svens Überraschung für mich. Wanda, die ja von der ganzen Sache nichts mitbekommen hatte, fing um sieben mit der Arbeit an, spät genug also, dass die Zeitschriftenläden auf ihrem Weg schon geöffnet hatten. Sie brachte mir auf Svens Anweisung das Heft in den Keller.

Es war ein toller Artikel. Ich hätte sofort bei mir eine Torte bestellt, wenn ich ein Mann wäre. So hatte sie den Artikel nämlich aufgebaut – ich war die Konditorin für den einfallslosen Mann. Oder für den erfolgreichen Mann, der sich um solche Dinge wie eine Torte für die Liebste keine Gedanken machen kann, weil er dringend eine Bank, Schrägstrich, ein Land, Schrägstrich, die Menschheit retten muss. So ein Mann kann meine Dienste in Anspruch nehmen und sich eine persönlich zugeschnittene Torte bestellen. Die auch ihren Preis hat, weil sie eben so persönlich ist.

Sven und ich lasen den Artikel gleichzeitig, die Zeitschrift lag vor uns auf der Arbeitsfläche, und Sven knurrte zwischendurch. Gabi war es verblüffenderweise gelungen, keine Hochstaplerin aus mir zu machen. Sie hatte nichts dazuerfunden und nichts übertrieben, sie hatte höchstens an einigen Stellen Andeutungen gemacht. Hinter denen konnte man sonst was vermuten, hinter denen steckte aber in Wirklichkeit rein gar nichts.

»Haben Sie Ihr Handy dabei?«, fragte Sven, den Blick weiter auf die Zeitschrift geheftet.

»Warum?«, fragte ich. Mein Telefon war während meines Praktikums immer auf stumm gestellt.

»Da, Ihre Handynummer. Ich vermute mal, in den nächsten Stunden wird Ihre Mailbox überlaufen.«

Ich blickte ihn von der Seite an. Ärgerte er sich?

»Ärgern Sie sich?«, fragte ich. Er hob ruckartig den Kopf.

»Nein!«, sagte er nachdrücklich und wiederholte: »Nein! Ganz und gar nicht!« Er schwieg einen Moment. »Sie hatten eine gute Idee. Ich erkenn das an.« Dann richtete er sich auf und schlug die Zeitschrift zu. »An die Arbeit«, sagte er, aber er klang nicht so gereizt wie sonst. Wenn ich genau überlegte, klang er schon einige Tage gar nicht mehr gereizt.

Nach den Bestellungen des Tages (Schwarzwälder Kirsch und Feuerwehrjubiläum, für das Sven ein Legofeuerwehrauto hervorzauberte) und den Blechkuchen des Tages füllte ich die Haferflockenkeksvorräte auf und bereitete Biskuitböden für den nächsten Tag vor. Ich musste keine einzige Frage stellen und war leise stolz auf mich.

Geduscht, umgezogen und mit einer albernen Stofftasche machte ich mich dann auf den Weg zum Kreuzberg. Ich fragte mich, warum ich mit Leonhard nicht über Max' Picknick heute gesprochen hatte. Mich bestürzte die Vorstellung, gleich auf ihn zu stoßen, ohne dass er vorbereitet war. Ich würde ihn kurz anrufen, entschied ich. Leider hatte ich, wie ich feststellen musste, mein Handy zu Hause vergessen. Wegen des Durcheinanders in meinem Kopf brauchte ich eine ganze Weile, bis ich die Menschen im Park zur Kenntnis nahm. Die Menschen und die Sonne. Sie schien, als wollte sie den ganzen Frühsommer an einem einzigen Tag verpulvern. Mir wurde immer erst bewusst, wie viele Menschen in der Stadt wohnten, wenn sie sich wie ein geschäftiger Ameisenhaufen über sämtliche Grünanlagen der Stadt verteilten. An diesem Tag gehörte ich zum Ameisenhaufen dazu. Ich hatte eine Jeans aus den Tiefen meines Kleiderschranks gekramt und ein langes bordeauxrotes T-Shirt, um meine Oberschenkel zu kaschieren.

Der Haupttrick meines T-Shirts war aber nicht die Länge, sondern der rechteckige Ausschnitt, der wirklich heiß aussah. Das beruhigte mein klopfendes Herz. Plötzlich machte ich mir große

Sorgen, dass meine Anwesenheit Leonhard peinlich sein würde. Vermutlich war das der wahre Grund dafür, dass ich beim Abendessen nichts gesagt hatte. Weil ich Angst hatte, er würde mich von diesem Picknick abzuhalten versuchen.

An meinem Arm schlenkerte ein Stoffbeutel mit Leipziger Lerchen, die ich gestern gebacken hatte, ehe ich ins Bett gefallen war. Im Park ging ich an den Liegewiesen mit den Menschenmassen vorbei. Ein paar junge Männer spielten mit freiem Oberkörper Frisbee, aber die meisten lagen einfach in kleineren und größeren Gruppen herum. In der Nähe der Wasserfälle lichtete sich die Menge, weil hier Bäume standen. Ich wanderte langsam den Kreuzberg hinauf und fragte mich, wie groß die Wahrscheinlichkeit war, dass ich die Picknickgruppe nicht fand. Der Wasserfall plätscherte leise vor sich hin. Wenn ich die Gruppe verfehlte, würde es trotzdem ein schöner Ausflug gewesen sein. Gerade als ich das dachte, hörte ich jemanden meinen Namen rufen.

»Nina! Hallo! Nina!« Max stand einen Wasserfallabsatz höher und winkte. Er trug ein ärmelloses graues T-Shirt und ich sah mit einem Blick seine wunderbaren Oberarme.

»Wo sind denn die anderen?«, fragte ich.

Als er mich erreicht hatte, sagte er: »Ich muss mich bei Ihnen entschuldigen. Bei dir«, verbesserte er sich und lächelte verlegen. »Außer uns beiden ist niemand hier.«

Einen Augenblick war ich sprachlos. Er druckste ein wenig herum und schlug dann vor, uns auf ein paar Steine am Wasserfall zu setzen. Als wir saßen, machte er keinen so unbehaglichen Eindruck mehr.

»Ich wollte mich gern mit dir treffen«, sagte er. »Und ich war sicher, dass du mir absagen würdest, wenn ich das vorgeschlagen hätte.«

Ich starrte ihn an. »Und deswegen hast du ein großes Picknick erfunden? Ganz zwanglos, viele Leute?«

Ihm gelang das Kunststück, zugleich verlegen und wie eine Eidechse auszusehen, die gerade eine Fliege erbeutet hatte.

Er wackelte mit den Augenbrauen und ich musste plötzlich lachen. Das Wetter war herrlich, ich saß mit einem schönen Mann am schattigen Wasserfall und hatte Leipziger Lerchen dabei, worüber wollte ich mich eigentlich beschweren?

»Wenn du auf mich wartest, hole ich den Picknickkorb. Ich hab ihn am Nationaldenkmal stehen lassen, falls ich dich nicht finden würde. Nicht weglaufen!«, rief Max.

Ich schob mir die Sonnenbrille auf die Stirn. Hier war es schattig genug, um auch ohne Brille auskommen zu können, und ich wollte die Dinge in ihrer echten Farbe sehen: das Grün der Wiesen, die Grau- und Grünschattierungen der Steine im Wasser. Die bunten Menschenflecken, die überall verteilt waren, weiter, viel weiter entfernt. Die braunen Hundekleckse, die über das Grün flitzten und nur leise zu hören waren.

Schon war Max zurück. Offenbar hatte er sich wirklich Sorgen gemacht, ich könnte die Flucht ergriffen haben, denn er sah erleichtert aus, als er sich nun mit dem vollen Picknickkorb neben mir ins Gras fallen ließ.

»Schön«, sagte er zusammenhanglos und zählte kurz auf, was sich alles in dem Picknickkorb befand. Während er sprach, tippte er jeweils kurz auf das, was er mir gerade nannte. »Sandwiches, Erdbeeren, Himbeeren, Cocktailtomaten, Mozzarella, Gummibärchen, Sekt.«

»Extravagant«, sagte ich und Max musste lachen. Dann hob ich meinen Stoffbeutel. »Und wir haben Leipziger Lerchen.«

»Erzähl mir von deinem Praktikum!«, sagte er, als wir die ersten Sandwiches verputzt hatten. Ich wischte mir verstohlen den Mund ab. Glücklicherweise war es kein Rucola-und-kalter-Braten-Sandwich gewesen, bei dem einem die Hälfte zwischen den Zähnen hängenblieb. Ich erzählte Max von dem Konditor, der langsam ein normaler Mensch wurde, von den frühen Arbeitszeiten und wie gut es sich anfühlte, unterwegs in Berlin um die einzige Zeit, zu der die Stadt schlief.

»Dann ist es, als würde ich durch eine Filmkulisse fahren,

hinter der die Sonne aufgeht. Der Himmel wird langsam heller und ich bin wie Batman, der die Stadt bewacht.« Ich unterbrach mich. »Ich erzähle Unsinn!«

Aber Max lächelte mich an und sagte nur: »Erzähl weiter!«

Ich verzog spöttisch das Gesicht, spürte aber auch, dass ich rot wurde. Mir wurde wieder bewusst, wie jung er war. Als ich das gerade sehr intensiv dachte, sagte Max: »Du hast die schönsten Augen.« Er sah mir so tief in die Augen, wie man das nur tun kann, wenn man noch nicht dreißig ist. An dieser Stelle hätte ich in hysterisches Gelächter ausbrechen sollen, aber es gelang mir nicht. »Die schönsten, allerschönsten Augen«, wiederholte er. Immer noch blickte er mich an und ich kam mir vor wie Mogli, der von der Pythonschlange Kaa hypnotisiert wird. Dann konnte ich die Anspannung nicht mehr ertragen. Leise und sehr deutlich sagte ich die schrecklichen Worte: »Ich könnte deine Mutter sein!«

Aber er grinste nur und sagte ebenso leise: »Wie willst du das denn geschafft haben?« Dann legte er eine Hand an meine Wange und blickte mich an und ich hinderte ihn nicht daran.

Hier saß ich mitten in Kreuzberg, wo sich die unterschiedlichsten Menschen in den unterschiedlichsten Konstellationen zusammentaten, aber so etwas wie jetzt gerade geschah nur anderen Leuten. Doch in diesem Moment geschah es mir.

Als er seine Hand wieder sinken ließ, schloss ich die Augen und atmete tief ein. Das war alles fürchterlich verwirrend.

»Es tut mir leid, wenn ich dich so überfalle. Seit ich dich zum ersten Mal gesehen habe, kann ich an nichts anderes mehr denken.«

»Das ist doch verrückt«, stieß ich hervor.

»Warum?«, fragte Max. Er lag auf einen Arm gestützt vor mir auf dem Rasen und sah so wahnsinnig niedlich aus! Sein Haar war wie auch bei unseren letzten Begegnungen ein wenig zerzaust und er trug keine Sonnenbrille, sodass seine Augen so hell leuchteten, als hätte er sie mit Photoshop nachbearbeitet.

»Magst du was trinken?«

Ich war ihm dankbar, dass er mich aus dieser Situation entließ, der ich nicht gewachsen war. Nach zwei raschen Gläsern Sekt fühlte ich mich einigermaßen beschwipst.

Max fing wieder an zu reden. »Ich wollte dich nicht überrumpeln«, sagte er erneut und das war mein Stichwort.

»Hast du aber. Und außerdem hast du mich betrunken gemacht.« Ich funkelte ihn, wie ich hoffte, streng an.

Er musste lachen. »Das ist wirklich wahnsinnig dämlich«, sagte er. »Aber spricht es ein bisschen für mich, dass ich an diesen Kühlstrumpf gedacht habe und der Sekt kalt war?«

Ich musste auch lachen. »Ein bisschen«, gab ich zu.

»Du bist so schön, wenn du lachst.«

Angetrunken war ich noch viel überforderter als zuvor. Ich schüttelte den Kopf mit meinem Rest an Selbstbeherrschung. »Das ist mir alles zu viel«, sagte ich. »Wir können hier sitzen, du erzählst mir von deiner Arbeit und ich versuche, wieder nüchtern zu werden. Und dann gehen wir nach Hause und vergessen den Nachmittag.«

Das wollte ich schon in dem Moment zurücknehmen, als der Satz noch nicht ganz draußen war. Max sah so verletzt aus, wie man ist, wenn man jung ist. »Das tut mir leid«, sagte ich, »so habe ich das nicht gemeint.«

Man musste ihm lassen: Er erholte sich schnell. Ich merkte, wie ein Ruck durch ihn ging, als hätte er innerlich die Verletzung einfach mit einer kräftigen Handbewegung zur Seite geschoben. »Ich möchte diesen Nachmittag nicht vergessen«, sagte er und seine Augen schienen noch stärker zu leuchten.

»Nein«, stimmte ich ihm zu. »Nein, das möchte ich auch nicht.« Wir schwiegen einen Augenblick und blickten den Hang hinunter.

»Hatte ich schon gesagt, dass ich auf einer Werft arbeite?«, fragte er dann. Er erzählte mir davon. Von den verschiedenen Männern an diesem frauenfreien Ort, von dem Vergnügen, mit so vielen unterschiedlichen Materialien arbeiten zu dürfen. Von der Körperlichkeit der Arbeit. Ich musste unwillkürlich wieder seine Oberarme anstarren. Während er sprach, aß ich zwei Leipziger Lerchen. Max hatte vier gegessen. Auch das sprach unbedingt für ihn.

»Ich muss gehen«, sagte ich irgendwann und stand auf. Es war ein komisches Gefühl, diesem Nachmittag ein so abruptes Ende zu setzen. Aber es machte mir plötzlich diffus Angst, mich so wohl zu fühlen mit diesem jungen Mann, den ich kaum kannte und der Dinge zu mir sagte. Unpassende Dinge. Max lächelte bedauernd und stand auf.

»Vielen Dank für das Picknick«, sagte ich zugleich förmlich und seltsam intim.

»Es war mir ein Vergnügen«, antwortete er. »Werden wir uns wiedersehen?«

Irgendetwas hatte mich in die Mutterrolle zurückgestoßen, sodass ich spröde sagte: »Es tut mir leid.« Ich klang wie eine Figur aus einem viktorianischen Roman. Er drückte meine Hand und blickte mir nach und ich spürte seine Augen auf meinem Rücken.

An diesem Abend sah ich nicht in mein Doublecheck-Postfach. Ich hörte allerdings noch meinen Anrufbeantworter ab. Übergelaufen war das Postfach nicht, wie Sven prophezeit hatte. Vier Männer hatten Aufträge für mich, die rief ich zurück, bei Sonja hinterließ ich eine Nachricht auf dem Anrufbeantworter, dann ging ich ins Bett. Diesem Tag mussten keine weiteren Komplikationen mehr aufgehalst werden. Außerdem musste ich den Restalkohol loswerden.

LIMETTENCREMEBAISER

»Was meint er mit einem selbst gebackenen Kuchen?«, fragte Sven.

Wir hatten noch nicht die Standardkuchen des Tages gebacken, da diskutierten wir schon meine ersten Aufträge.

»Wie viele Blechkuchen brauchen wir heute?«, fragte ich etwas gequält.

»Lenken Sie nicht ab«, forderte mein Chef. »Der Mann will einen selbst gebackenen Kuchen? Na, was denn sonst? Der engagiert Sie ja wohl kaum, damit Sie ihm einen Kuchen kaufen!«

Er hatte einen richtig wilden Gesichtsausdruck, der mich rausplatzen ließ. Sven ließ sich nicht beirren und ich atmete tief durch.

»Natürlich nicht«, sagte ich. »Selbst gebacken heißt, dass seine Freundin denken soll, dass er selbst ihn gebacken hat.« Ich machte eine fahrige Handbewegung vor Nervosität. »Der Kuchen soll rasend gut schmecken, ich soll ihn backen, aber aussehen soll er, als wäre es der allererste Kuchen meines Kunden. Verstehen Sie?« Ich sah ihn ein wenig zweifelnd an, weil ich plötzlich selbst fand, dass es fragwürdig klang.

Doch Sven nickte langsam. »Versteh ich«, bestätigte er und nickte immer noch. »Ist eine Herausforderung.« Dann riss er sich sichtlich aus den Gedanken. »Zwei Bleche Erdbeer«, wies er mich an. »Sie haben freie Hand.«

Ich sah ihn erstaunt an. Nach kurzem Nachdenken begann ich mit der Arbeit. Von Sven lernte ich nicht nur backen, sondern auch wenig Worte machen. Zwei Erdbeerkuchen auf dem Blech, ich würde einen mit Schmand machen und einen mit Eiercreme. Die Backstube war kein Ort für Bedenkenträger und

Hasenfüße. Dazu konnte ich werden, wenn ich sie wieder verließ. Ich spürte, wie sich Freude unter meinem Brustbein zusammenballte. Ganz heiß fühlte es sich an und ganz wunderbar.

Seit die Erdbeerzeit begonnen hatte, dachte ich über ein neues Rezept nach. Jetzt war die Gelegenheit, es auszuprobieren. Die Ausrollmaschine war längst meine beste Freundin. Sie half mir, die große Form mit einem riesigen Lappen Mürbeteig auszulegen. In den Rührteig kamen neben vielen Erdbeeren auch viel Eigelb und Mandeln. Das war's, ab in den Ofen. Der Trick war nun eine zusätzliche Limettencreme, die mit geschlagenem Eiweiß bedeckt wurde. Das kam nach zwei Dritteln der Backzeit auf den Erdbeerkuchen. Ich war nicht richtig bei der Sache, als ich danach die Leipziger Lerchen fürs Wochenende vorbereitete. Meine Zwei-Teigsorten-Regel würde zum ersten Mal bei einem Blechkuchen zum Einsatz kommen, ich war sicher, dass das die perfekte Idee war.

»Was ist drunter?«, Sven stellte mir die Routinefrage, als das Blech mit der gebräunten Baiserschicht schließlich zum Abkühlen auf der Arbeitsfläche stand.

Ich atmete tief durch, ehe ich antwortete. »Mürbeteigboden, Erdbeeren im Mandelrührteig, Limettencreme, Baiser.«

»Alles auf diesem einen Blech?«, fragt er. Ich nickte und er schüttelte energisch den Kopf. »Völlig übertrieben«, sagte er brüsk. »So geht Torte. Auf ein Blech? Was Simples.« Ich versuchte, mir die Enttäuschung nicht ansehen zu lassen. »Schlagen Sie keine Purzelbäume.« Ich nickte. Mein mulmiges Gefühl hatte mich nicht getrogen. »Schlagen sie nicht gleich völlig über die Stränge, sobald ich Ihnen mal freie Hand lasse.« Das war die Langform, er brauchte sie nicht auszusprechen, damit ich sie hörte.

Die nächste Stunde war nicht einfach. In meinem Körper rumorte eine Mischung aus Kränkung, Wut auf mich selbst, aber entgegen meiner Erwartung auch Aufbruchsstimmung. Während ich Teig rührte und Creme, Leipziger Lerchen in den Ofen schob und herausholte und ein drittes Blech mit schlichtem Kirschstreusel vorbereitete, wunderte ich mich über mich selbst. War ich nicht eigentlich die Frau, die man mit einem Pusten umwerfen konnte? War ich nicht die Frau, die sich immer schon duckte, ehe man sie niederdrücken konnte? Heute hatte ich keinen misslungenen Kuchen gebacken, nur einen übertriebenen. Allein dieser Gedanke hätte früher keinen Platz in meinem Kopf gehabt.

»Backen Sie bei ihm?«, fragte Sven. Beinahe hätte ich gelacht, so froh war ich. Er glaubte immer noch daran, dass mir mein Torten-nach-Maß-Projekt gelingen würde.

Ich bejahte. »Es muss schließlich nach Frischgebackenem riechen.« Aus den Augenwinkeln sah ich, dass Sven zufrieden nickte.

Nach meiner Arbeit in der Backstube fuhr ich zu meinem Kunden Jochen Hartmann nach Kreuzberg in die Luckauer Straße. Am Oranienplatz war ich schon oft gewesen, Kirsten liebte es, sich in der Oranienstraße zu verabreden und von Kneipe zu Restaurant zu Kneipe zu fallen und sich zu fühlen wie in Westberlin vor der Maueröffnung. In der Luckauer Straße allerdings, einer Seitenstraße, war ich noch nie gewesen. Ich fand eine sonderbare Mischung aus schmucken und leicht heruntergekommenen viergeschossigen Altbauten, einigen wenigen überwucherten Baulücken und irgendwann nach dem Krieg geschlossenen Baulücken. In einem der Altbauten wohnte Jochen Hartmann mit seiner Freundin.

Nachdem der Hausherr meine Hand geschüttelt hatte, wischte ich sie mir unauffällig an der Hose ab. Er war offensichtlich sehr nervös und redete ununterbrochen. Hartmann war so groß wie ich, aber einige Jahre älter, und ich starrte auf seinen lichten Hinterkopf, während ich ihm durch die spärlich möblierte Wohnung folgte. In jedem Zimmer zog eine aufgemalte Borte knapp unter der Decke die Blicke auf sich.

»Sie sind sicher anderes gewöhnt, anderes Equipment, aber darum geht es ja, oder? Sie nehmen das, was vorhanden ist, wenn das sinnvoll ist, und ich verstehe völlig, dass Sie hier bei mir, ich meine hier bei uns backen müssen. Aber wie halten wir denn den Geruch in der Wohnung, wenn Tina erst gegen neun vom Yoga kommt? Obwohl, jetzt im Sommer kann man gar nicht so gut lüften, selbst wenn man das will, nicht wahr? Die Luft steht ja richtig, vor allem hier oben, in ein paar Wochen kann man hier Kuchen backen, ohne den Ofen benutzen zu müssen, so warm ist es dann. Backformen, Sie brauchen sicher eine Backform, ich habe schon geguckt, wo wir die eigentlich aufbewahren, Sie können sich denken, dass ich nicht automatisch weiß, wo die sind, sonst könnte ich vermutlich auch Kuchen backen.«

Inzwischen war ich ihm in die hochmoderne Küche gefolgt, wo sich auf der Kochinsel zahlreiche Backformen stapelten.

»Hier«, sagte der Hausherr und machte den Eindruck, von seinem Redeschwall selbst ganz erschöpft zu sein.

Mit einem Blick stellte ich fest, dass es eine Kastenform gab. Tina liebte Schokolade und Nüsse, hatte Hartmann am Telefon erzählt. Ich war froh, nicht wieder an einen Mann geraten zu sein, der keinen Schimmer davon hatte, was die Frau mochte, mit der er zusammenlebte.

»Gut«, sagte ich. »Ich mache mich an die Arbeit. Geben Sie mir eine gute Stunde, ich komme zurecht.«

Als sich Hartmann ohne ein weiteres Wort mit einem knappen Nicken umdrehte, war ich richtig verblüfft über mich selbst. Dass ich so professionell auftreten konnte, hätte ich nie im Leben gedacht. Ich lächelte über meinen Gedanken und legte los.

Es klingt vermutlich leichter, als es ist, einen Kuchen zu backen, der wie ein Erstling aussieht. Sven war eine Hilfe gewesen, weil wir uns während unserer verbliebenen Zeit in der Backstube immer wieder Überlegungen zugeworfen hatten. »Gut wäre eine Cremetorte, ich könnte dann die Schichten ungleichmäßig schneiden.« »Die Creme am Rand ungeschickt verschmieren.« »Der Kunde könnte selbst mit der Gabel ein Muster hineinschlängeln. Dann bekommt er keinen roten Kopf, wenn seine Freundin ruft: Und das hast du gemacht?« »Unpassende Kuchenplatte.« »Und Cremespritzer neben der Torte.« Wir sind ein perfektes Team, dachte ich. Ich dachte es so deutlich, dass Sven es auf meiner Stirn hätte lesen können, wenn er geguckt hätte. Diesmal hätte ich es nicht wegradieren wollen, diesmal hätte er es lesen dürfen.

Als die Panamatorte fertig war, sah sie zwar nicht gut aus, dafür aber sehr selbst gemacht. Und dass sie schmecken würde, davon ging ich aus. Schokoladenhaselnussbiskuit mit Schokoladenbuttercreme. Der Hausherr hatte hoch konzentriert mit einer Gabel Wellen oben in die Schokoladencreme gezogen und das Ergebnis ebenso zufrieden betrachtet wie ich. An der Tür hatte er mir fest die Hand geschüttelt. »Schicken Sie mir die Rechnung per Mail?« Das Lächeln ließ sein rundes Gesicht ganz jung erscheinen und ich wünschte ihm, dass Tina sich riesig über seine-meine Torte freuen würde.

Die Torte für morgen würde ich zu Hause backen. Ein Verlobungsring musste in ihr versteckt werden können und noch wusste ich nicht, wie ich das Problem lösen würde. Ich wunderte mich über mich selbst, dass ich keine Sekunde daran zweifelte, dass mir etwas dazu einfallen würde.

Weil ich eh unterwegs war und zu aufgeputscht, um nach Hause zu fahren, fuhr ich zu Sonja und klingelte. Diesmal hatte ich Glück, sie öffnete mir die Tür und Jan war unterwegs. Man konnte ihr die Schwangerschaft immer noch nicht ansehen.

Kurz bewahrte sie die Fassung, doch als die Tür zum Hausflur hinter mir geschlossen war, fiel sie mir um den Hals und weinte los. Da sie mich ein ganzes Stück überragte und sich einfach gegen mich fallen ließ, musste ich einen kleinen Ausfallschritt machen, um nicht zu stürzen. Vorsichtig führte ich sie zum Sofa.

Ich gab kleine Geräusche von mir wie eine Mutter, die ihr Kind tröstet. Langsam beruhigte sie sich.

»Danke, dass du gekommen bist«, sagte sie stockend. Ihr schönes Gesicht war so verquollen, als weinte sie schon eine ganze Weile. Sie trug graue Joggingkleidung, die an ihr aussah wie der aktuellste Modetrend. Keine Ahnung, wie sie das immer schaffte. Trotzdem wollte ich gerade nicht mit ihr tauschen.

»Jan ist bei einem Freund.« Sie fing wieder an zu weinen, diesmal aber stumm.

»Nur bis heute Abend oder wohnt er da momentan?«

Sonja schüttelte den Kopf. »Er kommt irgendwann nachher zurück. Er liebt mich ja.«

Es stand mir wirklich nicht zu, dazu etwas zu sagen, aber ich nahm nicht an, dass Jan noch jemanden außer sich selbst lieben konnte.

»Wie geht's dir denn sonst so«, versuchte ich in ein anderes Fahrwasser zu steuern. »Ist dir übel? Hast du Fressattacken?«

Sonja lächelte unter Tränen und ließ sich tatsächlich ablenken. »Ich bin ziemlich scharf auf Kartoffeln mit Leinöl und Quark. Das esse ich im Moment sogar zum Frühstück. Denkst du, das ist zu einseitig?«

Ich schüttelte den Kopf. »Dein Körper weiß sicher, was er braucht«, antwortete ich, »außerdem ist in Leinöl wahnsinnig viel wichtiges Zeug drin.«

»Ich weiß.« Sonja nickte.

Ich erzählte von meinen Indisch-Fressattacken während meiner Schwangerschaft und freute mich, dass ich diese Phase gar nicht negativ in Erinnerung hatte. Christoph hatte sich damals oft einen Punkt auf die Stirn gemalt, wenn er auf dem Weg von der Arbeit an einem indischen Restaurant gehalten hatte, weil ich ihn darum gebeten hatte, etwas mitzubringen. Im Handschuhfach hatte immer ein Augenbrauenstift von mir gelegen und damit hatte er sich bemalt. Das waren glückliche Momente gewesen.

Sonja berichtete, dass sie sich wegen des Mutterschutzes kundig gemacht hatte. Sie würde sechs Wochen vor dem errechneten Termin aufhören zu arbeiten. Und es werde bald Zeit, ihrer Chefin von der Schwangerschaft zu erzählen.

»Wenn sich Jan an den Gedanken gewöhnt hat«, betonte Sonja. »Sonst muss ich nur heulen, wenn ich ihr davon erzähle. Und dabei bin ich doch froh!«

Ich wollte Sonja von meinen Backerfolgen berichten, aber ich spürte, dass sie nicht bei der Sache war. »Soll ich dir bei den Kartoffeln helfen?«, schlug ich daher vor und Sonja lächelte. Wir hörten Radio und schälten Kartoffeln und aßen gemeinsam Kartoffeln mit Quark und Leinöl.

Auf dem Rückweg hörte ich den Schienen der U-Bahn beim Rauschen und regelmäßigen Klopfen zu, während ich durch meine Erinnerung streifte und nach Kartoffeln mit Leinöl suchte. Eine große Melancholie hielt mich gepackt, seit Sonja ihre Schwangerschaftsgelüste erwähnt hatte. Das Gesicht meiner Großmutter hatte meine Erinnerung zu tief verkramt, aber die Szene baute sie noch zusammen: meine Mutter und ich bei meiner Großmutter. Ich dachte auf einem zweiten Gedankenstrang daran, dass ich ihr Schlüsselkästchen besaß, ohne zu wissen, wie ich eigentlich dazu gekommen war.

Wir hatten meine Großmutter nur in einziges Mal besucht, soweit ich das rekonstruieren konnte. Meine Mutter hatte Kartoffeln und Leinöl für sie gekocht und davor alle Töpfe und Schüsseln gesäubert. Es hatte alles in der Badewanne gelegen, als wir gekommen waren, alle Töpfe, alle Schüsseln, alle Teller und zuunterst das Besteck, und meine Mutter hatte stundenlang gespült. Vielleicht hatte es gar nicht so lang gedauert, aber meine Erinnerung erzählte die Geschichte genau so.

Meine Großmutter hatte im Wohnzimmer in einem Sessel mit hoher Lehne gesessen wie eine Königin und meine Mutter stand über die Badewanne gebeugt. Und ich hatte in der Tür zum Badezimmer gewartet und versucht, unsichtbar zu sein.

Ich wollte nicht zu dieser strengen Frau im Wohnzimmer gehen, von der meine Mutter behauptete, dass es meine Großmutter war. Ich wollte meiner Mutter nicht dabei zusehen, wie sie spülte. Zu Hause hatten wir eine Spülmaschine und ich hatte meine Mutter noch nicht einmal dabei beobachtet, wie sie die Maschine füllte.

Meine Großmutter rief zwischendurch Dinge herüber, auf die meine Mutter nicht antwortete. An die Dinge konnte ich mich nicht erinnern, wie sehr ich es auch versuchte. Als alles sauber war, kochte meine Mutter Kartoffeln und dazu servierte sie Quark und Leinöl, das wir mitgebracht hatten. Wir waren nicht zum Essen geblieben, meine Mutter und ich, und auf dem Heimweg hatten wir geschwiegen. Einen zweiten Besuch bei meiner Großmutter hatte es nie gegeben.

Wie alt ich wohl gewesen war? Ich versuchte in meiner Erinnerung mein Alter zu verändern, mich jünger und älter zu machen, wie ich dort in der Tür stand, aber kein Bild schien zu passen und schließlich zweifelte ich daran, überhaupt dort gewesen zu sein. Vielleicht hatte mir mein Vater davon erzählt und meine Erinnerung spielte mir Streiche. Vielleicht hatte mir nicht einmal mein Vater davon erzählt. Doch als ich an dieser Stelle in meinen Gedanken angekommen war, stellte ich fest, dass mich meine Melancholie beinahe vollständig verlassen hatte.

Als ich nach Hause kam, lag ein Zettel von Leonhard auf dem Tisch: »Bin bei Diana.« Glücklicherweise hatte Kirsten mir auf den Anrufbeantworter gesprochen. Sie hasste es, auf dem Handy anzurufen, und in diesem Moment war ich froh darüber, denn so konnte ich mich aufs Sofa kuscheln und sie zurückrufen.

»Was machen die Männer?«, fragte Kirsten ohne Einleitung.

Ich erschrak und sie merkte es sofort. »Sag bloß, du kneifst!« Ihre Stimme war ganz schrill vor Empörung.

»Hör zu«, versuchte ich sie zu beschwichtigen, »ich hatte wirklich viel zu tun.« Ich redete ihre Proteste und Einwände einfach nieder. »Ich bin in der Zeitschrift ›Food and Life‹ von dieser

Woche und ich hatte schon den ersten Auftrag und außerdem habe ich einen Mann getroffen, also nicht wirklich einen Mann, eher einen Jungen…« An dieser Stelle geriet ich ins Stottern.

»Wen? Wen hast du getroffen?«, rief Kirsten. »Und wann bitte schön hättest du mir das erzählt, wenn ich dich nicht angerufen hätte? Ich will hören, was er dir geschrieben hat!«

»Ich hab ihn nicht bei Doublecheck kennengelernt«, sagte ich. Und dann erzählte ich ihr von Max. Kirsten war so aus dem Häuschen, dass ich fast ein bisschen gekränkt war. »Ich sollte gekränkt sein«, sprach ich es aus und lachte wackelig. »Wunderst du dich, dass mich ein Mann gut findet?«

Als Kirsten nach einer kurzen Pause antwortete, klang sie ernster als sonst. »Das denkst du, ja?« Es war keine echte Frage. »Du willst wissen, worüber ich mich wundere?«, fügte sie hinzu und fuhr fort, ohne eine Reaktion von mir abzuwarten. »Ich wundere mich, dass du das zulassen kannst, das alles. Es war doch längst Zeit, du dumme Kuh!« Jetzt klang sie wieder wie sie selbst. Vor meinem inneren Auge konnte ich sehen, wie sie süffisant die Augenbrauen hochzog. »Und jetzt will ich Details hören!« Ich lachte und sie stimmte ein.

Kirsten meinte schließlich, der Altersunterschied spiele doch wirklich keine Rolle, aber ich hörte den Zweifel in ihrer Stimme. Dass sie das Thema wechselte, sprach Bände. »Egal«, sagte sie forsch, »Doublecheck solltest du trotzdem nicht vernachlässigen. Schalt den Computer ein, ich will wissen, wer geschrieben hat«, forderte sie, »ich bleibe dran.«

Sie hatte völlig recht damit, mich zu schelten. Autoschrauber-Tom hatte mich abgeschaltet. Weil er mich blöd gefunden oder einfach keine Geduld mehr gehabt hatte. Karl hatte eine Mail ohne Inhalt geschickt, sie hieß: »Samstag 14 Uhr Insulaner«.

Ein Klaus, an den ich mich nicht erinnern konnte, hatte mich ebenso abgeschaltet wie ein Stefan, an den ich eine Antwort die ganze Zeit vor mir hergeschoben hatte. Dafür hatten mir ein Michael und ein Achim geschrieben.

Hasenkostüm-Rainer hatte zwei Mails geschickt. Mit klopfendem Herzen und einer lamentierenden Kirsten am anderen Ende öffnete ich die erste Mail. Den Kontakt zu Rainer hatte ich nicht aufs Spiel setzen wollen, spürte ich. Immerhin hatte er mich nicht in der Zwischenzeit abgeschaltet.

»Liebe Nina«, las ich Kirsten vor. *»Sie haben sich noch nicht wegen des kommenden Wochenendes gemeldet. Rufen Sie mich an? Meine Telefonnummer: 62735591. Mit herzlichem Gruß, Rainer.«*

»Von wann ist die Nachricht?«, fragte Kirsten

»Mittwoch«, sagte ich schuldbewusst. »Hier ist noch eine von heute. *Liebe Nina, muss ich es als ein schlechtes Zeichen werten, dass Sie sich nicht melden? Ich habe Ihnen mein ganzes Wochenende freigehalten. Fühlen Sie sich davon nicht unter Druck gesetzt. Doch, fühlen Sie sich davon unter Druck gesetzt! Rufen Sie mich an! In freudiger Erwartung, Rainer.«*

»Ruf ihn an. Triff ihn.« Ohne ein weiteres Wort legte Kirsten auf und ich gehorchte, ohne groß nachzudenken oder mir etwas zurechtzulegen.

»Watrin«, meldete sich eine tiefe Stimme.

»Nina«, sagte ich. Er wusste sofort, wer ich war.

»Nina! Ich freue mich!«

Von der Selbstverständlichkeit, mit der er Zuneigung äußerte, sollte ich mir etwas abgucken. Ich meldete mich fast eine Woche nicht und er war kein bisschen zurückhaltend. Wie souverän mir das vorkam!

»Sagen Sie, dass Sie anrufen, um sich mit mir zu verabreden!«

Seine Stimme klang warm und sympathisch und ich musste lachen.

»Ja, genau deswegen rufe ich an.«

»Heute? Morgen? Übermorgen?«

»Morgen wäre mir sehr recht.«

»Wo wollen wir uns verabreden? Darf ich Sie bekochen? Würden Sie mich besuchen, damit ich für Sie kochen kann?«

Er klang völlig ungezwungen und ich dachte erst nachdem ich aufgelegt hatte, dass man so etwas beim ersten Treffen bestimmt nicht tat. Das Telefon klingelte und wieder war es Kirsten. Ich erzählte ihr, dass ich ihn besuchen würde. Statt des erwarteten Donnerwetters blieb sie ganz ruhig.

»Du gibst mir die Adresse«, sagte sie. »Und lässt einfließen, dass ich weiß, wo du bist. Wie aufregend!«

Aufregend fand ich es auch.

TOMATENCONSOMMÉ

Mit der Samstagszeitung fand ich am nächsten Morgen eine DVD im Briefkasten. ›Hauptsache verliebt‹ mit Michelle Pfeiffer und Paul Rudd. In der Hülle steckte ein Zettel. »Gehst du mit mir im Tegeler See schwimmen? Morgen um zwei? Max.« Ich musste mich auf die Treppe setzen. Nachdem ich den Zettel ein halbes Dutzend Male gelesen und die Rückseite der Filmhülle ein ganzes Dutzend, ging ich nach oben und legte den Film ein. Nicht dass ich nicht viele andere Dinge zu tun gehabt hätte, aber das ging vor. Während mein Computer die DVD las, dachte ich an früher, als man sich individuell bespielte Kassetten geschenkt hat. War das besser gewesen?

Eine ganze Weile später dachte ich, mit einer bespielten Kassette hätte Max sein Anliegen nie im Leben klarer formulieren können. Michelle Pfeiffer, die so wunderschön war, dass mir der Atme stockte, wurde von Paul Rudd umworben. Rudd war sehr niedlich und verrückt nach Michelle. Und außerdem elf Jahre jünger als sie.

Während ich die bestellte Torte für den Verlobungsring buk, war ich nicht ganz bei der Sache. Ich war nicht so schön wie Michelle Pfeiffer, dafür war Max schnuckeliger als Paul Rudd. Im Film jedenfalls war der Altersabstand gar nicht so abseitig. Ob sich aber ein kitschiger Hollywoodfilm als Vorlage eignete? Auf diese Frage gab es im Grunde nur eine Antwort, trotzdem war ich nicht völlig überzeugt. Vermutlich weil ich nicht überzeugt sein wollte.

Meine Gedanken waren intensiv bei einer Sache, meine Finger bei einer anderen. Die Verlobungstorte war angemessen aufwendig: Ihr Herzstück war ein Halbkugelkuchen. Die Form hatte ich mit einer in Scheiben geschnittene Biskuitrolle ausgekleidet und gestürzt, sodass der helle Biskuit und die Himbeercreme hübsche Kringel bildeten. Gefüllt hatte ich die Halbkugel mit einer leichten Quarkcreme mit ganzen Himbeeren. Vier Türmchen flankierten die Halbkugel. Aufgebaut hatte ich sie aus geschichtetem Biskuit. Ich hatte es mir nicht nehmen lassen, ihnen eine Basis aus Mürbeteig zu backen. Biskuit fehlte einfach Butter, wie ich fand. Kombiniert mit Mürbeteig war es immer ein Geschmacksquantensprung. Die Türmchen hatte ich in Marzipan gewickelt und mit einem feinen Pinsel und roter Speisefarbe Fenster und Tore aufgemalt. Krönender Abschluss waren kleine Windbeutel, auf jedem Turm einer. Drei hatte ich mit Sahne gefüllt, den vierten konnte man anheben und statt eines Bodens einen Verlobungsring finden. Vorsichtig klebte ich alle vier mit steifer Sahne auf die Türmchen.

Ich selbst hatte nie einen Verlobungsring bekommen. Wenn ich etwas bedauerte, dann aber höchstens, dass mir nie jemand eine Torte gebacken oder auch nur hatte backen lassen. Nicht einmal an meinen Geburtstagen hatte Christoph mir einen Kuchen gebacken. Richtige, echte Wut stieg in mir auf, als ich daran dachte, und beinahe hätte ich ein Speisefarbefenster verpatzt. Verblüffenderweise war das Gefühl, das direkt auf die Wut folgte, Freude. Ich freute mich einfach darüber, dass ich diese Wut spüren konnte. Früher hatte ich immer nur Scham fühlen können, Schuld und anderes selbstzerstörerisches Zeug. Ich dachte wieder an meine Geburtstage mit von mir selbst gebackener Torte und genoss meine Wut, bis sie sich langsam abnutzte. Es war mir egal, ob es ein alberner Grund war, wütend zu sein. Es war einfach ein gutes Gefühl, wütend zu sein. Ein gutes, ein lebendiges Gefühl.

Als ich mit der Dekoration fertig war, dachte ich wieder an den Film. Max war bestimmt ein Mann, der seiner Liebsten Geburtstagskuchen backte. Das war nicht das schlechteste Kriterium zur Beurteilung von Männern.

Am Nachmittag fuhr ich mit der Torte nach Frohnau, in das

Nobelviertel im Norden Berlins. Um den Fürstendamm zu erreichen, gondelte ich rund um den Zeltinger Platz und dachte einmal mehr, dass genau dieser Platz der Grund für die hohen Grundstückspreise in Frohnau sein musste. Ein Platz wie aus einer Modelleisenbahnszenerie: gepflegter Rasen, ein historischer S-Bahnhof daneben, niedrige Bebauung und drum herum ein schmalspuriger Kreisverkehr, in dem niemandem der Sinn danach stand, zu drängeln oder zu hupen. Allein dieser Platz machte mir immer gute Laune, noch dazu hatte ich eine Verlobungsringtorte auf dem Beifahrersitz, mit der ich sehr zufrieden war. Mein Kunde am Fürstendamm war es auch.

Rainer fiel mir erst wieder auf dem Rückweg ein. Noch an diesem Abend würde ich ihn kennenlernen. War ich dazu imstande, während zu Hause eine DVD mit meinem ganz persönlichen Liebesfilm wartete? Das war doch alles verrückt – heute wollte mich der eine Mann bekochen, morgen wollte mich der andere Mann im Bikini sehen. Lieber Himmel, dachte ich, wie hatte ich vorher nicht daran denken können? Michelle Pfeiffer hatte gut lachen – Paul Rudd hatte sie den gesamten Film über nur voll bekleidet gesehen! Dann schalt ich mich: Max wusste sehr genau, dass ich die Mutter von Leonhard war und weit, weit über achtzehn. Daran zumindest wollte ich glauben. Und Rainer hatte zwar ein sonderbares Hasenkostüm, aber seine Mails waren perfekt.

Gleich zwei Männer wollten mich treffen, die mir gefielen. Aber ich war die Nina, die Verlobungstorten zum Verlieben backen konnte: Ich konnte mich auch einfach freuen, wenn mir etwas Gutes zustieß. Ganz viel Gutes sogar.

Zwei Stunden später klingelte ich an einem Altbau in der Fregestraße. Ich wertete es als gutes Zeichen, dass Rainer offenbar eine ähnliche Wohngegend gefiel wie mir. Auch hier waren die Straßen schmal und baumbestanden, die Häuser gepflegt, ohne gleich nach Reichtum zu riechen. Im Umfeld gab es kleine und mittelgroße Geschäfte und die Stadt war an dieser Stelle nicht zu laut und nicht zu leise, sondern genau richtig.

Der Mann, der die Tür öffnete, trug eine Küchenschürze und eine Brille mit dünnem Rand. Betrachtete man die Einzelteile, das knubbelige Kinn, die etwas zu große Nase und die deutlich rechteckige Gesichtsform, aus der nur das Kinn herausstach, hätte man das nicht angenommen, aber er sah gut aus. Vielleicht war es die Brille, die alles zusammenhielt.

»Willkommen«, sagte er herzlich und trat mit einer schwungvollen Handbewegung zur Seite, damit ich eintreten konnte. Rainer schloss die Tür und schüttelte mir dann die Hand. »Sollen wir gleich in die Küche gehen?«

Ich hatte ihm Haferflockentaler mitgebracht, mein Lieblingsgebäck aus der Konditorei. Petits fours wären festlicher gewesen, aber wenn ich die Wahl hatte zwischen schön oder lecker, zog ich lecker vor. Ich folgte Rainer und hatte zumindest kurz die Gelegenheit, ihn von hinten zu mustern, ohne dass er es bemerkte. Er war sicher über eins achtzig groß und bewegte sich merkwürdig eckig, als wäre er größer als er im Griff behalten konnte. Jung hatte er ausgesehen, als er mir die Tür geöffnet hatte, aber ich wusste aus seinem Profil, dass er fünf Jahre älter war als ich. Es gefiel mir, dass er nicht mager war, aber auch keinen Bauch hatte. Vermutlich war es seiner Kochleidenschaft geschuldet, dass er ein paar Kilo zu viel auf den Knochen hatte, aber gut verteilt.

Gerade als ich dies dachte, erreichten wir die Küche. Vielleicht am besten gefiel mir die Tatsache, dass die Kochinsel fehlte. Die Küche teilte eine hohe Theke mit drei Barhockern. Auf der Theke standen zwei Weingläser, ein Brotkorb und ein paar mit undefinierbaren Dingen gefüllte Schälchen.

»Keine Kochinsel«, sagte ich zufrieden.

Rainer lachte. Es war ein ansteckendes, warmes Lachen, nicht zu hoch und nicht zu tief. Ich stellte fest, dass ich mich wohlfühlte. »Was spricht gegen eine Kochinsel?«, fragte er.

»Ich weiß nicht«, gab ich zu, »es ist so ein Gefühl.«

Er lachte wieder. Dann sagte er: »Kochinseln gehören oft Leuten, die immer das Neueste kaufen, obwohl sie es gar nicht brauchen können. Laufcomputer fürs Handgelenk, intelligente Kleidung.« Bei der Bezeichnung »intelligente Kleidung« zog er geheimnisvoll die Augenbrauen hoch und ich musste lachen. »Für Kochinselmenschen ist es der Besitz, der zählt, denke ich«, sagte er und wandte sich nach einem weiteren verschmitzten Lächeln zur Arbeitsfläche. »Für uns aber ist es der Genuss«, sagte er theatralisch und griff nach einer Weinflasche. »Darf ich?«, fragte er. »Siezen wir uns?«, fragte er dann und wartete nicht auf eine Antwort. »Können wir uns duzen?«

Ich nickte und nickte gleich wieder, als er mir fragend die Weinflasche präsentierte. Mit langfingrigen Händen goss uns beiden ein. Nichts an seinem Gesicht stach besonders hervor, doch er hatte eine intensive Art zu sprechen und mich anzusehen. Mir fiel auf, dass ich lang keinen Mann mehr getroffen hatte, der eine richtige Frisur hatte. Bei Max und Leonhard sah es auf dem Kopf so strubbelig aus, als hätten sie selbst herumgeschnitten und sähen nur zufällig gut damit aus, und Sven hatte gar keine Haare. Dann fiel mir der geschniegelte Peter wieder ein, vor dem ich aus dem Café geflohen war. Der hatte eine Frisur gehabt, aber das war eine Seht-her-wie-gut-ich-aussehe-Frisur gewesen. Rainer hatte eine Ein-Mann-braucht-eine-Frisur-also-da-ist-sie-Frisur.

»Hier«, sagte Rainer und zeigte auf die erste kleine Schale, »das ist Kapuzinerkressepesto«, er zeigte auf die zweite, »dies ist Chutney aus Schwarzen Johannisbeeren und dies«, er zeigte auf die dritte, »Aioli. Alles von mir.«

»Selbst gemacht?«, fragte ich, um Zeit zu gewinnen. Ich hatte Max vorhin eine SMS geschickt, die *»Holst du mich morgen ab?«* lautete. Ich konnte unmöglich eine SMS mit dem Text *»Bitte iss noch genug Knoblauch«* hinterherschicken. Ich würde mich mit genügend Pfefferminzbonbons und Kaugummis eindecken müssen.

Während ich betrachtete, was Rainer vorbereitet hatte, merkte ich, wie entspannt ich war. Ja, die Sache mit dem Knoblauch war ein Problem, aber es war ganz offensichtlich mein einziges. Schon das Thema Kleidung hatte mich nicht wirklich in Schwierigkeiten gebracht. Ich hatte keine Stunden vor dem Schrank verbracht, sondern eine schwarze Stoffhose und ein dunkelrotes Wickeloberteil angezogen, ohne groß darüber nachzudenken. Und jetzt hatte ich nicht das Bedürfnis, mich hektisch nachzuschminken oder meine Haare zu richten. Das lag nicht daran, dass mir Rainer egal war – er gefiel mir sogar ziemlich gut. Es lag einfach nur daran, dass er mir das Gefühl gab, genau richtig zu sein.

Ich setzte mich auf einen der Hocker und probierte das Brot mit Kapuzinerkresse.

»Wo hast du dieses Brot her?«, fragte ich. Das war vermutlich das beste Brot, das ich je gegessen hatte.

»Selbst gebacken«, meinte Rainer. Ich sah ihm an, dass er es nebensächlich klingen lassen wollte, in Wirklichkeit aber sehr stolz war.

»Das ist das beste Brot, das ich je gegessen habe«, sprach ich meinen Gedanken laut aus. Rainers Gesicht war so lebendig, wenn er sich freute, dass es mich wünschen ließ, ihm öfter eine Freude zu machen. Eine lange Zeit musste ich mich allerdings mit dem Brot begnügen, denn Rainer begann erst jetzt zu kochen. Für mich war das eine schwere Prüfung. Schließlich steckte ich noch in meinem Wochenrhythmus und gehörte eigentlich um zehn Uhr ins Bett. Um zehn hatten wir aber gerade erst die Suppe gegessen.

In meinem ganzen Leben hatte ich noch nie eine so aufwendige Suppe gekocht bekommen. Rainer hatte zunächst scheinbar normale Tomatensuppe gekocht. Er hatte mich gefragt, ob ich helfen wollte, also hatte ich in der Zwischenzeit Gurken und rohen Fisch in Streifen geschnitten. Rainers Arbeitsschritte waren zweifellos extravagant gewesen: Er hatte Zwiebeln angebraten und Tomaten gekocht und dann eine Nylonstrumpfhose über einen Topf gestülpt. Durch diese Strumpfhose hatte er die gekochten Tomaten gegossen. Detaillierte Erklärungen begleiteten seine Handgriffe, die Eiweiße, die er danach in die gesiebte Suppe warf, sollten die Schwebstoffe binden und damit die Consommé klären, führte er aus, während er die Suppe erneut aufkochte und dann wieder durch die Strumpfhose goss, die er diesmal mit Küchentüchern ausgelegt hatte. »Ungechlorte Küchentücher«, betonte er. Zurück blieb schließlich ein rötliches, nun ja, Wasser. Tomaten-Consommé nannte es Rainer. Mir war durchaus bewusst, dass das etwas sehr Edles sein musste – schon allein wegen des absurden Aufwandes, den er betrieben hatte. Aber mein Magen hätte sich gewünscht, er hätte nicht alles Nahrhafte aus der Suppe gesiebt.

Nach der Tomaten-Consommé hatte ich immer noch Hunger wie ein Löwe. Leider hatte Rainer Brot und Schälchen weggeräumt, damit ich Platz zum Arbeiten hatte. Während ich ihm bei der Arbeit zusah, fragte ich mich, warum ich mich so entspannen konnte. Er hatte etwas Weiches an sich, aber nichts, das man weiblich nennen würde. Er war nicht so vordergründig männlich wie beispielsweise Sven oder auch Christoph. Es gab Männer, bei denen man einen Schraubstockhändedruck erwartete und einen Kühlschrank voller Fleisch. Und es gab Männer, die keins der Klischees erfüllten und trotzdem den Eindruck erweckten, sich ihrer Person und ihrer Geschlechtszugehörigkeit sehr sicher zu sein. So wie Rainer.

Er konnte nicht hören, wie mein Magen knurrte, weil wir so viel redeten. Wir sprachen übers Kochen und Backen, Rainer wusste eine Menge über die Küche des Mittelalters, hatte dafür aber nie verstanden, wie die Hohlräume in die Windbeutel gelangten. Ich mochte seine Begeisterungsfähigkeit. Entgegen den Versprechungen in seinen Mails war es allerdings gar nicht so leicht, mit ihm über persönliche Dinge zu reden. Ich hätte das ansprechen sollen, das war mir zwischendurch immer wieder bewusst. Aber dann hielt mich die Angst zurück, die Atmosphäre zu zerstören – ich fühlte mich so wenig unter Druck und so gelöst, warum sollte ich das aufs Spiel setzen?

Wir rollten beinahe bis Mitternacht Sushi. Es schmeckte, aber ich fiel zuletzt beinahe vom Barhocker vor Müdigkeit. Was schließlich auch Rainer auffiel.

»Du meine Güte!«, rief er und sah wirklich erschrocken aus. »Du stehst ja immer so früh auf, du musst längst hundemüde sein! Das hatte ich völlig vergessen!«

Er sprang auf und ich sah ihm die Entgeisterung deutlich an. Ich stand ebenfalls auf, das hätte ich tatsächlich schon eher tun sollen.

»Ich muss wirklich los«, bestätigte ich. Rainer brachte mich zur Tür und redete wie aufgezogen. Er entschuldigte sich in einem fort, geißelte sich und wiederholte mehrfach, dass es gerade ihm nicht hätte passieren dürfen, weil wir doch so viel über meine Arbeit in der Konditorei gesprochen hatten und nun würde ich ihn sicher nie wieder besuchen, wo er so unsensibel gewesen und mich bis Mitternacht hatte arbeiten lassen.

An der Tür lächelte ich ihn an. »Es war doch ein schöner Abend«, sagte ich und meinte es ehrlich. Ich hatte mich weder gelangweilt noch das Gefühl gehabt, austauschbar zu sein. Er blickte mir intensiv und ziemlich zerknirscht in die Augen, als er mich verabschiedete. Seine Tür hörte ich erst schließen, als ich schon die Etage unter seiner erreicht hatte.

CURRYWURST UND ERDBEEREN

Diana hatte dieses Wochenende Frühdienst, daher war Leonhard zu Hause. Und er kam exakt in dem Moment aus seinem Zimmer, als ich am Sonntagmorgen den Anrufbeantworter abhörte. Nach meiner Rückkehr in der Nacht war ich nur noch ins Bett gefallen.

Es war Kirsten. »Nina, dein Date! Ruf mich an! Du kannst mich nicht so schmoren lassen!«

»Was für ein Date?«, fragte Leonhard, der zwar noch nicht ganz wach war, aber immerhin wach genug.

»Ach«, sagte ich vage und verschwand in der Küche. Kirsten würde ich später anrufen.

»Was für ein Date?«, Leonhard war mir in die Küche gefolgt und ließ nicht locker.

»Das war Kirstens Idee«, sagte ich ausweichend, aber zumindest halbwegs zutreffend.

»Und wen hast du getroffen?«

»Na«, ich kramte laut im Küchenschrank und deckte den kleinen Küchentisch, »so einen Mann halt!« Als ich flüchtig Leonhard ansah, hatte dieser säuerlich das Gesicht verzogen. »Kennst du nicht!«, setzte ich hinzu.

»Wie war es denn?« Leonhard setzte sich und schnitt zwei Scheiben Brot, von denen er eine auf meinen Teller legte.

»Schön«, sagte ich.

Leonhard lachte. »Ich erinnere dich dran, wenn du mir das nächste Mal etwas aus der Nase ziehen willst.«

Ich seufzte theatralisch. »Er wohnt in Friedenau und er kocht gern. Und gut. Wir haben Sushi gerollt.« Es ist ein merkwürdiger Rollentausch, wenn die Mutter dem Sohn von einem Date erzählt. »Was hast du heute vor?«, fragte ich, um davon abzulenken, und schloss kurz die Augen, weil mir einfiel, dass Leonhard mir umgekehrt diese Frage nicht stellen durfte. Ein Blick auf die Uhr sagte mir, dass Max mich in drei Stunden abholen würde. Was hatte ich mir dabei gedacht? Hoffentlich hatte Leonhard etwas vor.

»Ich fahre mit Philipp zum Schlachtensee«, antwortete Leonhard. »Diana kommt nach der Arbeit nach.«

Den Rest des Frühstücks erzählte mir Leonhard von den Vorbereitungen zur Abiturfeier. Ob es mir etwas ausmachte, wenn sein Vater Fabienne mitbrächte? Ich schüttelte den Kopf. Ganz sicher war ich nicht, aber das musste ich Leonhard nicht sagen. Es fühlte sich an, als hätte ich bei den Männergeschichten in meinem Leben kein Recht mehr darauf, ein Problem mit Fabienne zu haben. Vielleicht hatte ich ja wirklich keins mehr.

Eine halbe Stunde später hatte sich Leonhard verabschiedet und ich war am Telefon mit Kirsten. Sie warf genüsslich Bemerkungen ein und ich fühlte mich wie ihre persönliche Daily-Soap-Darstellerin.

»Es ist gut, wenn einer kochen kann«, war ihr abschließendes Urteil. Das stimmte. »Wann siehst du ihn wieder?«

»Keine Ahnung«, antwortete ich.

»Hast du heute schon bei Doublecheck reingesehen?« Ich verneinte.

»Dann mach, ich warte.« Mein Protest half nichts.

»Du weißt schließlich noch nicht, ob Rainer derjenige ist, welcher.«

Das wusste ich wirklich nicht, aber meine Gedanken schweiften eher zu Max als zum Computer.

Ein Sven hatte geschrieben und einen Moment dachte ich, mich trifft der Schlag. Er war aber nicht Konditor, sondern Coach und hatte jede Menge Haare. »Er sieht aus wie Art Garfunkel«, stellte ich fest und hörte Kirsten erst lachen und dann husten. Sven Garfunkel hatte seine Mail mit *»Hallöchen!«* begonnen und

Kirsten und ich waren uns einig, dass das ein ausreichendes Ausschlusskriterium war. Ich erschrak, als mir bewusst wurde, dass ich gestern schon wieder ein Minigolftreffen mit Karl verpasst hatte. Ziemlich bang öffnete ich seine Mail und las sie vor. *»Ich weiß, du hast nie gesagt, dass du zum Insulaner kommst, aber auch nicht das Gegenteil. Ich habe wieder gewartet und du bist nicht gekommen. Liebe Nina, bitte quäl mich nicht! Ich bin immer noch sicher, dass wir uns kennenlernen müssen! Bitte schreib mir. Ich warte, Karl.«* Karl war mir diffus unheimlich in seiner Intensität. Schließlich hatten wir nicht einmal telefoniert. Aber zugleich hatte ich das Gefühl, nicht mehr zurückzukönnen. »Er ist verrückt«, kommentierte Kirsten knapp.

Als Max um Viertel nach zwei klingelte, hatte ich eine Stunde vor dem Spiegel hinter mir. Am besten verpackte mich der blaue Badeanzug mit den weißen Punkten, aber strandtauglich war er nicht. Meine drei Bikinis hatten unterschiedliche Nachteile: der geblümte lenkte durch sein Muster von allem ab, dafür war das Oberteil so knapp, dass ich mich nicht ruckartig bewegen konnte. Der einfarbig schwarze schnitt in der Taille ein und verursachte über dem Bund eine Speckrolle. Der geometrisch schwarz-weiß-rot gemusterte schließlich sah von hinten merkwürdig aus und machte Speckrollen unter den Armen. Der würde also gehen, wenn ich die Arme nicht anlegte und mich nicht von hinten zeigte, der geblümte, wenn ich mich nicht schnell bewegte.

Schließlich hatte ich Badetuch, Handtuch, Badeanzug und einen der Bikinis eingepackt, den geometrischen trug ich unter meinem roten Sommerkleid. Ich war nicht mehr achtzehn und könnte schlanker sein. Mit diesen beiden Tatsachen würde sich Max ebenso abfinden müssen wie ich.

Es war der Geruch, der aus der Tasche stieg, als ich Badeanzug und Bikini hineinstopfte, der eine Erinnerung aus den Tiefen emporspülte. Ich sah mich am Schlachtensee zusammen mit einem Mädchen aus meiner Klasse, die ich damals für eine Art

Freundin gehalten habe. Sie hieß Steffi, aber der Name tut gar nichts zur Sache. Steffi jedenfalls hatte mehrere Dosen mit Obst und Gemüse dabeigehabt, Möhren und Gurken und Erdbeeren und Äpfel. Ich hatte fünf Mark dabei, um mir etwas kaufen zu können. Für mich hieß das Currywurst und Pommes. Vermutlich hatte mir meine Mutter irgendwann auch Dosen mit Obst und Gemüse gefüllt, aber ich konnte mich nicht daran erinnern. Grundschulkinder kauften sich ihr Frühstück nicht und ich war sicher keine Ausnahme gewesen. Nach meinem Wechsel auf die Oberschule aber holte ich mir mein Frühstück immer morgens beim Bäcker, einen Amerikaner oder eine Puddingbrezel. Die anderen beneideten mich darum und ich beneidete sie um die Brote, die ihnen ihre Mütter morgens geschmiert hatten.

Damals am Schlachtensee schämte ich mich dafür, dass ich nichts Gesundes mitgebracht hatte. Unmöglich konnte ich mit Currywurst und Pommes neben Steffi mit ihren Äpfeln und Möhren auftauchen. Alle würden es sehen und denken: Kein Wunder, dass die eine hübsch und dünn ist und die andere hässlich und dick.

Die Currywurst mit Pommes aß ich schließlich auf dem Rückweg. Steffi hatte ein paar aus unserer Klasse gesehen und war mit ihrem Badetuch zu ihnen umgezogen. Vielleicht hatte sie sich nichts dabei gedacht, mich nicht zu fragen, ob ich mitkommen wollte. Vielleicht war es nicht gemein gewesen, nur gedankenlos. Aber war eins besser als das andere? Ich sah mich am Schlachtensee auf meinem Badetuch liegen, starr geradeaus blickend aus Angst, Steffi und die anderen dabei zu beobachten, wie sie zu mir herüberblickten und lachten. Ich erinnerte mich nicht, wie lang ich ausharrte, bis ich aufstand und meine Sachen hastig in die Badetasche stopfte. Ich floh mehr, als dass ich davonging.

Max hatte mich überredet, mit öffentlichen Verkehrsmitteln zu fahren. »Wir sind in Berlin«, hatte er gesagt, »niemand braucht hier ein Auto! Höchstens, wenn eine Torte transportiert werden muss«, hatte er hinzugefügt. Ich mochte sein Umweltbewusstsein, aber als wir eine Dreiviertelstunde, nachdem wir den U-Bahnhof Tegel verlasen hatten, auf der Suche nach dem See durch den Wald stapften, mochte ich das schon deutlich weniger.

»Wie könnten trampen«, schlug Max vor, denn alle anderen hatten offenbar nicht gefunden, dass man in Berlin kein Auto brauchte.

Als wir endlich das Strandbad erreichten, war die Schlange an der Kasse sicherlich hundert Meter lang. Ich seufzte enttäuscht, aber Max schüttelte den Kopf.

»Wir gehen nicht ins Strandbad«, sagte er, »wir gehen zum Arbeiterstrand.«

Er zog mich an der Schlange und am Strandbad vorbei zu einem Sandstrand, der zwar vollgestopft mit Menschen war, aber das war er im Strandbad sicherlich auch. Staunend blickte ich auf den See, aus dem bewaldete Inseln herausragten. In Strandnähe planschten Kinder, Erwachsene und einzelne Hunde, in der Fahrrinne waren kleine Motor- und Ruderboote unterwegs. Trotz der vielen Menschen und Boote machte die Szene einen idyllischen und friedlichen Eindruck. Selbst der Lärm der Motoren schien sich auf dem großen See zu verlieren.

»Was ist dort drüben?«, fragte ich.

In Sichtweite befand sich eine dicht bewachsene Insel, die sich weit streckte und das andere Ufer des Sees vollständig verdeckte. Auf dem Teil der Insel, der dem Arbeiterstrand am nächsten lag, konnte man ein paar niedrige Backsteinbauten sehen. Sie waren alt, aber offenbar in Benutzung, dazu ein Steg, an dem eine kleine Autofähre, eine kleinere Personenfähre und mehrere Ruderboote lagen.

»Die Insel Scharfenberg«, erklärte Max.

Während er tatsächlich noch eine Stelle fand, an der wir unsere Badetücher ausbreiten konnten, erzählte er mir von der Schule auf der Insel. Sie bestand offenbar schon seit hundert Jahren. »Ein alter Freund von mir war da im Internat«, erläuterte er. »Er hat mich mal reingeschmuggelt.«

Ich packte die Dosen mit geschnittenen Möhren und Erdbeeren aus, aber Max lief zurück zum Strandbad, wo man Currywurst kaufen konnte. In das Lachen, das in mir emporschwappte, als Max mich mit Pommes und Möhren und Currywurst und Erdbeeren fütterte, mischten sich auch ein paar boshafte Gedanken: Du sitzt sicherlich nicht mit einem hübschen jungen Kerl am Strand, Steffi, dachte ich und hoffte inständig, recht zu haben. Dann war der Wunsch verschwunden. Sollte Steffi doch Glück haben, ich jedenfalls hatte auch welches.

Max und ich spielten ein Spiel: Welche Berufe hatten die Menschen in Badekleidung? Dann erzählten wir uns, wie unser Leben in zehn Jahren aussehen würde.

»Ich werde mir ein Boot bauen«, sagte Max. »Damit werde ich um die Welt segeln. Ich werde ein Jahr unterwegs sein und die ganze Welt sehen. Und alle Meere.« Er drehte den Kopf, doch ich konnte seine Augen hinter der dunklen Sonnenbrille nicht sehen. »Und ich werde dich fragen, ob du mich begleitest.« Er zog die Augenbrauen hoch und grinste. »Und was wirst du bis dahin tun?«

Ich lächelte und sah auf den See hinaus. »In zehn Jahren brummt mein Laden ›Torten nach Maß‹«. Ich überlegte kurz. »Ja, es wird ein Laden sein. Eine Backstube, ein Laden, ein Vertrieb.« Es gelang mir nicht, mir einen anderen Laden vorzustellen als den von Sven. Vielleicht gab es am Rüdesheimer Platz ein zweites Ladenlokal mit nutzbarem Keller.

Max wartete, ob ich weitersprechen würde. »Interessieren dich auch Backrezepte aus anderen Ländern?«

Ich nickte. »Auf jeden Fall!«

»Dann werden wir auf unserer Weltreise überall anlegen, damit du die heimischen Rezepte kennenlernen kannst.«

Mit diesen Worten stand er auf und rannte ins Wasser. Ich sah, wie er sich hineinwarf und ein paar junge Mädchen quietschten, die er nassgespritzt hatte.

»Komm!«, überschrie er Mädchen, Kinder und andere Badende und ich rappelte mich hoch. In Erinnerung an die Stunde vor dem Spiegel hob ich ein wenig die Arme, um keine Speckrollen unter den Armen zu provozieren. Immerhin musste ich mich nicht langsam bewegen, das sparte ich mir für den geblümten Bikini auf. Ich pflügte ins Wasser, das angenehm kühl war. Theatralisch riss mich Max in seine Arme und hatte mich schon geküsst, ehe ich einen klaren Gedanken fassen konnte. Dann umarmte er mich fest und flüsterte: »Schwimmst du mit mir raus?«

Es fühlte sich alles so selbstverständlich an. Wir schwammen nicht so weit hinaus, dass wir in die Fahrrinne der Boote gerieten, sondern hielten uns parallel zum Uferstreifen.

»Danke für den Film«, sagte ich irgendwann.

»Oh«, machte Max. Er klang vergnügt. »Die Schauspielerin ist fast so schön wie du.«

Mir entschlüpfte ein albernes Gackern, das ich sofort durch ein zivilisiertes Lachen zu kaschieren versuchte. »Es ist Michelle Pfeiffer!«, sagte ich.

»Du kennst sie, ja?« Er schwamm mit ruhigen Zügen und mich überkam plötzlich eine große Melancholie. Tequila Sunrise war in den guten Tagen Christophs und mein Lieblingsdrink gewesen. Wegen des Films mit Michelle Pfeiffer und Mel Gibson. Während Christoph und ich im Kino gesessen hatten, hatte Max noch den Kindergarten besucht.

Ich kam nicht in die Verlegenheit, mich in dem geblümten Bikini nur langsam bewegen zu dürfen, denn ich trocknete einfach und der geometrische Bikini trocknete mit mir. Auf dem Rückweg sprach Max ein junges Paar an, das gerade in einen grünen Polo steigen wollte, und die beiden nahmen uns bis zum U-Bahnhof Tegel mit. Ich fühlte mich jung. Ich fühlte mich alt. Ich gab es auf, meinen Gefühlen nachzuspüren.

FONDANTHUMMEL

»Der frisierte Erdbeerkuchen ist restlos weggegangen«, damit begrüßte mich Sven am Montag. Ich brauchte einen Moment, um zu verstehen, was er meinte.

»Ich hab zwei Torten daraus gemacht.«

Offenbar hatten die ersten Kundinnen abgelehnt, als ihnen Wanda gesagt hatte, was sie unter der Baiserdecke alles finden würden. Wie Sven vorausgesehen hatte. Blechkuchen sollten offenbar tatsächlich simpel sein. Und weil Wanda das auf Svens Wunsch zurückgemeldet hatte, hatte Sven einen Tortenring genommen und aus dem Blech zwei runde Torten ausgestochen.

»Rand mit Limettencreme versäubert«, schloss Sven seinen Bericht. »Kein Stück ist übrig.«

Er wandte sich ohne ein weiteres Wort dem Bestellzettel des Tages zu, aber ich verstand auch so, dass ich rehabilitiert war.

»Und, neue Aufträge?«, fragte er, während ich einen Erdbeerkuchen glasierte und er Schokolade für eine Silberhochzeitstorte schabte.

Ich dachte kurz nach. »Drei rohe Kuchen für Mittwoch«, zählte ich auf, »außerdem eine Törtchenschnitzeljagd und eine Dobostorte.« Ich lächelte ihn verschmitzt an, weil ich seine Reaktion voraussah.

»Alle Wetter!«, rief er, was mich laut auflachen ließ. Er klang wie aus einem Piratenroman. Sven hielt in seiner Arbeit inne, weil ihn vor allem mein Bericht über den Rohe-Kuchen-Auftrag fesselte. Meine verrückten Aufträge kitzelten mehr und mehr Emotionen aus meinem spröden Konditor.

»Weil nichts daran gebacken sein darf, kann ich weder Eier noch Kekse verwenden. Der Boden wird also aus Datteln und

Mandeln bestehen. Und ich habe herausgefunden, dass getrocknetes Obst mit sehr wenig Wasser gemixt eine zähe Paste ergibt. Die kommt auf die Dattel-Mandel-Mischung.«

Sven verzog das Gesicht und ich winkte ab. »Es klingt schlimmer als es ist. Ich bringe Ihnen ein Stück des Probekuchens mit.« Er nickte ruckartig und drehte sich wieder zur Arbeitsplatte.

Wie auch in der vergangenen Woche, waren wir bald fertig, sowohl mit den üblichen Arbeiten als auch mit den Zusatzaufträgen und den Vorbereitungen für den nächsten Tag.

»Woraus besteht Fondant?« Der Konditor klang nicht mehr brüsk wie in den ersten Tagen, trotzdem war ich angespannt, als ich zögernd »aus Zucker?« antwortete. Seine Stirn runzelte sich missbilligend. Hey, dachte ich, ich bin die Praktikantin, sagte es aber nicht. Außerdem, musste ich stumm hinzufügen, war ich eine Praktikantin mit frischer Selbstständigkeit. Vermutlich sollte ich Fondant kennen.

Sven führte aus, woraus es genau bestand. »Wasser, Saccharose, Glucosesirup, Invertzuckercreme«, zählte er auf. Ich hatte die Masse schon einmal gesehen, aber noch nie benutzt. Er bückte sich und holte die Zutaten aus dem Unterschrank. Mithilfe der Küchenmaschine mischte er eine Paste. Dabei versicherte er sich immer wieder, dass ich gut zusah und verstand. Einträchtig rollten wir danach Fondant aus und er führte mir vor, wie man Blüten formte. Er lächelte sogar, als ich eine Fondanthummel formte und in seine Margerite setzte.

»Ich züchte mir die eigene Konkurrenz heran«, sagte er, als ich am Ende des Arbeitstages Schiffchen und Kittel aufhängte.

Vor solch einem Satz hatte ich mich gefürchtet, seit ich ihm von der Journalistin erzählt hatte.

»Denken Sie das wirklich?«, fragte ich und wappnete mich innerlich. Was würde ich tun, wenn er ja sagte?

»Nein«, sagte er nach kurzem Überlegen.

Mehr gab es dazu nicht zu sagen, spürte ich.

»Bis morgen«, ich versuchte, meine Stimme sachlich klingen zu lassen.

Sven nickte mir zu und ich verschwand nach oben. Heute wollte ich nicht auf dem Rüdesheimer Platz bleiben. Heute wollte ich nur nach Hause.

Es war ein drückend heißer Tag und ein Teil meines Kopfes stellte eine Liste mit Torten auf, die an solch einem Tag nicht gebacken werden sollten: Buttercremetorten, Sahnetorten, Torten mit Schokoladenglasur. Im anderen Teil meines Kopfes herrschte das reinste Chaos. Gern wäre ich in sinnlose Tränen ausgebrochen, ohne genau sagen zu können, was mich so überwältigte. Was mich so ganz und gar überforderte. Doch, ich konnte es sagen. Ich war drei Wochen lang am Stiel einer gigantischen Sonnenblume in die Höhe geklettert und nun blickte ich hinunter und in eine Tiefe, die mir den Atem stocken ließ.

Wie hatte ich mich so weit von allem entfernen können, was mir vertraut war? Und wer würde mich auffangen, wenn ich abstürzte? Musste ich nicht abstürzen? Ich war eine bedeutungslose Chefsekretärin, wie hatte ich mich in die Rolle der erfolgreichen Konditorin hineinlügen können? War es nicht Zeit, dass ich dafür bestraft wurde?

Da saß ich nun ganz oben auf meiner Blume, der Stiel war so dünn und meine einzige Sicherheit, die Aussicht war so herrlich und der Boden so weit entfernt.

Ich strampelte auf meinem Fahrrad, als würde ich verfolgt. Und in gewisser Weise wurde ich es auch: von meinem alten Ich, das sich zugleich so vertraut anfühlte und so feindlich. Ich wollte nicht zurück in mein altes Leben, doch wie konnte ich glauben, dass das möglich war? Wäre ich weniger selig über all das Neue in meinem Leben gewesen, hätte ich in diesem Augenblick keine solche Angst gehabt. Es gab so viel zu verlieren. Wie viel Angst ganz plötzlich in einen einzigen Menschen passte, dachte ich.

»Frau Scheibe!« Diesmal erwischte mich Mazceyzek, als ich mein Fahrrad gerade vor dem Haus abstellen wollte. »Was soll ich denn noch sagen, damit Sie Ihr Fahrrad in den Keller bringen? Niemand kommt hier durch! Das müssen Sie doch verstehen!«

Stumm packte ich mein Fahrrad und schleppte es an ihm vorbei.

»He«, rief er, »passen Sie doch auf!«

Aber ich konnte nicht aufpassen. Ich musste so schnell wie möglich an ihm vorbei. Mir liefen bereits die Tränen über die Wangen und Mazceyzek war der Letzte, der mich weinen sehen sollte. Mit zitternden Fingern schloss ich den Fahrradkeller auf. Einen Moment lang überlegte ich, einfach hier unten zu bleiben. Ich würde mich hinter den Fahrrädern verkriechen und weinen und weinen und schließlich erschöpft einschlafen. Doch dann beruhigte ich mich zumindest ausreichend, um mir die letzten Tränen aus dem Gesicht wischen und die Treppe nach oben steigen zu können. Glücklicherweise bewachte unser schrecklicher Hauswart nicht den Treppenabsatz, sodass ich unbehelligt in meine Wohnung gelangte. Und glücklicherweise war Leonhard nicht zu Hause. Ich ging ich in mein Zimmer, wo ich mich im Bett verkroch.

Irgendwann stand ich auf und aß, ohne viel nachzudenken, eine Tafel Schokolade. Dann rief ich Sonja an, um mir selbst zu beweisen, dass ich nicht nur ein schlechter Mensch war. Sonja war bei einer Vorsorgeuntersuchung gewesen. Allein.

»Du hättest mir Bescheid sagen sollen«, sagte ich. Ich fand selbst, dass ich unglaubwürdig klang.

MOOSKUCHEN

Ich konnte beim besten Willen nicht sagen, dass es mir schlecht ging: Mein Konditor konnte mich offensichtlich leiden, Rainer hatte mich erneut zum Essen eingeladen und versprochen, diesmal alles anders zu machen, und Max hatte mir eine Postkarte in den Briefkasten gesteckt: »Rufst du mich an?«.

Dennoch – trotz all dieser guten Dinge in meinem Leben war mir mulmig. Wie sollte es weitergehen? »Torten nach Maß« hatte neue Aufträge bekommen und ich hatte das Gefühl, eine Entscheidung treffen zu müssen. Wollte ich mich wirklich und mit Haut und Haaren selbstständig machen? Ich würde ein Gewerbe anmelden müssen. Ich würde mich um Werbung kümmern müssen. Ich würde eine Homepage brauchen und mich vermutlich mit dem Gesundheitsamt auseinandersetzen müssen.

Wollte ich das alles? Traute ich mir das zu? Es klingt vermutlich durch und durch lächerlich, aber ich war den ganzen Dienstag über in einer so desolaten Verfassung, dass mich jede Kleinigkeit in Tränen hätte ausbrechen lassen. Es war ein Segen, dass alles so glatt lief.

»Vorher noch ein Mooskuchen für morgen.« Sven hatte zwischendurch mit einem Zettel gewedelt, den Wanda heruntergebracht hatte.

»Wie geht ein Mooskuchen?« Ich hatte die Schultern gehoben. »Hab ich noch nie gehört.«

In Svens Augen hatte Zufriedenheit aufgeblitzt. Wenn man mir am ersten Tag gesagt hätte, dass sich in meinem Konditor ein Lehrer versteckte, hätte ich das für einen geschmacklosen Witz gehalten.

»Traditionelles Rezept aus Thüringen. Simpler Schokoladenkuchen«, hatte er gesagt, während er die Zutaten zurechtgelegt hatte. »Der Clou ist der Guss.«

Wir hatten geschwiegen, während er Mehl, Zucker, Butter und Kakao abgewogen und gemischt hatte. Speziell war bis hierher höchstens die saure Sahne gewesen. Schließlich war der Kuchen gebacken und abgekühlt.

»Eiweiß, Puderzucker, Kokosfett«, hatte Sven aufgezählt. Er hatte aufgebaut, was er für den Guss benötigen würde, hatte geschmolzen, schaumig geschlagen und behutsam untergehoben. Wie ein Magier hatte er den Schokoladenkuchen mit einer weißen Schicht überzogen, die eine Maschine nicht makelloser hätte herstellen können. Dann hatte er ein feines Sieb zur Hand genommen und den ganzen schönen Guss mit Kaffeepulver überpudert. Schweigend hatten wir das Ergebnis betrachtet, dann hatte ich festgestellt: »Braunes Moos.« »Es muss eine sehr dünne Schicht sehr fein gemahlener Kaffee sein«, hatte er erklärt. Zum ersten Mal war ich ein wenig enttäuscht über eins seiner Backergebnisse gewesen, doch gesagt hatte ich nichts.

ECLAIRS

Der nächste Morgen fühlte sich an, als würde ich langsam aus meiner irrational schwarzen Wolke hervortauchen.

Der Mooskuchen hatte bei meiner Ankunft auf der Arbeitsplatte gestanden und im schönsten Grün gestrahlt, das ich jemals gesehen hatte.

»Wie ist das passiert?«, rief ich und Sven lächelte breit. »In Kaffeepulver ist Chlorogensäure enthalten«, erklärte er.

Im Stillen hatte ich Abbitte dafür geleistet, dass ich am Vortag so enttäuscht die Backstube verlassen hatte. Wie hatte ich glauben können, dass mein Konditor mir den braunen Kaffeekuchen als Mooskuchen verkaufen wollte?

»Und die Chlorogensäure reagiert über Nacht mit dem Eiweiß im Guss«, beendete er seine Ausführung. Von Chlorogensäure hatte ich noch nie gehört, aber ich nahm mir vor, die neue Vokabel nicht mehr zu vergessen. Und ich hoffte auf eine baldige Gelegenheit, um diesen Zauberkuchen selber auszuprobieren. Jetzt warteten aber die Aufgaben des Tages: Mittwoch war Eclair-Tag, es fühlte sich an, als hätte der Konditoreirhythmus schon immer meine Woche strukturiert.

Nachdem ich damit fertig war fragte ich Sven, ob ich die rohen Kuchen für den heutigen Abend in seiner Backstube herstellen durfte, nachdem er gegangen sein würde. Er schüttelte den Kopf.

»Nee«, sagte er. »Ich gucke zu. Nach den Blechkuchen.«

Es war ein Glitzern in seinen Augen, das mich lächeln ließ: Ihm machte das alles Spaß!

Während also meine Blechkuchen im Ofen waren, fuhr ich nach Hause und holte die Zutaten. »Verrückt«, war alles, was Sven sagte, als er sie beäugte: Mandeln, Datteln, Cashewkerne, getrocknete Mangos, getrocknete Aprikosen, Kokosraspeln, Kakaopulver, Nussmus, Walnüsse, Agavendicksaft, Avocados, Bananen, Zitronen, Erdbeeren. »Wie ein Rätsel: Was gehört nicht dazu?« Er dachte nach und zeigte dann auf die Avocados. »Keine Kuchenzutat. Oder...« Er griff nach dem Agavendicksaft, stellte ihn aber wieder ab, nachdem er das Etikett gelesen hatte. »Doch. Die Avocados gehören nicht dazu.«

Ich grinste und sortierte die Zutaten nach Kuchen. Ein Kuchen aus Mandeln, Datteln und getrockneten Mangos, einer aus Mandeln, Datteln, Chashewkernen, getrockneten Aprikosen, Zitronen und Erdbeeren, und ein Kuchen aus Kakaopulver, Datteln, Kokosraspeln, Walnüssen, Nussmus, Agavendicksaft, Avocados und Bananen.

Ich hatte so etwas selbst noch nie gemacht, aber ich hatte mich so intensiv damit beschäftigt, dass ich kaum einen Blick in die Rezepte werfen musste. Es entstanden Böden von zweifelhafter Konsistenz und cremige Beläge. Auf den Einsatz der Avocados war Sven besonders neugierig gewesen, doch am meisten faszinierte ihn, welche Konsistenz die mit wenig Wasser pürierten getrockneten Mangos bekamen. »Hah«, machte er und ich war so unsinnig stolz auf die dicke Paste, als hätte ich sie selbst erfunden.

Ich schob die beunruhigende Vorstellung zur Seite, was das Gesundheitsamt wohl sagen würde, wenn ich solche rohen Kuchen irgendwann in meiner Nullachtfünfzehn-Familienküchenmaschine zubereiten wollte. Vermutlich funktionierte das nicht einmal. Das Gesundheitsamt wurde langsam zu einem kleinen Teufelchen auf meiner Schulter, das mir regelmäßig »aussichtslos!« ins Ohr raunte.

Aus Teilen der Teigsorten und Cremes baute ich etwas wie kleine Rohkost-Petits-fours, die ich Sven verkosten ließ. Gespannt beobachtete ich ihn dabei, wie der die Erdbeerkuchenprobe probierte.

»Steht und fällt mit der Reife der Erdbeeren«, stellte er fest und griff nach dem Mangokuchenstückchen. Er zog die Augenbrauen hoch. »Nicht übel«, sagte er und ließ den Geschmack sichtlich nachklingen. Dafür verzog er bei der Schokoprobe das Gesicht. »Zu süß, zu viele Zutaten.« Er fügte hinzu: »Die Leute werden es lieben. So verrückte Asketen, ja?«

Ich zuckte die Schultern. Den Auftraggeber kannte ich nur vom Telefon. »Asketen werden es für Hexerei halten, gesunde Sachen schmecken nicht so.«

Ein Lächeln erhellte sein Gesicht und war verschwunden, ehe ich es festhalten konnte. »Interessant.«

Sven hatte eine unnachahmliche Art, ein Thema abzuschließen und mit einem einzigen Wort »genug herumgespielt, Hintern hoch und weitergearbeitet« zu sagen. Ich straffte den Rücken und räumte die rohen Kuchen in den Kühlraum. Dort konnten sie warten, während wir alles aufräumten.

Wir verabschiedeten uns wie Kollegen, nicht wie Chef und Praktikantin. Auch an diesem Tag steckte in diesem Gefühl ein bisschen Angst davor, dem Glück zu vertrauen. Aber das Glück, das steckte auch darin.

Vor der Konditorei schloss ich mein Fahrrad auf. Ich sah, dass meine Klingel sich gelockert hatte und kopfüber hing. Um wieder klingeln zu können, würde ich die Schraube festziehen müssen. Kurz verkrampfte sich mein Magen, weil ich für Fahrradreparaturen früher immer meinen Vater gebeten hatte. Das war das Einzige, wofür er sich Zeit genommen hatte. Er hatte neben mir gestanden, während ich Schraubenschlüssel und Flickzeug gehandhabt hatte, und ein Teil von mir hätte sich gewünscht, er würde mich so offen verachten wie meine Mutter, das kannte ich und damit konnte ich in gewisser Weise leben. Mein Vater hatte immer etwas Abwesendes an sich gehabt, das mich hoffen ließ, eines Tages seine Zuneigung erringen zu können. Hoffnung kann eine böse Hexe sein.

Ich hatte gewusst, dass Christoph mir untreu war. Schon vor

Fabienne. Aber ich hatte es einfach nicht geschafft, mit jemandem darüber zu reden. Es hatte sich angefühlt, als müsste ich mich von ihm trennen, sobald ich es laut aussprechen würde. Kirsten wusste von nichts, Sonja wusste von nichts. Es war vollkommen abseitig, dass ich schließlich ausgerechnet meinem Vater davon erzählte.

Mein Vater hat in meiner Erinnerung immer nur gearbeitet. Er war Chemiker gewesen und hatte in den ersten Jahren seiner Berufstätigkeit ein spezielles Elektrophoresegerät erfunden. Was Elektrophorese überhaupt bedeutet, die Trennung von Stoffgemischen, habe ich erst Jahre später verstanden. Mein Vater hatte nie Lust gehabt, das Laien zu erklären, auch nicht seiner Tochter. Für dieses Elektrophoresegerät hatte er eine eigene Firma gegründet. Die Firma war erfolgreich genug, dass meine Mutter nie arbeiten musste und ihre gesamte Zeit damit zubringen konnte, von ihrer Tochter enttäuscht zu sein.

Ich sah meinen Vater öfter, nachdem er die Firma in eine Aktiengesellschaft umgewandelt und weitgehend in fremde Hände gegeben hatte. Wenn ich mit Leonhard meine Eltern besuchte, war er meist zu Hause. Ich konnte sein Unglück spüren, weil ich so gut wusste, wie sich Unglück anfühlt. Und obwohl es eine andere Art von Unglück war, dachte ich eines Tages, er könnte verstehen, wie es mir mit Christoph ging. Ich dachte tatsächlich, er könnte der einzige Mensch sein, der das verstand. Doch er sah mich nur an und ich erkannte sofort, dass ich einen Fehler gemacht hatte. Ich glaube, es war so etwas wie Ekel, das in seinem Gesicht gestanden hatte, und er hatte gefragt: »Warum erzählst du mir das?« Ich hatte etwas davon gestottert, dass er schließlich mein Vater sei, doch er war mir ins Wort gefallen und hatte gesagt: »Ich weiß nicht, warum du mir das erzählst.« Daraufhin war er aufgestanden und gegangen.

Wir hatten vorher kein enges Verhältnis gehabt, mein Vater und ich, aber nach meinem Geständnis, dass mein Mann mich mit anderen Frauen betrog, ging mir mein Vater aus dem Weg.

Von Christophs Affären habe ich danach nie wieder jemandem erzählt, bis ich ihn mit Fabienne erwischt habe. Danach habe ich ihn verlassen und dann konnte ich es auch meinen Freundinnen erzählen. Es war nicht ihre Schuld gewesen, dass ich es vorher nicht mit ihnen teilen konnte. Das alles war einzig und allein meine Dummheit gewesen.

Unwillkürlich entfuhr mir ein tiefer Seufzer, als ich mich auf dem Heimweg daran erinnerte. »Hach, hach«, machte ich wie eine alte Frau. Seltsamerweise wurde mir leichter ums Herz, als ich meine Stimme hörte. Das alles war lang her. Lang, lang her.

Rainer hatte mich angerufen und um ein weiteres Treffen gebeten. Am heutigen Tag würde er mich erneut bekochen. »Ich verspreche, ich benehme mich wie ein Mensch, nicht wie ein Autist«, hatte er am Telefon gerufen und ich hatte lachen müssen und zugesagt.

Es ist verrückt – an manchen Tagen steht man länger unzufrieden vor dem Spiegel als an anderen und das Gleiche gilt auch für Menschen: Für manche steht man länger vor dem Spiegel als für andere. Und verblüffenderweise kann es ein gutes Zeichen sein, nicht so lang dort zu stehen. Rainer schien mir so gewogen zu sein, dass es sich anfühlte, als sei es egal, was ich anzog, Hauptsache, ich verbrachte den Abend mit ihm.

Gerade wollte ich Leonhard eine kurze Notiz schreiben, als das Telefon klingelte. Es war Christoph.

»Hey«, sagte er und klang wie früher.

»Christoph«, stellte ich sinnloserweise fest.

»Leonhard erzählt, dass du dich zur Konditorin ausbilden lässt. Das klingt großartig!«

Wir schwiegen beide. Es würde viel Platz in Anspruch nehmen, wenn ich all die Gefühle aufzählen wollte, die in mir herumstrudelten. Alte Kränkung und noch älteres Glück, Distanz und sonderbare Nähe, Trauer und Wut und Bedauern und Freude und vieles mehr. Er war der Mann, den ich vor vielen Jahren geheiratet hatte und der mich sehr glücklich und sehr unglücklich gemacht hatte. Oder hatte ich das ganz allein getan? Hatte ich alles in der Hand gehabt und alles zerstört?

»Ich bin auf dem Sprung zu einer Verabredung«, sagte ich und war froh, dass das Gefühl von Bedauern meine Stimme färbte und nicht das Gefühl von Kränkung oder Wut.

»Oh«, machte Christoph und ich unterdrückte ein Gefühl von Ärger, weil er so verwundert klang. »Wir werden uns nächste Woche sehen, oder?« Ich brauchte einen Moment, um zu begreifen. Leonhards Abiturfeier. »Ich wollte dir nur sagen, dass Fabienne nicht mitkommt.«

»Ah«, machte ich. Es wäre gelogen, wenn ich behauptete, es wäre mir egal gewesen.

»Ich dachte, du solltest das wissen«, fügte er hinzu. »Es ist schließlich unser Sohn, deiner und meiner.«

Wir schwiegen erneut. Dann antwortete ich: »Ich muss los. Danke für deinen Anruf.«

»Gut«, sagte Christoph.

»Wir sehen uns nächste Woche.«

»Ja.« Christoph klang, als wollte er noch etwas sagen.

»Bis dann.« Ich legte auf.

Es gibt Menschen, die auch nach einer Trennung ein freundschaftliches Verhältnis haben. Bei Christoph und mir war vielleicht noch nicht genug Zeit vergangen. Vielleicht hatten wir aber das freundschaftliche Verhältnis schon zu lang vor unserer Trennung verloren. Uns war nur dieses Gerippe geblieben und das würde uns zu Leonhards Abiturfeier begleiten. Mir grauste ein wenig davor.

Ich atmete tief durch und schrieb Leonhard den Zettel, den ich vor dem Telefonat begonnen hatte. Dann fuhr ich zu Rainer und merkte, dass mich Kilometer um Kilometer mehr traurige Gedanken verließen. Während ich bei ihm klingelte, dachte ich kurz an sein Hasenkostüm und war froh, dass ich mich nicht hatte abschrecken lassen.

»Ich hab diesmal den Reis für Sushi schon vorbereitet«, sagte Rainer, als ich mich auf einen der hohen Küchenhocker gesetzt hatte. Er lachte auf, als er mein erschrockenes Gesicht sah. »Entschuldigung«, er wirkte nur ein wenig schuldbewusst, »ich verspreche, dass das der letzte schlechte Witz war.« Er hob ein paar Finger zum Schwur und ich kniff misstrauisch die Augen zusammen. »Du musst heute gar nichts machen, nur essen. Du musst nichts schnippeln und nichts rollen, du musst nur essen. Gekocht habe ich schon, du musst mir also nicht einmal beim Kochen zusehen. Nur beim Essen.« Er legte leicht seine Hand auf meine. Endgültig legte sich mein Misstrauen allerdings erst, als er einen Teller Rote-Bete-Carpaccio mit Ziegenkäse vor mir hinstellte.

Danach gab es einen Salat, dessen Zutaten so vielfältig waren, dass Rainer kaum zum Essen kam, während er mir alle Blattsorten benannte. Verblüfft blickte er auf meinen leeren Teller. »Ich mach es schon wieder, was?«

Ich verstand nicht sofort, was er meinte.

»Ich quatsch dich mit Essensdetails voll.«

Wir hatten gar nicht darüber gesprochen, was an unserem ersten Abend aus meiner Sicht verbesserungswürdig gewesen war. Ich staunte, weil er es auch ohne meine Erklärungen erkannt hatte. Es fühlte sich an, als würde mein Gesicht ganz ohne meinen Befehl lächeln. Einfach, weil er so aufmerksam war.

Für den Hauptgang löste er das Rätsel, wonach es so gut gerochen hatte, seit ich seine Wohnung betreten hatte: Er zog einen raffinierten Fischauflauf mit Spinat aus dem Ofen. Während wir aßen, fragte er mich nach meiner Vergangenheit, nach meiner Chefsekretärinnenstelle und der Konditorei, er erzählte erstaunlich kurzweilig von seiner Tätigkeit als Tiefbauingenieur und schließlich von seiner erwachsenen Tochter, die bei ihrer Mutter in Irland lebte. Ich mochte, dass er sich nicht als tragischer Vater inszenierte, der jede Nacht um seine Tochter weinte. Stattdessen spürte ich hinter seinen ernsten Sätzen Schmerz und Bedauern, das mich tiefer rührte, als wenn er es ausgesprochen hätte.

»Ich habe mir lang eingebildet, dass es nicht auf räumliche Nähe ankommt, aber ich habe mich geirrt«, sagte er. »Es kommt eben doch darauf an.« Er schüttelte die melancholische Stimmung ab und fragte mich nach Leonhard, während er die Creme bruleé aus dem Kühlschrank nahm. »Oh«, unterbrach er mich und sah plötzlich sehr unglücklich aus. »Ich muss meinen Schwur brechen! Wir müssen entweder die Creme einfach so essen oder du musst mir dabei zusehen, wie ich sie karamellisiere!« Er sah mich ernsthaft besorgt an und ich musste lachen.

»Ich habe noch nie gesehen, wie jemand Creme karamellisiert hat«, entschied ich mich für den Bruch des Schwurs. Nachdem er vier Portionen mit einer Karamellschicht versehen hatte, kam er auf seine Frage zu Leonhard zurück.

Ich kann es nicht anders sagen: Rainer war nicht nur ein guter Gastgeber, er war auch ein perfekter Zuhörer und erzählte unterhaltsam. Ich verbrachte den Abend mit einem Mann, wie ich ihn mir ausgedacht hätte, hätte er nicht vor mir gesessen.

Tja und dann. Irgendwann küssten wir uns. Er fühlte sich fremder an, als wenn er sprach und zuhörte. Aber ich war auch ungeheuer aus der Übung. Wann hatte ich das letzte Mal einen Mann geküsst, der nicht Christoph war? Wann hatte ich das letzte Mal überhaupt einen Mann geküsst? Ich dachte an Max und war für einen Augenblick quälend abgelenkt. Max und der Arbeiterstrand. Christophs sonderbar sinnloser Anruf. Dies alles zog durch meinen Kopf, während wir uns langsam aus der Küche bewegten. Nur Rainer wusste, wo das Schlafzimmer lag. Dorthin dirigierte er mich und schließlich lag ich ausgezogen auf seinem Bett, während er im Badezimmer verschwand.

Und dann kam er aus dem Badezimmer. Er hatte sich dort umgezogen. Es hilft nichts, drum herumzureden: Er trug einen Ganzkörperhasenanzug, der in der Mitte eine Aussparung hatte, eine Aussparung für Rainers erigiertes Glied. Ja, man könnte sicherlich in einer solchen Situation entspannt sein oder abenteuerlustig oder experimentierfreudig, das kann schon sein. Ich war leider nichts davon, ich war nur entgeistert. Sprachlos und entgeistert. Das Zimmer war ein wenig abgedunkelt, sodass er meinen Gesichtsausdruck offenbar nicht klar erkennen konnte, sonst wäre er nicht mit diesem leisen Brummen auf mich zugekommen, das vermutlich erotische Anziehung ausdrücken sollte. Erotische Anziehung eines gigantischen Hasen.

Ich rappelte mich in eine sitzende Position, aus der ich aufspringen und zur Tür eilen konnte. Unterwegs fischte ich hektisch nach meinen Kleidungsstücken. Auf dem Weg zur Wohnungstür zog ich mir eher schlecht als recht alles über, ich würde es im Hausflur zurechtrücken.

Als ich aus dem Haus und zu meinem Fahrrad stolperte, war es warm und immer noch nicht ganz dunkel. Ich glühte vor Scham und hätte mir zumindest Fahrtwind gewünscht, um mich ein wenig zu kühlen. Doch je weiter ich mich von Rainers Wohnung entfernte, desto ruhiger wurde ich, und zu Hause angekommen fühlte sich auch mein Gesicht nicht mehr so heiß an. In der Dunkelheit des Fahrradkellers setzte ich mich mit dem Rücken gegen die Wand auf den Boden. Ich musste allein sein und wusste nicht, ob Leonhard oben in unserer Wohnung war.

Die Gedanken und Gefühle in mir hatten sich noch immer nicht vollständig sortiert. War es richtig gewesen, zu flüchten? Hätte ich bleiben können? Hatte ich derart heftig reagieren müssen? War ich vielleicht naiv gewesen, das Hasenfoto in Rainers Profil für ein simples Faschingskostüm zu halten? Immer wieder atmete ich tief ein, als würde der Sauerstoff nicht ausreichen. Alles an Rainer schien so perfekt zu sein, musste mich ein Kostüm wirklich so aus der Bahn werfen? Mein Kopf fing ganz von selbst an zu nicken. Ich fand mich spießig, kleinkariert und dumm, aber das änderte nichts. Irgendwann atmete ich ein letztes Mal tief ein und stand auf. Ich klopfte mir den Staub von der Hose und stieg niedergeschlagen die Treppe hinauf.

Leonhard lag im Bett und sah sich eine Serie auf seinem Laptop an. Sein »Hallo Mama« klang sehr nach »mach die Tür hinter dir zu, wenn du gehst« und das tat ich auch. Gern hätte ich Kirsten angerufen, aber ich wusste einfach nicht, was für eine Reaktion mir jetzt geholfen hätte. Schließlich ging ich ins Bett. Mir fiel ein, dass ich Max nicht angerufen hatte. Jetzt würde ich das sicherlich nicht tun. Auf ein Buch konnte ich mich nicht konzentrieren, also lag ich im Dunkeln im Bett und sinnlose Gedanken zogen durch meinen Kopf. Wäre ein brauchbarer dabei gewesen, hätte ich ihn festgehalten, so aber sah ich sie kommen und gehen und wartete erfolglos auf Schlaf.

SCHMETTERLINGE AUS MARZIPAN

Die Konditorei war mein Zufluchtsort, hier konnte ich das ganze Chaos hinter mir lassen, das gerade in meinem Leben herrschte.

Ich warf einen Blick auf Sven, dessen Arbeitsfläche rechtwinklig zu meiner angebracht war. Ich erinnerte mich, dass ich ihn vor nicht einmal drei Wochen als feindselig empfunden hatte. Nichts war davon geblieben. Mit den Augen folgte ich der Linie seines glatten Kopfes. Er wirkte so robust, als könnte ihn nichts umwerfen. Einen kurzen Moment hätte ich ihm gern in den Nacken gegriffen und runzelte die Stirn über mich: Konnte ich wirklich noch mehr Durcheinander gebrauchen?

Rainer hatte sich nach meiner Flucht nicht bei mir gemeldet und ich mich umgekehrt auch nicht bei ihm. Max hatte altmodisch und romantisch zugleich eine neue Postkarte eingeworfen, ich hatte am Wochenende gleich drei Aufträge und Christoph hatte erneut angerufen. Was ich anziehen würde, ob er im Anzug kommen solle oder das Leonhard peinlich sein würde. Ach ja, und der Minigolfplatzmann würde morgen wie jeden Samstag wieder am Insulaner auf mich warten, das hatte ich in meinem Doublecheck-Postfach gelesen. Dort hatte ich noch weitere Mail gefunden. Gern hätte ich Kirsten angerufen und ihr ein paar davon vorgelesen, aber ich hatte Angst, sie könnte mich nach Rainer fragen.

»Haben Sie neue Aufträge?«, fragte Sven, nachdem wir eine ganze Zeit einträchtig und schweigend gearbeitet hatten.

»Ja«, bestätigte ich und stellte ihm mein Lieblingsprojekt vor: »Ich muss einen Kuchen backen, der wie eine Kuppel über einem Hohlraum geformt ist. In dem Hohlraum möchte mein

Kunde eine Playmobilprinzessin verstecken. Und außen sollen in die Kuppel Cake-Pops gespießt werden.«

Sven dachte kurz nach und schüttelte dann den Kopf. »Die Cake-Pops kann er vergessen«, sagte er. »Zu schwer. Und ob das mit dem Hohlraum funktioniert ...« Er ließ den Rest des Satzes in der Luft hängen. Die Idee mit dem Hohlraum war meine Idee gewesen und seine Einschätzung kränkte mich.

»Ich glaube schon, dass das geht«, sagte ich mit mehr Überzeugung in der Stimme, als ich spürte. »Zumindest das mit dem Hohlraum.«

Sven machte ein Geräusch, das alles heißen konnte zwischen »Sie werden noch an mich denken« und »ich bin gespannt«. Ich grübelte immer noch sinnlos vor mich hin, als Sven zu mir trat und kurz seine Hand auf meinen Rücken legte. »Sie werden eine Lösung finden«, sagte er mit Nachdruck und ich war ihm dankbar, dass er meiner Sorge die Spitze nahm – selbst wenn er diese Sorge überhaupt erst befeuert hatte. Dann wechselte er das Thema.

»Die Fondant-Dekoration machen Sie«, sagte Sven und nickte in Richtung der Mischung, die er vorbereitet hatte. Er hatte soeben die Hochzeitstorte für den morgigen Tag fertiggestellt, nur die Dekoration fehlte noch.

»Meine erste Hochzeitstorte«, ich hörte selbst, dass ich andächtig klang.

Sven lächelte. »Ihre erste Hochzeitstorte«, bestätigte er und ich war sicher, dass ihm bewusst war, was für ein Ritterschlag das war.

»Es wird dauern«, stellte ich fest, allerdings ausreichend beiläufig, um ihn nicht auf die Idee zu bringen, mir die Aufgabe wieder zu entziehen.

»Dann dauert es«, sagte er nur. Er sah aus, als wollte er noch etwas sagen, aber er lächelte nur und ging zum Kühlraum.

So bastelte ich also Blüte um Blüte, arrangierte sie, arrangierte sie neu, formte Bienen und Schmetterlinge und vergaß völlig die Zeit. Zwischendurch hielt ich inne und spürte das Glück, das meinen ganzen Körper erfüllte.

Irgendwann hatte ich genug hin und her arrangiert. Sven stützte sich neben mir auf den Arbeitstisch. Aus dem Augenwinkel bemerkte ich, dass er mich ansah. Es lag eine Spannung in der Luft, die mich an jeder Bewegung hinderte. Eine Spannung, die sich den ganzen Vormittag über angepirscht hatte.

Ich spürte seine Finger in meinem Haar und schloss die Augen. Er spielte mit einer Haarsträhne, unendlich lang, wie mir schien, dann hielten seine Fingerspitzen inne. Langsam und zart strich er mir Haare hinter das rechte Ohr. Immer noch hielt ich die Augen geschlossen. Es war, als bräuchte ich all meine Konzentration allein zum Fühlen. Es fiel mir schwer zu atmen. Sanft wanderten seine Fingerspitzen in meinen Nacken und griffen mir dort ins Haar. Schlaglichtartig erinnerte ich mich daran, wie es mich immer faszinierte, wenn seine großen Hände winzige Marzipanschmetterlinge formten. Auch in diesem Moment war es das, was mich fesselte – die Kraft in seinen Händen, die er zurückhielt, um mich sanft zu berühren.

»Sieh mich an«, sagte er leise und mit rauer Stimme und ich drehte langsam den Kopf. Zitternd atmete ich ein und wieder aus. Immer noch hielt seine Linke mein Haar gepackt. Nun griff er mit der rechten Hand an meine Wange und beugte sich zu mir. Obwohl ich spürte, dass er sich beherrschte, war sein Kuss nicht sanft, sondern fest und voll kaum verdeckter Gier. Seine linke Hand glitt von meinem Hinterkopf bis hinunter zu meinem Rücken. Sven trat einen Schritt auf mich zu und zog mich gleichzeitig mit der Linken näher heran. Wieder küsste er mich, oder war es immer noch? Ich befand mich in einem Zustand, der maximal angespannt und ganz weich und haltlos zugleich war, sodass ich wohl zusammengebrochen wäre, hätte er mich nicht festgehalten. So stark war das Gefühl, das meinen Körper ebenso wie meinen Geist anfüllte, dass mir zwei Tränen aus den Augenwinkeln liefen. Es war, als würde dort alle Intensität überlaufen, die keinen Platz mehr in mir hatte. Dann überrollte eine namenlose Welle uns beide. Ich griff ihm in den Nacken. Gut fühlte es sich an, seltsam erwachsen und sehr erregend. Sven strich mir rastlos über den Kopf und meine Seiten hinab, dann packte er mich und hob mich auf die Arbeitsplatte. Wir schälten uns aus Teilen unserer Kleidung und ich hörte, wie sein Atem einen Augenblick stockte, als ich meine Hände so unter sein Shirt schob, dass ihn meine nackten Unterarme in voller Länge berührten. Plötzlich rückte er ein Stück von mir ab und lächelte scheu. Er atmete tief durch, während er mir eine Hand an die Wange legte, dann wurde sein Lächeln wärmer. Er zog die Schultern hoch, seine Lippen kräuselten sich und er packte mein Gesicht mit beiden Händen. »Du!«, sagte er nur. Es war das erste Mal, dass er Du sagte, und es schwang alles mit, was ich mir wünschen konnte. »Du bist so...«, Wieder küsste er mich und ich konnte schmecken, was er sagen wollte. Etwas wallte in mir auf und ich hätte gelacht vor lauter Glück, wenn wir uns nicht gerade geküsst hätten. Auch an ihm spürte ich etwas, was wie unterdrücktes Lachen war, dann schlug unsere Stimmung in eine große Ernsthaftigkeit um. Sanft berührte er meine Brüste unter meinem Oberteil und ich schlüpfte in einer fließenden Bewegung heraus. Ich glaube, wir hielten beide den Atem an, dann schlüpfte auch er aus seinem weißen Shirt und ein tiefer Ton entfuhr ihm, als er sich nun an mich drängte. Mit einer Hand hielt er meinen Rücken, mit einer nestelte er an seiner Hose. Kurz stockte er, als er sie geöffnet hatte, doch ich half mit einer Hand nach und sie rutschte nach unten. Ich schob mich an den Rand der Arbeitsplatte, damit er leichter in mich eindringen konnte. Ein verrückter Strudel riss uns beide mit. Ich gab einen kehligen Laut von mir, als er in mich stieß, einen Laut voller Lust, und seine tiefen Töne erregten mich nur noch mehr. »Nein«, keuchte er nach viel zu kurzer Zeit und zog sich aus mir zurück. Wir atmeten beide schwer. Wir küssten uns erneut, er drang doch wieder in mich ein, stieß voller Intensität und Leidenschaft und zog sich zurück. »Ich schaffe es nicht länger«, raunte er und lachte leise und ein wenig verzweifelt. »Es tut mir leid!« Ich antwortete nicht, sondern zog ihn nur wieder zu mir und in mich hinein, bis ich spürte, dass sich sein Rhythmus wieder beschleunigte, er plötzlich lauter wurde und sein hartes Glied ruckartig aus mir zog und gegen meinen Schenkel presste. Ich spürte seinen Orgasmus, sein Zucken und seinen Saft an meinem Bein hinablaufen. Seine Stirn lehnte erschöpft an meiner, auch, wie mir schien, um mir nicht ins Gesicht sehen zu müssen. Ich nahm seinen Kopf, legte seine Wange an meine und spürte, dass sich seine plötzlich aufgekommene Anspannung legte. »Nina«, flüsterte er.

Ich hätte nicht sagen können, woher das kam, aber plötzlich wollte ich nur noch weg. Wie um ein scheues Tier nicht zu verschrecken, tastete ich nach meinem Oberteil und schlüpfte hinein. Irgendetwas war, das spürte ich. Ich wollte nicht wissen, was es war. Ich wollte nicht, dass Sven etwas sagte, was zu diesem sonderbaren Gefühl passte. Ich gab ihm einen schnellen, festen Kuss auf die heiße Wange, rutschte von der Arbeitsplatte und eilte, ohne mich umzusehen, nach oben. Noch ehe ich die oberste Stufe erreicht hatte, war mein Gesicht nass von stummen Tränen. Er rief mir nicht hinterher, aber das hatte ich auch nicht erwartet. Mit einer hilflosen und wütenden Bewegung wischte ich mir über mein klebriges Bein. Es trocknete erst, als ich mit dem Fahrrad nach Hause fuhr, als wären Furien hinter mir her.

Hätte ich mir den schlechtesten Zeitpunkt für einen Besuch von Max aussuchen müssen, ich hätte diesen genommen.

Max saß auf dem Absatz unseres Hauseingangs, noch nicht verscheucht von Maczeyzek, und sah so hinreißend aus wie immer. Ich war derangiert, mein Gesicht war verheult, und da saß Max. Mir war gleich wieder nach Heulen zumute.

»Max«, sagte ich kläglich. Er stand auf. Als er mich in den Arm nehmen wollte, wich ich zurück. Der verletzte Ausdruck in seinem Gesicht schmerzte auch mich.

»Was ist passiert? Ist was passiert?«, fragte er und ich log und schüttelte den Kopf.

»Max«, sagte ich wieder hilflos und alle Sätze, die mir durch den Kopf schossen, klangen abgedroschen. »Es geht nicht«, sagte ich, spreizte die Arme ab und ließ sie wieder fallen wie ein mutloser Vogel. Ich suchte nach Worten. »Ich kann nicht mit dir zusammen sein«, sagte ich und schüttelte den Kopf. Das war so schwammig, so ungenügend.

Aus irgendeinem Grund spürt man, ob jemand etwas ernst meint. Es ist etwas im Gesichtsausdruck oder in der Stimme oder es liegt in der Luft und lässt sich nicht benennen. Ich sah Max an, dass er genau wusste, worum es ging und wie ernst es mir war. Natürlich gab es Sven, aber auch ohne ihn hätte ich diese Entscheidung treffen müssen.

Max atmete tief durch. »Ich kann's nicht verstehen«, sagte er und fügte hinzu: »Ich will's auch nicht verstehen. Ich will, dass du es dir anders überlegst.«

Er hätte es mir leichter gemacht, wenn er wütend geworden wäre oder überheblich. Mir drängte sich auf, was ich in seiner Haut gedacht hätte: »Was fällt der alten Schachtel ein? Denkt sie etwa, sie hat noch die freie Wahl?« Spätestens in diesem Moment war ich sicher, richtig zu handeln. Richtig für mich. Ich würde niemals außerhalb der spießigen Vorstellung denken, dass ich Glück hatte, den jungen, hübschen Max abbekommen zu haben, und er ein Idiot wäre, sich nichts Knackiges zu suchen. Gleichzeitig würde ich bei jeder meiner Erinnerungen denken, dass Max damals noch in den Kindergarten gegangen war und keine Ahnung hatte. Ich würde uns nie eine Chance lassen.

Ich bin so engstirnig«, sagte ich und hörte sowohl Verzweiflung als auch Resignation in meiner Stimme. »Ich wünschte, ich wäre es nicht.«

Ich weiß nicht, ob er mich verstand, aber er ließ mich vorbei. Kurz nahm ich sein Gesicht in beide Hände, dann eilte ich vorbei und sah mich nicht mehr um.

Sinnlos räumte ich in der Wohnung herum, als das Telefon klingelte. Mein erster Gedanke war: Das ist Rainer! Mein zweiter: Das ist Kirsten! Doch das Display zeigte Sonjas Nummer. Ihre Stimme klang dünn und alarmierend.

»Ich blute«, sagte sie und wiederholte noch mal: »Ich blute!«

Obwohl ich sicher war, die Antwort zu kennen, fragte ich nach: »Hast du Blutungen? In der wievielten Woche bist du jetzt?«

»In der sechzehnten.« Sonjas Stimme war leise und Panik schwang mit.

»Du musst einen Krankenwagen rufen«, stellte ich fest.

»Nein«, jetzt weinte sie. »Bitte komm!«

Ich wiederholte meinen Rat, aber Sonja weinte nur leise ein einziges Wort in den Hörer: »Bitte!«

Mit einem mehr als mulmigen Gefühl fuhr ich so schnell wie gerade noch erlaubt nach Mitte. Der Schreck fuhr mir in die Glieder, als sie die Tür öffnete. Sonja war so bleich, als hätte sie nicht nur viel, sondern alles Blut verloren. Sie schwankte und ich wog rasch die Möglichkeiten ab: Würde ich sie in die Wohnung bringen, könnte ich sie vielleicht davon überzeugen, einen Krankenwagen zu rufen. Wenn mir das aber nicht gelang, würden wir nur Zeit verlieren.

»Komm«, sagte ich daher behutsam, »mein Wagen steht vor der Tür.«

Sonja drohte mir schon im Hausflur, nicht ins Auto zu steigen, wenn ich kein Badetuch unterlegte. »Links unten im Schrank«, wies sie mich an, »die gestreiften sind Badetücher und dicker.«

Während sie an das Geländer geklammert die Treppe hinabstieg, eilte ich zurück und holte die Badetücher. Ich war froh, dass direkt vor der Tür ein Parkplatz frei gewesen war. Sonja sah aus, als wäre sie einem Horrorfilm entsprungen: Überall war Blut und die rote Farbe ihres langen Kleides konnte nur verschleiern, wie viel sie verloren hatte. Das Blut an ihren Händen war so weit getrocknet, dass sie am Treppengeländer keine Spuren hinterlassen hatte.

Der Pförtner am Eingang zum Gelände des Virchow-Klinikums lamentierte laut und übellaunig, als er das Blut an Sonja sah, und öffnete uns die Schranke. Vor der Frauenklinik stellte sich immerhin heraus, dass er die Ambulanz angerufen hatte, denn ein Team mit einer Liege auf Rollen erwartete uns bereits.

»Hier können Sie nicht stehenbleiben!« Ein Krankenpfleger hielt mich auf, als ich dem Team mit Sonja auf der Liege folgen wollte. Es blieb mir also nichts anderes übrig, als mein Auto umzuparken und mich danach auf die Suche nach ihr zu machen. Ich fand Sonja in einem Behandlungsraum. Man hatte sie gewaschen und ihr eins dieser OP-Hemden angezogen, die hinten am Hals zugebunden werden.

»Nina!« Dass mich Sonja erkannte, bewahrte mich davor, von der Krankenschwester aus dem Raum geworfen zu werden.

»Sind Sie eine Verwandte?« Ich schüttelte den Kopf. »Eine Freundin.«

Sonja winkte mich mit einer schwachen Bewegung zu sich. Sie griff meine Hand, als ich an die Untersuchungsliege trat. »Sie sagt, es ist noch mal gut gegangen«, sagte sie mit ängstlichem Blick auf die Ärztin. Die bediente ein Ultraschallgerät und hatte nur Augen für den Monitor.

»Wir werden Sie hierbehalten«, sagte die schwarzhaarige Ärztin. Trotz ihres schmalen Gesichts und des unter dem Kittel zerbrechlich wirkenden Körpers strahlte sie eine große Resolutheit aus.

Sie wandte sich an mich. »Begleiten Sie Ihre Freundin nach oben?« Das war keine Frage, sondern eine Anweisung. Ich nickte. »Wir behalten sie übers Wochenende hier und entscheiden am Montag, wie es weitergeht. Sie braucht eine Zahnbürste. Den Rest bekommt sie von uns.« Auch das war eine Anweisung und ich nickte wieder. Kurz darauf kam eine Schwesternschülerin mit dem Bett und mit einem großen Aufzug fuhren wir Sonja auf die Station.

Nachdem ich den Weg ein zweites Mal gemacht und Sonja

neben ihrer Zahnbürste auch ein Buch, ihr Handy und alles für ihre Kontaktlinsen gebracht hatte, ging ich mit mulmigem Gefühl auf der Chirurgie vorbei. Es gab keinen echten Grund, das zu tun, doch möglicherweise leitete mich ein Instinkt.

»Nina!« Barbara aus der Physioabteilung, die auch regelmäßig in der Chirurgie zu tun hatte, starrte mich an wie einen Geist, als wir uns auf dem Gang begegneten. Ich fühlte mich wie in einem schlechten Film, als sie sich hektisch umsah und mich dann in einen Umkleideraum zog. In der Enge des kleinen Zimmers erzählte sie mir im Schnelldurchlauf, was in den letzten Tagen passiert war. »Und jetzt wollen sie dich rausschmeißen und Natascha deine Stelle geben«, schloss sie ihren Bericht. Barbara wirkte immer etwas zerzaust, in diesem Moment aber passte ihr Aussehen zur Situation.

»Sie können mich nicht rauswerfen.« Ich stellte nicht infrage, dass Barbara über zutreffende Informationen verfügte. Ich weiß nicht, ob das in allen Krankenhäusern der Fall ist, aber bei uns hatte ein Geheimnis keine Chance.

»Da wäre ich mir nicht so sicher«, entgegnete Barbara. »Der Wolff«, sie zog vielsagend die Augenbrauen hoch und ich verstand. Ich war keine drei Wochen weg und schon warf er mich den Hyänen zum Fraß vor. Ich nahm an, der böse Oberarzt steckte dahinter, vielleicht auch Natascha. Kurz schwiegen wir beide. Barbara tätschelte meine Hand, dann stand ich auf und seufzte laut.

»Danke«, sagte ich.

»Ich glaube nicht, dass es schon zu spät ist«, antwortete Barbara.

Dieser Satz pochte in meinem Kopf, als ich zu meinem Auto ging. Keine Ahnung, wie ich nach Hause kam. Gedanken taumelten durch meinen Kopf und der Autopilot lenkte.

Vermutlich hätte ich die Geschichte auch einem Meinungsforscher erzählt, wenn einer am Telefon gewesen wäre. Ich will damit sagen, dass es nichts mit Christoph zu tun hatte, dass ich es ihm erzählte, als er anrief. Er meldete sich und alles brach aus mir heraus: wie spontan ich dieses Praktikum angetreten hatte, wie wundersam ich vier Wochen unbezahlten Urlaub bekommen hatte, wie glücklich ich in der Backstube war und wie mich mein Chef im Krankenhaus hintergangen hatte. Von Sven erzählte ich ihm nichts, das passte glücklicherweise nicht in den Zusammenhang. Schon die gesamte Sache ging Christoph nichts an, aber Sven ging ihn eindeutig noch viel weniger an.

Christoph schwieg. Ich wollte mich gerade entschuldigen und nach dem Grund seines Anrufs erkundigen, als er fragte: »Geht's um Geld?« Während ich entgeistert nach Worten suchte, strafte er meine Gedanken Lügen: »Ich kann dir für Leonhard mehr zahlen«, sagte er.

Ich lachte auf. Was einem das Leben doch manchmal für unerwartete Wendungen bescherte! »Nein«, sagte ich dann und schwieg kurz. »Es geht nicht um Geld. Glaube ich«, schob ich hinterher.

»Bist du gekränkt?«

Da saß ich mit dem Hörer in der Hand auf dem roten Sofa, das ich nach unserer Trennung gekauft hatte und mit dem Christoph niemals unter einem Dach leben würde, und er sagte in einem einzigen Telefonat mehr richtige Dinge als in mindestens zehn Jahren zuvor.

»Fürchterlich«, bestätigte ich schließlich. Ich hörte, wie er am anderen Ende schnaubte. »Und ich habe Angst.«

»Wovor?«, fragte Christoph.

Ich überlegte. Hatte ich Angst, meinen Job zu verlieren? Hatte ich Angst, die falsche Entscheidung zu treffen? »Sie nimmt keine weitere Portion«, meine Erinnerung brachte ein Sonntagessen bei einer Bekannten meiner Mutter zurück. Ich hatte ihr gerade meinen Teller gereicht, damit sie mir mehr geben konnte, aber meine Mutter hatte bestimmt, dass sie das nicht tun würde. Ich muss ungefähr zwölf gewesen sein und danach hatte ich in Gegenwart meiner Mutter keine eigene Entscheidung mehr getroffen. Ich gewöhnte mich so sehr daran, dass ich auch ohne meine Mutter kaum noch Entscheidungen treffen konnte – die Angst, etwas falsch zu machen und bloßgestellt zu werden, saß tief.

Keine Ahnung, wann das besser geworden war. Nicht nach meiner Heirat, leider nicht. Ich nehme an, dass die Arbeit im Krankenhaus mir geholfen hatte, auf eigenen Füßen zu stehen. Dort hatte man von Anfang an so viele Entscheidungen von mir verlangt! Doch am heutigen Tag fühlte ich mich wie früher. Ich schüttelte den Kopf, ganz in Gedanken, während Christoph schwieg. Ich war ihm dankbar dafür, dass er mir keine unsinnigen Ratschläge gab.

»Du wirst es schon richtig machen«, sagte er schließlich.

»Weswegen hast du angerufen?«, fragte ich.

»Ich wollte über das Abiturgeschenk sprechen«, erklärte Christoph.

Er wollte ihm ein Auto schenken, das hatte er mir vor Monaten mitgeteilt. Es war eins dieser unbehaglichen Telefonate gewesen, bei dem wir Sachfragen besprochen hatten. Wir waren noch nicht lang geschieden und es gab immer noch massenhaft Schriftkram zu erledigen, Versicherungen, Altersvorsorge, weiß der Geier. Wir hatten uns kurz, aber heftig gestritten, als ich gefragt hatte, was nach Leonhards Schulabschluss mit der Ausbildungsversicherung geschehen würde. Christoph hatte steif geantwortet, dass er beabsichtigte, Leonhard zum Abitur den Führerschein und ein Auto zu schenken. Später wurde mir klar, dass das nichts mit der Ausbildungsversicherung zu tun haben konnte, aber in diesem Augenblick hatte ich einfach nur die Nerven verloren. Es hatte sich in meinen Ohren angehört, als wollte er mich die Ausbildung bezahlen lassen, während er mit einem monströsen Geschenk glänzen würde.

Ich staunte, dass Christoph nach diesem Telefonat tatsächlich ein weiteres Mal das unerfreuliche Thema anschnitt.

»Also?«, fragte ich defensiv.

»Du hast recht, dachte ich mir, ein Führerschein genügt. Aber ich habe jetzt das Geld«, er suchte nach Worten, »übrig. Also, das Geld ist jetzt da.« Er schwieg.

»Ja?«, fragte ich vorsichtig.

»Also, es ist da«, wiederholte er, »wenn dir also etwas Besseres für Leonhard einfällt, er ist schließlich mein Sohn...« Er betonte den Satz so merkwürdig und ich dachte, es habe mit seinem neuen Kind zu tun, mit seinem künftigen.

Nachdem ich aufgelegt hatte, war ich ruhiger als zuvor. Ich stellte verblüfft fest, dass sich mein Verhältnis zu Christoph verändert hatte. Es war verrückt, aber es fühlte sich an, als stünden all meine Torten hinter mir, um mir den Rücken zu stärken. Gut fühlte sich das an.

Vielleicht war es Unsinn, zu glauben, dass es um eine Entscheidung ging. Ich hatte doch die ganze Zeit damit gerechnet, wieder ins Krankenhaus zurückkehren zu müssen. Schließlich hatte ich bewusst nicht gekündigt. Nun also würde ich eine Woche früher zurückkehren und verhindern, dass man mich rauswarf.

Ein Teil von mir glaubte das. Ein Teil von mir aber hatte wie ein Kind im Märchen geglaubt, dass dieses Praktikum niemals enden würde. Dass mich Sven nach vier Wochen fragen würde, ob ich bleiben wollte. Dass er mir eine Ausbildung anbieten würde und genug Geld, damit ich Leonhard und mich finanzieren könnte. Ich schüttelte den Kopf, um den Unsinn loszuwerden, doch es gelang mir nicht. Wir hatten Sex gehabt. Ich wurde rot bei dem Gedanken. Wir waren ein gutes Team, korrigierte ich mich. Morgen würde ich zu ihm gehen und ihn fragen, ob er mich als Lehrling nehmen würde.

BITTERSCHOKOLADE

Mein erster Gedanke am nächsten Morgen galt meinem Besuch bei Sven, mein zweiter Sonja.

»Hallo?«, Sonjas Stimme klang zaghaft.

»Ich bin's, Nina«, meldete ich mich.

»Ach, hallo!«

Einen Augenblick wallte Ärger in mir auf, weil sie so enttäuscht klang. Ich brauchte nicht zu fragen, ich wusste auch so, dass sie auf Jans Anruf wartete, auf Jans Anruf und sonst nichts. Stattdessen fragte ich, wie es ihr ging. Ganz gut ging es ihr. Jan hatte den Anrufbeantworter noch nicht abgehört, deswegen hatte er sie noch nicht besucht. Er war sicher schon in Sorge. Ich rollte die Augen.

»Weißt du schon, ob du am Montag wieder entlassen wirst?«

Sie verneinte. Ich versprach, wieder anzurufen. Danach machte ich mich auf den Weg zum Rüdesheimer Platz. Die Sonne schien und ich trug mein leichtes Blumenkleid, es flatterte um meine Beine.

Die Konditorei war bereits geöffnet und ich sah Wanda durch das Schaufenster, als ich zur Hintertür ging. Sie bediente gerade und sah mich nicht. Dann stand ich vor der alten Holztür und atmete tief durch. Mir war sehr unbehaglich zumute wegen meiner Flucht am Tag zuvor, aber auch wegen seines Gesichtsausdrucks, seines schockierten. Trotzdem musste ich fragen, ob er mich als Lehrling haben wollte. Seine Antwort stand zwischen mir und dem Krankenhaus.

Ich hatte mich sammeln und dann wie am ersten Tag gegen die Fenster klopfen wollen, die in Fußhöhe lagen und in die Backstube führten, doch da öffnete sich die Tür. Es war nicht Sven, der mich verblüfft ansah, sondern eine Frau. Sie war ungefähr in meinem Alter, ein Stück größer und sehr schlank. Der Leberfleck auf ihrer rechten Wange war so apart, dass ich nicht sicher war, ob er echt war oder aufgemalt.

»Oh«, machte sie, »wo wollen Sie denn hin?«

Ich war so perplex, dass ich zunächst kein Wort herausbekam. Im Keller hörte ich eine Maschine röhren. Schließlich stieß ich hervor: »Ich wollte zum Konditor!« Einen Augenblick lang fiel mir sein Nachname nicht ein und da ich nicht wusste, wer die Frau war, war mir sein Vorname zu intim. Bei diesem Gedanken wurde ich rot, intim waren noch ganz andere Dinge zwischen ihm und mir gewesen.

»Mein Mann ist beschäftigt«, sagte die Frau und schlagartig bewegte sich die Welt wie in Zeitlupe. Mein Mann, hallte es durch meinen Kopf.

»Oh«, sagte ich und klang ebenfalls wie in Zeitlupe.

Sie lächelte schmal. »Kann ich ihm etwas ausrichten?«

Ich schüttelte den Kopf und konnte damit gar nicht aufhören. Die Maschine im Keller verstummte. Mit einem fahrigen Lächeln hob ich die Hand. Ich muss gewirkt haben wie nicht ganz richtig im Kopf, als ich mich wortlos umdrehte und langsam davonging. Svens Frau, die offenbar gerade hatte aufbrechen wollen, überholte mich und bog auf dem Bürgersteig in Richtung eines roten Golfs ab. Ich sah ihr nach und setzte sehr bewusst einen Schritt vor den anderen, um nicht zu stolpern, um nicht zu taumeln, um nicht zu fallen. Mein Kopf war so kühl, als stünde ich kurz vor einer Ohnmacht. Mit zitterigen Fingern schloss ich mein Fahrrad auf. Es war undenkbar, in dieser Verfassung zu fahren, also schob ich es. Ich schob es den ganzen Weg bis nach Hause.

Dort saß ich zuerst still auf dem Sofa, dann schaltete ich den Computer ein. Bei Doublecheck waren alle möglichen Mails eingegangen, aber keine von Rainer. Das war der Moment, in dem ich anfing zu heulen. Ich schaltete den Computer aus, schleppte mich in mein Bett und heulte und heulte.

MEHR BITTERSCHOKOLADE

Professor Wolff war immer früh im Krankenhaus, doch an diesem Tag war ich noch vor ihm da.

»Frau Scheibe«, er rief meinen Namen in einem Ton, der ihn verriet: In die Überraschung mischte sich zu viel schlechtes Gewissen. Offenbar war er eingeweiht in die Pläne, mich hinterrücks zu entlassen. Doch durch meine kopflose Praktikumsaktion hatte ich mir das alles selber zuzuschreiben. »Wir hatten sie nicht erwartet.« Sein Blick glitt suchend hinter sich, als hoffte er auf Schützenhilfe.

»Ich bin früher zurück«, sagte ich. »Ich hoffe, das ist kein Problem!«

Professor Wolff schüttelte so übertrieben den Kopf, wie man es nur aus albernen Komödien kennt. »Natürlich nicht«, sagte er und hoffte offenbar immer noch, dass ihm jemand zu Hilfe kam. Und dieser Jemand kam.

»Frau Scheibe!« Es war der gemeine Oberarzt.

»Guten Morgen, Dr. Burkhard-Stegemann«, sagte ich und nickte leicht. Ich hatte es geahnt, doch jetzt wusste ich, dass er dahintersteckte. Er legte den Kopf schief.

»Wir haben Sie nicht erwartet!«, seine Miene war unergründlich. »Am besten, Sie gehen in der Verwaltung vorbei«, sagte er und sein süffisanter Blick verriet mir, was dort verhandelt worden war. Ich hielt seinem Blick stand. Mein Chef nickte ruckartig.

Am Freitag war ich noch unsicher gewesen, wie ich mich verhalten sollte. Jetzt wusste ich schlagartig, dass ich kämpfen musste, wenn ich meine Stelle behalten wollte. Und ebenso schlagartig wusste ich, dass ich das tun würde. Ich überraschte mich selbst bei dem Gedanken, dass ich diesem Mistkerl den Triumph nicht gönnen würde, mich ausgebootet zu haben.

Frau Dr. Wiese ließ mich mehr als eine Viertelstunde warten, ehe sie mich hereinrief.

»Wir haben Sie erst nächste Woche erwartet«, sagte sie missbilligend, als hätte sie mir das Angebot gemacht und ich nicht um den unbezahlten Urlaub gebeten. Mir schien es eine Ewigkeit her zu sein, dass ich in diesem Raum gesessen und gezittert hatte. Heute zitterte ich nicht.

»Ich nahm an, Professor Wolff würde mich brauchen«, log ich. »Also habe ich meinen unbezahlten Urlaub vorzeitig abgebrochen.« Das klang leidlich gut, wie ich fand.

Die Geschäftsführerin schwieg. Nach einer Weile sagte sie spitz: »Gut!« Sie blickte auf ihre winzige Armbanduhr. »War noch etwas?«

Ich schüttelte den Kopf. Mit etwas Glück war ich durch die Stromschnellen gekommen. Mit etwas Glück war ich gerade noch rechtzeitig zurückgekehrt, um die Pläne von Oberarzt und Geschäftsführerin im Keim zu ersticken. Auf dem Rückweg zu meinem Büro gestattete ich mir ein Gefühl von Sicherheit und Erleichterung.

Als ich in mein Büro bog, saß Natascha an meinem Schreibtisch. »Oh!«, machte sie. In ihrem Gesicht kämpften Enttäuschung und schlechtes Gewissen miteinander. »Ich bin wieder da«, sagte ich überflüssigerweise. Sie stand etwas unschlüssig auf und verließ schließlich mit einem Nicken den Raum. Meinen Raum. Erst als ich saß, wurde mir bewusst, wie untypisch das alles für mich war. Vor wenigen Wochen wäre ich geflohen und nicht wiedergekommen.

Ich brauchte beinahe den ganzen Vormittag, um meine Ordnung auf dem Tisch und in den Ablagefächern wiederherzustellen, aber dann war es geschafft. Ich fühlte mich wie in Feindesland. So viel war in den vergangenen Wochen passiert, dass mir mein Schreibtisch ganz fremd geworden war. Wie ein

Roboter arbeitete ich mich durch Papierstapel und dachte nur einmal, dass sich bei mir nie solche Massen angesammelt hatten. Ich sichtete Briefe und Rundschreiben, Terminpläne und Kongresseinladungen. Das hielt mich davon ab, die Konditorei in jeder einzelnen Sekunde zu vermissen.

Als ich nach Hause kam, wartete Leonhard auf mich. »Wo warst du?«, fragte er, »ich wollte dich in der Konditorei abholen.«

Ich stöhnte. Er lebte sein eigenes Leben, aber wie konnte ich ihm rein gar nichts von alldem erzählt haben? Jetzt jedenfalls setzte ich mich und berichtete ihm vom Praktikum, von Sonja und vom Krankenhaus.

»Und jetzt?«, fragte Leonhard. »Jetzt bin ich zurück im Krankenhaus«, antwortete ich.

Er hob die Augenbrauen. Dann brach es aus ihm heraus. »Wozu hast du dieses Praktikum gemacht, wenn es dir jetzt total egal ist?«

»Hast du in der Konditorei jemanden gesehen?«, fragte ich zurück.

»Niemand wusste, wo du bist«, antwortete Leonhard. »Und die Frau hinter der Theke hat gesagt, du sollst sie anrufen.« Er ging zu seiner Tasche und fingerte einen Zettel mit einer Nummer heraus. Wandas Nummer.

Ich suchte mein Handy und schrieb ihr eine Nachricht: *»Ich musste zurück ins Krankenhaus, um meine Stelle nicht zu verlieren«*, tippte ich. *»Ich komme demnächst vorbei.«* Umgehend kam eine Nachricht von Wanda zurück: *»Komm bald! Hier wartet Torte!«* Dahinter ein paar Smileys. Ich musste lächeln.

»Also«, Leonhard ließ trotz der Unterbrechung nicht locker. »Du hast drei Wochen in der Konditorei gearbeitet. Jetzt bist du zurück im Krankenhaus. Das war's?« Er warf die Hände in die Luft.

»Ich muss zu Sonja«, sagte ich mit finsterem Gesicht. Ich ärgerte mich über Leonhard wie ein Kind, dem die Eltern unangenehme Fragen stellten. Und ich musste wirklich zu Sonja. Ich war aus dem Krankenhaus nach Hause gefahren, ohne Sonja zu besuchen, was war los mit mir? Als ich meinen Wagen ein zweites Mal auf dem Krankenhausgelände abstellte, wusste ich wieder, warum ich Sonja vergessen hatte. Sie war kaum mehr zu ertragen, sie und ihre unsinnige Fixierung auf Jan und eine Bilderbuchfamilie.

Doch sie überraschte mich. Sonja lächelte, als ich ins Zimmer kam. Dann klopfte sie neben sich aufs Bett, damit ich mich setzte. »Geht's dir besser?«, fragte ich und nahm ihre Hände in meine. Sie nickte. »Die Ärztin sagt, dass ich vorerst nicht nach Hause kann, mir aber bei guter Überwachung keine Sorgen um mein Kind machen muss.« Ich sah ihr an, dass es noch etwas gab. »Es wird ein Mädchen«, sagte sie und strahlte. »Ich freu mich so!«

Ich erinnerte mich, dass sie wegen Jan gehofft hatte, es würde ein Junge werden. »War Jan hier?«, fragte ich. Ihr Gesicht verdüsterte sich und sie schüttelte den Kopf. »Ich hab auch keine Lust mehr zu warten. So ein Idiot.« Ich lächelte schief und streichelte ihren Arm. »Warte mal ab«, setzte ich an, doch Sonja fiel mir ins Wort. »Nee, ich warte nicht ab, ich warte schon viel zu lang! Wenn er irgendwann wieder angeschissen kommt, soll ich dann so tun, als wäre nichts passiert?« Sie schlug mit ihrer freien Hand auf den Bettrand. »In unserer Wohnung hat's ausgesehen, als wär ein Schwein geschlachtet worden, und Jan gibt sich mit einer Nachricht auf dem Anrufbeantworter zufrieden?« Ich grinste sie an und sie lächelte zurück. »Keine Ahnung, wie lang das hält, aber im Moment denke ich, das kann ich durchziehen.«

Ich holte ihr eine Zeitschrift vom Krankenhauskiosk und wir lasen sie gemeinsam wie zwei Teenager. Als ich mich irgendwann verabschiedete, war es, als wären viele schiefe Dinge in meinem Leben wieder ins rechte Verhältnis gerückt worden. Zu Hause war Diana gekommen und Leonhard kochte mit ihr. Ich war froh, auf diese Weise einem weiteren Gespräch mit meinem Sohn vorerst entkommen zu sein.

»Ich habe bei Sonja im Krankenhaus ein überzähliges Abendessen bekommen«, sagte ich, als die beiden mich zum Essen einladen wollten. Ich kochte mir einen Tee und verzog mich in mein Zimmer. Es war eine Erleichterung, dass Leonhard und ich schon vor einiger Zeit unser Zusammenleben als Wohngemeinschaft definiert hatten, in der sich niemand zu etwas verpflichtet fühlen musste.

KALTE BUTTERCREME

Der Tag zuvor im Büro war scheußlich gewesen und schon um neun Uhr morgens war klar, dass dieser Mittwoch nicht besser werden würde.

Burkhard-Stegemann, der hinterhältige, sadistische Oberarzt, hatte mir sämtliche Briefe der letzten beiden Tage erneut auf den Schreibtisch gelegt und mit einem Zettel versehen: »neu schreiben«. Sie waren offenbar alle in einen See aus Kaffee gefallen und ich wusste schon jetzt, dass er mir das anlasten würde, sollte ich danach fragen. Gestern hatte es ein riesiges Theater gegeben, weil er mal wieder behauptet hatte, ich hätte eine Minikassette mit Diktaten verloren. »Können Sie nicht einen einzigen Tag ordentlich arbeiten?«, war sein aggressiver Kommentar dazu gewesen. Dass mein Chef nur stumm neben ihm stand, hatte mich zwar gekränkt, aber nicht wirklich gewundert. Ich hatte jedenfalls allen Grund, mir Sorgen zu machen. Mein Chef schützte mich nicht, die Geschäftsführerin war nicht gerade meine Freundin – wenn der Oberarzt mich abschießen wollte, würde ihm das gelingen.

In der Mittagspause erspähte ich die Physiotherapeutin Barbara in einer Ecke der Kantine.

»Der Oberarzt. Was wird so über ihn erzählt?«, fragte ich.

Barbara blickte sich um, als fürchte sie Spione. »Er ist ein intrigantes Arschloch«, flüsterte sie. »Er hat die Michels kündigen lassen, erinnerst du dich?«

Regina Michels war eine der chirurgischen Assistenzärztinnen gewesen. Sie hatte zwei kleine Kinder und deswegen eine Teilzeitstelle gehabt.

»Chirurg kann man nicht in Teilzeit sein, erinnerst du dich?«

Schwach erinnerte ich mich an Burkhard-Stegemanns Spruch,

der schnell die Runde gemacht hatte. Damit hatte er gegen die junge Assistenzärztin ebenso geschossen wie gegen Tim, einen Assistenzarzt Anfang dreißig, dessen Frau in der Hautklinik arbeitete. Beide hatten Halbtagsstellen und teilten sich die Arbeit mit den Kindern. Vermutlich würde der sein nächstes Opfer sein. Oder eben ich, wenn in den nächsten Tagen weiter auf rätselhafte Weise Papier in Kaffee fallen und Kassetten verloren gehen würden.

»Er hat mich im Visier«, sprach ich das Offensichtliche aus.

Barbara nickte. »Du bist fahnenflüchtig geworden.«

»Hat er das gesagt?«

Sie nickte. Das wäre lustig gewesen in seiner Absurdität, wenn ich mir keine Sorgen um meinen Arbeitsplatz gemacht hätte. Immer noch fühlte ich mich wie unter Wasser, alles spielte sich merkwürdig gedämpft ab, seit ich so tief und hart aus meinen naiven Träumen gefallen war. Aber die realistische Seite in mir wusste, dass viel auf dem Spiel stand.

»In der Urologie geht die Chefsekretärin«, sagte Barbara.

»Weißt du, wann genau?«, fragte ich.

Barbara zuckte die Achseln. »Keine Ahnung. Irgendwann. Demnächst. Ich weiß es nicht.«

Als ich nach getaner Arbeit in der Urologie vorbeisah, war dort niemand mehr. Kein Wunder – es hatte mich eine halbe Ewigkeit gekostet, alle Briefe erneut abzutippen. Am nächsten Tag würde ich in einem unbeobachteten Moment dort anrufen. Zu Hause versuchte ich, im Internet etwas herauszufinden. Es war so lächerlich, dass ich den ganzen Tag im Krankenhaus verbrachte, aber die wichtigen Dinge im Internet nachschlug. Ich versuchte, mir die Frau auf dem winzigen Foto einzuprägen. Vielleicht würde ich die Chefsekretärin in der Kantine oder auf dem Gelände treffen und ansprechen können. Ich seufzte. Die Wahrscheinlichkeit war lächerlich gering.

Ein einziger Tag im Krankenhaus war anstrengender als drei Wochen in der Backstube. Und obwohl ich mich erinnerte, dass Sven am Anfang schrecklich unfreundlich gewesen war, hatte ich mich nie so hilflos gedemütigt gefühlt wie von Burkhard-Stegemann.

Es schmerzte, an die Konditorei zu denken, und es schmerzte, an Sven zu denken. Es war kindisch, ihm nicht anständig Bescheid zu geben, dass ich wieder zurück im Krankenhaus war.

»Frau Scheibe!« Maczeyzek fegte den Zugang zum Haus und ich hätte viel darauf gewettet, dass er das schon lang tat, um möglichst viele Hausbewohner bei der Rückkehr von der Arbeit stellen zu können. So wie jetzt mich. »Ich weiß nicht, ob Sie das sind mit den zugeschnürten Müllbeuteln...«

Es war eine fixe Idee von ihm, dass wir unseren Müll nicht verschnürt in die Tonne werfen sollten. Stattdessen stellte er sich vor, dass wir die Tüten ausleerten und den Müll mithilfe eines alten Spatens, den er neben den Tonnen zur fragwürdigen Verfügung stellte, zerkleinerten. Auf diese Weise passte mehr in die Tonne. Ich tat ihm den Gefallen und leerte die Müllbeutel aus, aber ich weigerte mich, den Müll auch noch zu zerkleinern.

»Nein, ich bin das nicht mit den zugeschnürten Beuteln«, fiel ich ihm ins Wort. Ich ertappte mich dabei, wie ich mich in der letzten Zeit nicht mehr in mein Schicksal fügte und mir endlos seine Tiraden anhörte. Hatte ich früher nichts Besseres zu tun gehabt? Ich lächelte geschäftsmäßig und ging an ihm vorbei. Ein Teil von mir bedauerte beinahe, dass er mir nicht den Besen in den Weg stellte, damit ich ihn wegtreten konnte.

Ich hatte mich tatsächlich verändert, wusste aber nicht, ob zu meinen Besseren.

Den Besen in der Hand, betrat er hinter mir den Hausflur und kommentierte meine Post: »Ich finde es nicht richtig, dass Freunde von ihrem Sohn hier einfach reinkommen und die Briefkästen benutzen«, sagte er. »Andere Leute können schließlich auch zur Post gehen!«

Ich verstand, was er meinte, als ich den Briefkasten aufgeschlossen und einen Umschlag von Max gefunden hatte. Ich ließ mich auf keine Diskussion ein, sondern stieg die Treppe zu unserer Wohnung hinauf. Auf dem Wohnzimmertisch lag ein Zettel: *»Ich komme spät, warte nicht mit dem Essen, Leonhard.«*

Auf diese Weise konnte ich in Ruhe Max' Nachricht lesen. Es war eine Liste ohne Überschrift und sie lautete von oben nach unten *»wie du lachst; wie deine Augen leuchten, wenn du begeistert bist; wie konzentriert du aussiehst, wenn du zuhörst; wie vorurteilsfrei du bist; wie gut deine Leipziger Lerchen schmecken; wie risikofreudig du bist; wie heiß du im Bikini aussiehst.«*

Der Satz *»wie risikofreudig du bist«* brachte mich beinahe zu Weinen. Ich faltete den Zettel, so klein ich konnte, ehe ich ihn im Papiermülleimer vergrub. Immer noch fühlte ich mich wie unter Wasser, es war, als beobachtete ich mich nur beim Leben. Später schaltete ich meinen Computer ein und meldete mich bei Doublecheck ab. Das Programm fragte mich zahllose Male, ob ich wirklich mein Profil deaktivieren, wirklich sämtliche Mails löschen wolle und wirklich den Vertrag kündigen wolle. Eine solche Kündigung werde sowieso erst in mehreren Monaten wirksam und ob ich nicht doch alles reaktivieren wolle. Ein Teil von mir erschrak, als das Programm irgendwann tatsächlich die Löschung aller Daten bestätigte, und kurz war ich sicher, einen Fehler gemacht zu haben. Dann setzte Erleichterung ein.

Ich suchte eine Postkarte heraus, es war eine Ansicht von Berlin mit Fernsehturm und Umgebung, und schrieb ein paar Zeilen an Sven.

»Lieber Sven, um meine Arbeitsstelle im Krankenhaus nicht zu verlieren, muss ich das Praktikum früher abbrechen. Tausend Dank für alles, was ich lernen durfte. Viele Grüße, Nina.«

Es war eine dumme Karte, aber ich war schon froh, dass ich diese Zeilen geschafft hatte, bessere würden mir nicht gelingen.

Ich suchte eine Briefmarke heraus und klebte sie auf. Ich war zu feige, um in der Konditorei vorbeizugehen. Irgendwann vielleicht, aber nicht heute.

Ich nahm nur meinen Schlüssel mit, als ich die Wohnung verließ, um die Karte einzuwerfen und einen Spaziergang zu machen. Die namenlose Unruhe in mir schien innerhalb von vier Wänden nur schlimmer zu werden.

Ich fragte mich, wie Sven ohne mich zurechtkam. Klar, er hatte es auch vorher ohne Praktikantin geschafft, als noch der Zettel im Schaufenster vor sich hin vergilbte. Aber da hatte er noch nicht die Erfahrung gemacht, wie es mit einer Praktikantin war. Wie es mit mir war. Ich spürte, wie ich schneller ausschritt. Es war ein Eclair-Tag gewesen, als er mir berichtet hatte, wie er geschwankt hatte zwischen der Sorge, ein Lehrling könne mehr Arbeit als Entlastung sein, und dem Wunsch, nicht mehr jeden Handgriff allein machen zu müssen. Ich hatte ihm angemerkt, dass ihm die Beichte schwergefallen war. Aber es hatte sich auch angefühlt, als hätte ich mir das verdient. Wieder dachte ich an Sex mit Sven und wieder tat es scheußlich weh. Es wäre nicht dazu gekommen, wenn ich gewusst hätte, dass er verheiratet war.

Mir fiel Christoph ein. Auf einer Gartenparty hatte ich zum ersten Mal etwas geahnt. Unsere übernächsten Nachbarn hatten ein Gartenfest veranstaltet und Christoph hatte bis zur letzten Sekunde nicht gewusst, ob er es schaffen würde. Es hatte Komplikationen auf der Baustelle gegeben und er kam schon seit Tagen nicht vor zehn nach Hause. An diesem Abend kam er pünktlich.

Ich überquerte die laute Schildhornstraße kurz vor dem Breitenbachplatz und atmete tief ein und aus. Christoph und die Nachbarin zwei Häuser weiter. Der Grund für unsere Trennung war Jahre später erst die Französin Fabienne gewesen, doch die Nachbarin war die Erste gewesen, bei der ich etwas geahnt hatte. Vielleicht die Erste in einer längeren Reihe, das wusste ich bis heute nicht und ich wollte es auch nicht wissen. Wozu auch? Vielleicht wäre die Reihe länger geworden, wenn Fabienne nicht schwanger geworden wäre. Vielleicht wurde sie aber auch weiter länger, nur musste er sie nun vor Fabienne geheimhalten und nicht mehr vor mir.

Ob die Frau von Sven etwas geahnt hatte? Fühlte ich mich ihretwegen schlecht, auch wenn ich nicht von ihr gewusst hatte? Sollte ich darauf nicht eine Antwort wissen?

Ob sich unsere Nachbarin schlecht gefühlt hatte, wenn sie mich gesehen hat? Hat sich, verdammt noch mal, Christoph schlecht gefühlt? Hatte ich ihn das jemals gefragt?

In der Nacht damals, nach dem Gartenfest, hatte er neben mir geschnarcht, wie er es nach zu viel Alkohol immer tat, und ich hatte darüber nachgedacht, ob ich ihn nun verlassen musste. Es war verrückt – ich hatte nicht überlegt, wie ich ihn verlassen sollte, sondern ob ich es überhaupt tun sollte.

Und dann hatte ich die Affäre einfach ignoriert. Ich hatte für Christoph, Leonhard und mich gekocht, das Haus geputzt und auf bessere Zeiten gehofft. Abgeschmackt, wie nur das Leben sein kann, fand ich irgendwann eine Doppelzimmerquittung aus Wien in der Wäsche, Herr und Frau Scheibe. Und ich erinnerte mich, in jenen Tagen die Nachbarin zwei Häuser weiter im Supermarkt getroffen zu haben. Ich schämte mich schon damals dafür, dass ich schadenfroh gewesen war, weil Christoph eine Neue gehabt hatte. Als ob der Verrat an der Nachbarin größer gewesen wäre als der an mir.

Die Domäne Dahlem, der kleine innerstädtische Bauernhof mit angrenzenden Versuchsfeldern der nahe gelegenen Universität, war mitten in der Woche kaum besucht. Ich wanderte die staubigen Wege zwischen den Feldern entlang. Die quergestreiften Schweine an der Längsseite des Geländes hatten sich in den kargen Schatten verkrochen. Es war ein ungewöhnlich sonniger Tag, doch mein Kleid war leicht genug, dass ich die Wärme genießen konnte.

Ich konnte mich nur an einen einzigen Streit in dem Zusammenhang erinnern. Es war der Tag gewesen, als ich die Hotelrechnung gefunden hatte. Ich war zu feige gewesen, um Christoph damit zu konfrontieren, zu groß war meine Angst vor einer Scheidung gewesen. Heute konnte ich nicht mehr sagen, warum mir die Scheidung eine solche Angst gemacht hatte. Die Angst vor dem Alleinsein konnte es nicht gewesen sein, denn einsam war ich auch mit Christoph gewesen. Doch meine verletzten Gefühle hatten sich immerhin Luft machen müssen.

Es war ein sonderbar kurzatmiger Streit gewesen. Heute kam es mir fast ironisch vor, dass wir uns ausgerechnet über Kuchen gestritten hatten. Christoph hatte sich ein Stück Zitronentorte aus dem Kühlschrank genommen und den Deckel der Tortenform auf dem Küchentisch vergessen. Das Fleisch ein Kühlschrankfach weiter oben hatte er nicht auf einen Teller gelegt, sondern im Einschlagpapier gelassen. Und so war der Fleischsaft auf die Torte getropft und hatte Schlieren auf die kalte Buttercreme gemalt.

In unserem Streit war es viel um »immer machst du« und »nie kannst du« gegangen, ich war sinnlos in Tränen ausgebrochen und Christoph hatte mich nicht getröstet, sondern sich umgedreht. Ohne ein weiteres Wort war er in sein Arbeitszimmer gegangen und hatte die Tür hinter sich zugeworfen. Unangemessen heftig war der Streit gewesen, aber auch kurz, als hätten wir beide Angst gehabt, sonst den Rückweg nicht mehr zu finden. Ich sah mich noch, wie ich vor dem Mülleimer stand, den Fuß auf dem Hebel, der den Deckel offen hielt, und die Fleischtorte hineinfallen ließ. Während ich das tat, fühlte ich mich, als hätte ich mir den letzten Ausweg verstellt. Als hätte ich die einzige Chance, mit diesem Streit eine Ehe zu retten, versemmelt. Statt über Frauen und Loyalität und Ehrlichkeit zu streiten, hatte ich über Torte mit Fleischsaft gestritten.

Viele Jahre waren seitdem vergangen und ich hatte mit Christoph nicht einmal über Fabienne gesprochen, selbst im Zusammenhang mit unserer Scheidung hatten wir keine Worte gefunden. Und zum ersten Mal kam es mir erstens so vor, als wäre ich zu einem Gespräch bereit, und zweitens, als wäre es nicht mehr nötig. Als wäre ich über all dies hinausgewachsen. Ich konnte nicht mehr verstehen, warum ich so lang stillgehalten hatte, so feige und klein gewesen war. Was genau in der Zwischenzeit passiert war, hätte ich nicht sagen können, aber ich sah das Ergebnis und es gefiel mir.

Eins der Schweine öffnete die Augen, als ich an den Zaun kam. Die Sonne schien heiß, es war trotz des Feindangriffs im Krankenhaus kein übler Tag.

Wieder zu Hause, wollte ich reflexhaft Kirsten anrufen, ich konnte mich gar nicht erinnern, wann ich sie zuletzt gesprochen hatte. Doch die Tatsache, dass ich mein Doublecheck-Profil gelöscht hatte, ließ mich zögern. War es etwa keine gute Idee von Kirsten gewesen? Zum Dank hatte ich mich abgemeldet und ihr den Artikel für die Zeitschrift vermasselt. Plötzlich bereute ich, sie nicht gefragt oder zumindest informiert zu haben. Jetzt war es zu spät. Ein Teil von mir wünschte sich eine Nachricht von ihr auf dem Anrufbeantworter, ein anderer Teil war erleichtert, dass ich keine bekommen hatte. Als ich im Bett lag, fiel mir Sonja ein und ich griff zum Telefon.

»Hallo?« Mein Magen verkrampfte sich etwas, weil ich ihre Enttäuschung darüber, dass ich nicht Jan war, nicht aushalten würde. Aber Sonja freute sich über meinen Anruf und überraschte mich gleich doppelt: »Was machst du denn zurück im Krankenhaus? Warum bist du nicht mehr in der Konditorei?« Auf den Flurfunk war Verlass, offenbar sogar über die Fachbereiche hinweg.

Ich war noch nicht so weit, die Konditoreiseite des Problems zu schildern, aber von der Krankenhausseite erzählte ich ihr. Es tat gut, so viel Empörung in ihrer Stimme zu hören. »Was für ein schrecklicher Mensch!«, rief sie und es war mir egal, ob sie die Ratte von Oberarzt oder meinen illoyalen Chefarzt meinte. »Halt durch!« Ich war nicht sicher, ob das ein hilfreicher Rat war, aber ich war froh über ihr Mitgefühl. Ich war sicher, dass der nächste Tag nicht besser werden würde als dieser, trotzdem schlief ich ohne finstere Träume. Ich erwachte ausgeruht und mit dem Gefühl, dass ich mich nicht unterkriegen lassen würde. Keine zwei Stunden später erinnerte ich mich an dieses Gefühl und an den Spruch meiner Tante Linde, die immer gesagt hatte: Trottel sterben nie aus.

Professor Wolff sah am Tag darauf sehr unglücklich aus, weil er Konflikte hasste. Trotzdem teilte er mir mit, dass eine Beschwerde über mich eingegangen sei: Oberarzt Burkhard-Stegemann habe mich Briefe neu schreiben lassen und ich hätte das nicht erledigt. Und da ich am Tag davor auf ebendiese Briefe Kaffee gekippt habe, seien die Briefe nun schon mehrere Tage im Verzug.

Es kostete mich viel Selbstbeherrschung, nicht die Fassung zu verlieren. Ich riss mich mächtig zusammen und antwortete: »Den Kaffee habe nicht ich über die Briefe gekippt und gestern habe ich Überstunden gemacht, um sie neu zu schreiben. Er hat sie offenbar verschwinden lassen.« Ich hörte selbst, wie paranoid das klang. Mit einem gezwungenen Lächeln fügte ich daher hinzu: »Ich werde die Briefe noch mal ausdrucken.« Heute durfte sich Burkhard-Stegemann keine neuen Schikanen ausdenken, denn am nächsten Tag konnte ich unmöglich Überstunden machen: Am nächsten Tag würde meinem Sohn das Abiturzeugnis überreicht werden.

Es wurde ein langer Tag. Zwischendurch rief ich in der Urologie an und erfuhr von einer kurz angebundenen Kollegin, dass die Chefsekretärin zum Jahresende in den Ruhestand gehen würde. Das war nicht bald genug für mich.

Endlich zu Hause, blinkte der Anrufbeantworter nicht, Kirsten hatte nicht angerufen.

Leonhard schlief in der Nacht vor seiner Zeugnisverleihung zu Hause und wir saßen bis tief in die Nacht auf unserem roten Sofa, halb in liegender Position und mit den Füßen auf dem niedrigen Tisch. Wir erinnerten uns an die vergangenen zwölf Jahre. Die letzten Jahre hatten nicht nur aus einer schlechten Ehe bestanden, sondern auch aus Zeit mit Leonhard. Guter Zeit mit Leonhard.

TEQUILA SUNRISE

Nur die Tatsache, dass ich am nächsten Tag eine Stunde früher an meinem Schreibtisch saß und das Kleid für die Abiturfeier vorsorglich mitgebracht hatte, bewahrte mich davor, mehr als eine Viertelstunde zu spät die Schule zu erreichen.

Glücklicherweise fing Leonhards Nachname nicht mit A an, denn als ich abgehetzt die Aula betrat, war die Direktorin schon bei B angelangt. Die Doppeltür quietschte und Christoph war unter denen, die sich nach mir umsahen. Kurz hob er die Hand und machte mir ein Zeichen, dass neben ihm noch ein Platz frei war. Am liebsten wäre ich unauffällig neben der Tür stehengeblieben, doch Christoph hörte nicht auf, nach mir zu winken, und Leute aus den anderen Reihen wurden aufmerksam und drehten sich ebenfalls um. Bevor die Unruhe auffällig werden konnte, schob ich mich durch die Reihe und ließ mich ziemlich unelegant auf den Stuhl neben Christoph fallen.

Ich trug das Wickelkleid, das ich beim Treffen mit Peter im Café Eckstein getragen hatte. Das war einerseits der Exorzismus, um die unangenehme Erinnerung auszutreiben, andererseits fand ich, dass mir das Kleid ziemlich gut stand. Ich hatte das lächerliche Bedürfnis, für Christoph gut auszusehen. Es sollte ihm wenigstens ein bisschen leidtun, dass er mich verlassen hatte. Während ich neben ihm saß und die Abiturientinnen und Abiturienten auf die Bühne gehen und sie wieder verlassen sah, ärgerte ich mich, dass ich die Tatsachen verdrehte. Schließlich war ich es gewesen, die ihn verlassen hatte. Allerdings nur, wie ich leise seufzend zugeben musste, weil ich ihn mit Fabienne ertappt hatte. Ich hatte einfach nicht mehr länger tun können, als wäre alles in Ordnung.

Viele Jugendliche, die aufgerufen wurden, um ihr Abiturzeugnis in Empfang zu nehmen, hatte ich noch nie gesehen. Eine Reihe von ihnen hatte aber Leonhards Klasse besucht und ich erkannte in ihnen die Kinder, die sie vor Jahren noch gewesen waren. Nur wenige Jungs trugen Anzüge, die meisten traten in Jeans, Hemd und Jackett vor die Direktorin. Einer hatte sich für eine rote Hose mit Rüschenhemd entschieden. Von den Mädchen hatten mehrere Hosenanzüge angezogen, die meisten trugen Kleider in allen Farben des Regenbogens, ein Mädchen kam im bodenlangen schwarzen Kleid mit dramatischem Make-up, ein anderes hatte eine dicke Wollmütze übers Haar gezogen und die weite Jeans auf den Hüften sitzen. Eine unbestimmte Sehnsucht gemischt mit Traurigkeit ergriff mich. Hätte ich in diesem Augenblick mein Leben tauschen können, ich hätte dieses Jeansmädchen sein wollen, das sich so gar nicht um Konventionen scherte und dabei den Kopf hoch erhoben hielt.

Leonhard war natürlich der Hübscheste von allen. Er hatte auf dem Anzug beharrt, den er vor zwei Wochen zur Hochzeit seiner ältesten Cousine getragen hatte. Er trug ihn mit einer solchen Lässigkeit, dass er trotz der Jeans der Mehrzahl nicht overdressed wirkte. Ich freute mich so, als er schließlich mit einem vernehmlichen »Danke« sein Zeugnis in Empfang nahm.

Christoph wusste auch ohne hinzusehen, wie gerührt ich war. Ohne einen Seitenblick legte er mir den Arm um die Schultern und zog mich an sich. Als Leonhard von der Bühne ging, drehte ich mein Gesicht so, dass der glatte Stoff mein Gesicht kühlen konnte.

Als wir nach dem Festakt Leonhard vor der Aula trafen, hatte ich mich wieder im Griff. Wir umarmten ihn und verabredeten uns für den Abend in der Aula, wo die Party für die Schulabgänger und ihre Familien stattfinden würde. »Ihr zwei kommt?«, fragte Leonhard und vermied es, seinen Vater anzusehen. »Wir zwei«, bestätigte ich und Leonhard sah erleichtert aus. Fabienne wäre nicht nur bei mir unwillkommen gewesen.

Mein Wickelkleid hatte unter dem nachmittäglichen Festakt nicht gelitten, sodass ich es auch bei der Party tragen konnte. Auf dem Weg zur Aula bog ich schwungvoll um die Ecke und fuhr zurück, als ich sah, wer neben Leonhard stand: außer seiner Freundin Diana war auch ihr Bruder Max gekommen. Ich zwang mich, weiterzugehen und die drei zu begrüßen. »Papa ist drin und besorgt Getränke«, informierte mich mein Sohn und ich spürte das festgeklebte Lächeln auf meinem Gesicht wie eine schlecht sitzende Maske. Leonhard zog Diana in die Aula, als ein tanzbares Lied bis zu uns nach draußen schallte. Ich versuchte, hinter ihnen in die Aula zu schlüpfen.

»Nina«, Max' Stimme hielt mich zurück. »Was ist nur los?« Er sah so hübsch aus, so aufmerksam. Und so jung. »Sprich mit mir«, sagte er und ich drehte mich zu ihm. »Was fühlst du gerade?«, fragte er und ich lächelte wehmütig. Es war verrückt, aber in diesem Augenblick wurde mir bewusst, dass mir diese Frage wirklich noch nie ein Mann gestellt hatte.

»Ich finde dich so wunderbar«, antwortete ich, »aber ich kann nicht...«, ich suchte nach Worten, »ich bin so blöd und kann nicht ich sein mit dir.«

Ich hoffte, er sah mir an, wie kläglich ich mich damit fühlte.

»Aber warum?«

Aus seiner Sicht mochte das eine sonderbare Antwort sein, aber nicht aus meiner. »Ich kann nicht über unseren Altersunterschied hinwegsehen!« Ich schüttelte den Kopf, sprachlos wütend auf mich. »Ich kann nicht!«, wiederholte ich. »Es tut mir so leid!«

Max nickte. Offenbar war meine Heftigkeit überzeugend gewesen, zumindest versuchte er nicht zu argumentieren. Vielleicht war er auch einfach klug genug zu wissen, dass dies keine Frage von Argumenten war. Ich strich ihm das Haar aus der Stirn und ließ meine Hand kurz an seiner Wange ruhen. Als ich mich umdrehte, um die Aula zu betreten, sah ich Christoph einige Schritte entfernt in der Tür stehen. Ich wusste nicht, wie lang er schon dort stand, aber meine abschließende Geste hatte er sicherlich gesehen. Er reichte mir ein Glas, als ich an ihm vorbeiging. »Sie mischen Tequila Sunrise«, sagte er.

Das Fest in der Aula war fröhlich und ausgelassen. Ich brauchte eine Weile, bis ich meine innere Tür hinter Max schließen konnte. Glücklicherweise war er nicht hereingekommen. Alles, was er tat, schien so richtig und angemessen zu sein. Für die Dauer einiger Lieder stand ich neben Christoph und sah den Tanzenden zu, darunter unser Sohn mit Diana. Ich war froh, dass die Musik so laut war, dass man sich nicht unterhalten konnte.

Als Leonhard zwischendurch Getränke holte, kam er bei mir vorbei und rief: »Willst du, dass ich mit dir tanze? So ein Mutter-Sohn-Ding?« Er grinste mich an und wackelte mit den Augenbrauen. Ich lachte, doch die laute Musik schluckte das Geräusch. »Danke, nein«, rief ich zurück und versuchte ebenfalls mit den Augenbrauen zu wackeln. Ich sah ihn lachen, dann kehrte er mit den Getränken zu Diana zurück. Bald verlor ich die beiden aus den Augen.

Bei einem langsamen Lied forderte mich Christoph auf. Ich war emotional zu erschöpft, um dazu eine Meinung zu entwickeln, und tanzte mit ihm. Langsam konnte ich mich entspannen. »Ich bin so froh, mit dir hier zu sein«, raunte mir Christoph ins Ohr. Nach einem weiteren Tequila Sunrise stieg ich auf Mineralwasser um. Es war zwischen zehn und elf Uhr, als ich darüber nachdachte, das Fest zu verlassen. Noch immer war die Aula voller Eltern, trotzdem hatte ich genug. Die Traurigkeit nach dem Gespräch mit Max hatte sich zwar zurückgezogen, war jedoch nicht ganz verschwunden. Christoph kam hinter mir her, als ich ihm zum Abschied zuwinkte.

Vor der Tür fing er an, mit mir zu argumentieren. Es sei noch früh und wann wir denn zuletzt richtig gefeiert hatten. Ich wies ihn darauf hin, dass wir nicht mehr verheiratet seien, was ihn unerwartet zornig machte. Sei das ein Wunder, wenn ich immer ginge, wenn es schön sei? Und wer überhaupt der junge Mann vorhin gewesen sei? Während ich ihn verblüfft anstarrte, lenkte eine Bewegung in meinen Augenwinkeln meinen Blick in den Schatten neben der Aula. Dort hockte Leonhard auf den Boden, den Kopf in die Hände gestützt. Ich machte eine abweisende Geste in Christophs Richtung und trat in den Schatten zu Leonhard. Er nahm mich nicht zur Kenntnis und ich hockte mich vor ihn und hob sein Gesicht. »Leonhard! Was ist los mit dir?« Er sah so verstört aus, dass ich erschrak. Eine ganze Weile sagte er nichts und ich wartete.

»Diana«, fing er dann an und stockte. »Diana hat... Scheiße!«, stieß er hervor. Nur langsam bekam ich aus ihm heraus, dass sie sich gerade von ihm getrennt hatte. Hals über Kopf und ohne Ankündigung. Sagte Leonhard. Einen Moment lang packte mich die Sorge, ich könnte meinem Sohn etwas von meiner Taktik mitgegeben haben, die Augen vor dem zu verschließen, was längst offensichtlich gewesen war. Aber was nutzte dieser Gedanke? Wichtig war, dass Leonhard so fassungslos war und verzweifelt. Er rappelte sich auf. »Ich muss hier weg«, stieß er hervor und stolperte davon. Ich lief ihm hinterher, aber er drehte sich halb um und rief: »Lass mich! Lass mich allein!« Zögernd blieb ich stehen und wandte mich schließlich zu Christoph um, der an der Tür gewartet hatte.

»Diana hat sich gerade von ihm getrennt«, sagte ich.

»Bei seiner Abiturfeier?«, fragte Christoph entgeistert und ich musste ihm zustimmen, das war ein abscheulicher, ein unnötig gefühlloser Zeitpunkt.

»Ich gehe nach Hause«, sagte ich.

»Hältst du mich auf dem Laufenden, wie es Leonhard geht?«

Ich nickte. Christoph zögerte. »Bis vorhin war es so ein schöner Abend.« Ich nickte wieder, lächelte traurig und ging, ohne mich umzusehen. Auf dem Hinweg hatte ich den Bus genommen, jetzt ging ich zu Fuß. Ich wollte Leonhard ein wenig Zeit allein lassen. Irgendwann würde ich dann zu Hause sein, falls er mich brauchen würde.

Leonhard war in seinem Zimmer und hatte das Bitte-nicht-stören-Schild an seine Tür gehängt, das er in einem Österreichurlaub hatte mitgehen lassen. Ich klopfte trotzdem vorsichtig und rief leise: »Ich bin hier, falls du reden willst!« Ich hörte sein Bett leise quietschen, doch er antwortete nicht. Es dauerte lang, bis ich endlich einschlief.

SHORTBREAD

Als ich am nächsten Tag aufwachte, ging ich zuerst ins Bad und öffnete dann leise Leonhards Zimmertür. Das Schild hing nicht mehr da und es wurde sofort klar, warum nicht: Leonhard war fort.

Auf dem Küchentisch lag ein Zettel: »*Liebe Mama, mach dir keine Sorgen. Ich fliege nach London. Ich brauche Abstand. Leonhard. P.S.: Mach dir wirklich keine Sorgen! Ich komm zurecht!*« Auf seinem Handy meldete sich nur seine Mailbox.

Christoph klang, als wäre er im Laufschritt zum Telefon gestürzt, und wahrscheinlich war er das auch. Vermutlich hatte er meinen Anruf erwartet und wollte vor Fabienne das Telefon erreichen.

»Leonhard ist weg«, sagte ich. »Er hat einen Zettel hinterlassen, er will nach London.«

London war seit vielen Jahren Leonhards Traum: Christoph hatte immer behauptet, irgendwann mit Leonhard durch England reisen zu wollen, doch dazu war es nie gekommen. Zuletzt hatte Leonhard Diana zu überreden versucht, nach seinem Abitur mit ihm nach London zu gehen. Dort suchten sie angeblich Krankenschwestern. Sobald Diana im Sommer ihren Abschluss in der Tasche haben würde, konnte sie dort in einem Krankenhaus anfangen und er würde irgendwo kellnern, das war seine Vorstellung gewesen. So besorgt ich auch war, bewunderte ich ihn auch dafür, dass er nun allein fliegen wollte. Ich konnte nur hoffen, dass er nicht auf dumme, melodramatische Ideen kam.

»Du musst ihm nachfliegen«, sagte Christoph, ohne nachzudenken. Wir argumentierten hin und her und schließlich stimmte ich zu. Christoph wollte mir den Flug bezahlen, damit ich zumindest ein Gespräch mit Leonhard führen konnte. Damit ich mir ein Bild davon machen konnte, ob er die Situation meistern würde. Keine halbe Stunde später rief mich Christoph zurück und gab mir die Flugdaten durch: Wenn ich mich sofort auf den Weg machte, wäre ich rechtzeitig am Flughafen, ich brauchte nur eine Nummer, meinen Personalausweis und mein Handgepäck. Für den Fall, dass ich Leonhard nicht so leicht finden würde, sollte ich mich darauf einstellen, in London übernachten zu können, ein Hotel hätte er auch gebucht, für alle Fälle. Wegen des Rückflugs würden wir telefonieren, abhängig von meinem Gespräch mit Leonhard.

Ich fühlte mich zugleich erleichtert und unendlich erschöpft, als wir unser Telefonat beendet hatten. Gleich würde ich mich auf den Weg nach London machen, um nach meinem Sohn zu sehen. Sicherlich war ich höchstens seine zweitbeste Wahl, aber Leonhard sollte jetzt nicht allein sein.

Ich schrieb Leonhard eine SMS, dass ich nach London fliegen und mich wieder melden würde. Dann packte ich.

Ehe ich mich auf den Weg machte, rief ich Sonja an. Sie sollte sich keine Gedanken machen, wenn ich sie nach gestern auch heute und möglicherweise morgen nicht besuchte. Sie wünschte mir Glück.

Ich fühlte mich sonderbar, als ich schließlich auf meinem Fensterplatz in der mittelgroßen Lufthansamaschine saß. Alles passierte momentan zu schnell, als dass ich vernünftig hinterherdenken und –fühlen konnte. Die Zeit würde trotz der Zwischenlandung in Frankfurt nicht einmal genügen, um mir darüber klar zu werden, was ich mit Leonhard nun besprechen wollte, geschweige denn was ich ihm raten wollen könnte. In meinem eigenen Leben herrschte doch ein solches Durcheinander, dass ich sicher die Letzte war, die einen Eindruck von Überblick vermitteln konnte! Ich dachte in schneller, unsortierter Folge an Max, an Sven, an Burkhard-Stegemann und an »Torten nach Maß«. Als ich wieder vorn bei den Überlegungen zu Leonhard und Diana beginnen wollte, setzte sich jemand auf den freien Platz neben mir.

Es war Christoph.

»Ich habe nachgedacht«, sagte er, nachdem er sich angeschnallt hatte. Ich war immer noch sprachlos. »Wir haben einen Sohn. Wir haben so viele Jahre miteinander verbracht. Ich möchte eine zweite Chance.« Wäre das möglich, wäre ich nach dieser Ansprache noch sprachloser gewesen. »Ich fliege mit, um dich zurückzugewinnen, Annette.« Als ich den Mund öffnete, um etwas zu erwidern, hob er eine Hand und sagte schnell: »Sag jetzt nichts! Bitte! Denk einfach eine Weile darüber nach. Du hast alles in allem vier Stunden. Lass es sacken.« Damit lächelte er mich an und holte ein Buch aus dem Rucksack unter seinem Sitz. Bevor er es aufschlug, lächelte er erneut. Ich atmete tief durch und drehte mich zum Fenster. Einer Aufforderung zumindest kam ich gern nach: Ich würde nun vier Stunden lang nachdenken.

Als ich nach der endgültigen Landung mein Handy wieder einschaltete, war keine Nachricht eingegangen. Ich schrieb Leonhard: *»Ich bin gelandet. Ich warte am Trafalgar-Square, bis du kommst. Denkmal von Nelson.«* Keine Ahnung, warum sich ausgerechnet dieses Wahrzeichen seit meiner Schulzeit in meinem Gedächtnis gehalten hatte. Nie zuvor war ich in London gewesen, aber ich nahm an, dass dieser Platz gut zu erreichen sein würde, sowohl für Leonhard als auch für mich. Ach ja, und für Christoph.

»Du hast dich verändert«, sagte Christoph, als wir nebeneinander den Flughafen verließen. »Nein, du bist wieder so wie früher.«

Ich blickte ihn von der Seite an. »Was meinst du?«

»Du bist einfach verändert. Was meinst du, warum dir junge Männer nachstellen?«

Ich stieß entgeistert die Luft aus. »Junge Männer nachstellen?«

Er sprach schon weiter. »Ich kann diese Jahre nicht einfach wegwerfen. Erst jetzt merke ich, wie du mir fehlst.«

Auf einem Stadtplan vor dem Hauptgebäude suchte ich den Trafalgar-Square. »Wir kommen mit der U-Bahn ganz in die Nähe«, sagte ich, doch Christoph schüttelte den Kopf. »Wir nehmen ein Taxi.« Das hätte ich mir weder leisten können noch leisten wollen, aber insgeheim freute ich mich, mit einem echten englischen Taxi unterwegs sein zu dürfen. Im Handumdrehen fanden wir einen dieser schwarzen Wagen, die mich immer an Agatha Christie und Edgar Wallace denken ließen.

»Was meinst du dazu?«, fragte Christoph, als das Taxi sich in Bewegung gesetzt hatte. Ich konnte mich nicht erinnern, wann er mich das letzte Mal nach meiner Meinung gefragt hatte. Ich überlegte eine ganze Weile, wie ich es sagen sollte. Schließlich sparte ich mir jegliche Umwege. »Das ist komplett verrückt«, sagte ich. »Wir sind geschieden, Fabienne kriegt ein Kind von dir und wie und mit wem ich mein Leben verbringe, das geht dich nichts mehr an.« Es fühlte sich gut an, das zu sagen. Ich würde ihm das niemals sagen, aber im Flugzeug hatte ich tatsächlich darüber nachgedacht. Er hatte ja recht, wir hatten ein Kind. Wir hatten viele Jahre miteinander verbracht und die waren nicht nur schlecht gewesen. Doch als ich das gedacht hatte, war ein großes Gelächter durch mein Inneres geschwappt und hatte es ganz mit Glück ausgekleidet. Was für eine verrückte Idee! Ich war längst Meilen von alldem entfernt, unsere Ehe war tot und begraben. Ob mich Christoph zurückhaben wollte, weil ihm das Kind mit Fabienne Angst machte, oder weil er im Angesicht eines hübschen Max Besitzansprüche geltend machen wollte oder was auch immer seine Beweggründe waren – meine waren es nicht.

»Ich bin verdammt glücklich mit meinem Leben, wie es gerade ist«, sagte ich. Wie mir die Konditorei fehlt, dachte ich, sagte es aber nicht laut. Die Konditorei konnte ich nicht auf diese Weise hinter mir lassen. Aber ich war voller Zuversicht, dass ich alles bewältigen konnte, was vor mir lag. Zumindest hoffte ich es mit aller Kraft. Auch meine einseitige Verabredung mit Leonhard an einem Ort, den ich nur aus meinem Englischbuch der neunten Klasse kannte.

»Schade«, antwortete Christoph nach einer Weile spitz. Ich legte ihm die Hand aufs Bein und streichelte ihn wie ein Kind.

Christoph bezahlte den Taxifahrer, während ich ausstieg. Staunend legte ich den Kopf in den Nacken. Die Säule mit dem Admiral war so hoch, der Verkehr rund um den Platz toste und trotzdem hörte man die Tauben, die gurrten und in Gruppen aufflogen und sich wieder niederließen. Ohne mich nach Christoph umzudrehen, ging ich in Richtung Säule und setzte mich. Kurz darauf setzte sich Christoph neben mich. Ich blinzelte in die Sonne. So saßen wir geschlagene zwei Stunden schweigend nebeneinander. Dann fand uns Leonhard. Er stand plötzlich wie aus dem Boden gewachsen vor uns. »Mama«, rief er gegen den Lärm der Stadt, »Papa! Das ist doch total irre!«

Ich stand auf und nahm ihn in die Arme. Er begann zu weinen und hörte eine ganze Weile nicht auf. Danach umarmte er auch Christoph und schließlich gingen wir gemeinsam in eine Starbucks-Filiale in der Nähe und redeten. Leonhard würde nicht zurückkommen, nicht sofort. Die größere Überraschung war, dass Christoph für einige Zeit bei ihm bleiben wollte. »Ich habe mir einen Monat unbezahlten Urlaub genommen.« Er lächelte mich scheu an und ich erkannte wieder den Mann, der mir einmal viel bedeutet hatte. Dann sagte er zu Leonhard: »Eigentlich wollte ich mit Fabienne noch mal Urlaub machen, bevor das Baby kommt. Aber ich denk mal, sie wird verstehen, wenn ich davor noch mit dir Richtung Schottland fahre.« Er machte eine kurze Pause, vielleicht für Einwände. »Also, wenn du das noch willst.« Leonhard lachte leise in sich hinein und wippte in seinem Sessel. »Was meinst du?« Leonhard nickte stärker und Christoph fuhr ihm kurz durchs Haar.

Wir lächelten uns einen Moment zu, Christoph und ich. »Und du? Wann willst du zurückfliegen?«, fragte er mich. Ich würde eine Nacht bleiben, entschied ich, und das tat ich dann auch. Christoph brachte uns alle in einem Hotelkettenhotel am Lancaster Gate unter. Es hatte eine elegante, blaue und verspiegelte Bar, aber Leonhard und ich verbrachten den Abend in seinem geräumigen Zimmer, aßen Shortbread und redeten und redeten. Über früher, über jetzt und über das, was kommen könnte.

SÜSSES GEHEIMNIS

Ein Teil von mir hatte schon am Tag zuvor zurückfliegen wollen und nicht erst an diesem Sonntag. Es gab etwas zu erledigen für mich.

Ich konnte die Konditorei nicht hinter mir lassen, nicht auf diese Weise. Mochte Sven unseren Nachmittag bereuen, mochte er hundertmal verheiratet sein, ich wollte Konditorin werden und ich wollte es von ihm lernen. Ich machte Fehler, ich stürzte, aber ich stand gefälligst auf und ging weiter! Vom Flughafen aus fuhr ich nach Hause, um mein Fahrrad zu holen. Das würde nicht die einfachste Aufgabe meines Lebens werden, aber ich war so sicher, wie ich es selten gewesen war, dass es das Richtige war.

Vorher musste ich in die Wohnung. Noch gab es »Torten nach Maß« und für den heutigen Nachmittag hatte ich einen Auftrag, den ich trotz Krankenhausrückkehr nicht abgelehnt hatte. Ehe ich zum Rüdesheimer Platz fuhr, musste ich hören, ob neue Aufträge eingegangen waren. Es erschien mir wichtig für mein Gespräch mit Sven, so als würde meine Bitte dann mehr Gewicht haben.

Der Anrufbeantworter blinkte tatsächlich. Außer zwei Anfragen war es auch Kirsten, die um einen Rückruf bat. Sie ging beim zweiten Klingeln ans Telefon und klang nach schlechtem Gewissen. Warum zum Teufel sollte sie ein schlechtes Gewissen haben?

»Rainer, also Rainer, den du bei Doublecheck kennengelernt hast ...«

Ich fiel ihr ins Wort, ich wollte schneller mein schlechtes Gewissen erleichtern als sie.

»Kirsten, ich habe mich von Doublecheck abgemeldet. Es tut mir leid!«

Einen Moment lang schwieg sie.

»Kann ich zuerst sagen, was ich sagen wollte?«

»Klar«, antwortete ich unsicher. Was war denn los?

»Rainer«, begann sie wieder. »Ich mach es kurz. Wir haben uns kennengelernt. Also richtig gut kennengelernt, du weißt schon! Es tut mir so leid! Es tut mir so schrecklich leid! Das hätte nicht passieren dürfen. Ich weiß das! Du bist wichtiger als Rainer, natürlich bist du das!«

Sie redete und redete und ich verstand immer weniger.

»Du meinst, Rainer, der so gut kochen kann?« Das Hasenkostüm fiel mir erst als Zweites ein und ich freute mich über mich, es fühlte sich nach den richtigen Prioritäten an.

Am anderen Ende klickte ein Feuerzeug. »Mhm! Genau der!« Und dann erzählte Kirsten die ganze Geschichte. Wie sich die beiden vor meiner Haustür getroffen hatten. Wie beide gleichzeitig meinen Klingelknopf drücken wollten. Wie ich nicht geöffnet hätte und sie ins Gespräch gekommen seien. Wie sie schließlich in ein Café gegangen seien, weil beide Zeit hatten, weil ich nicht da gewesen war.

»Das soll gar keine Entschuldigung sein!«, beeilte sich Kirsten zu sagen.

»Hey«, versuchte ich ihren Erklärungsschwall zu stoppen. »Kirsten! Das ist völlig in Ordnung!«

»Echt?«, fragte sie.

»Völlig in Ordnung«, wiederholte ich. »Ich habe mich bei Doublecheck abgemeldet«, kam ich auf meine eigene Beichte zurück.

»Warum, was ist los?« Kirsten klang gar nicht empört oder verärgert oder enttäuscht.

»Ich kann das gerade nicht erklären«, sagte ich, »ich muss dringend etwas erledigen. Danach ruf ich dich an und wir reden. Ja?«

Nachdem ich aufgelegt und mich umgezogen hatte, lief ich hinunter, um mein Fahrrad aus dem Keller zu holen. Als ich es gerade über die Türschwelle schleppte, erwischte mich Maczeyzek.

»Frau Scheibe!« Er betonte das »Frau« auf seine übliche Art. »Das Gesundheitsamt steigt uns aufs Dach!« Ich erschrak. Es war geschehen, was ich die ganze Zeit befürchtet hatte. Dann schüttelte ich innerlich den Kopf – das Gesundheitsamt würde mir sicher nicht ausgerechnet über Maczeyzek wichtige Informationen zukommen lassen. »Worum geht es?«, fragte ich daher halbwegs gefasst. »Sie können doch nicht Torten im Treppenhaus aufbewahren!«, fuhr er fort. Ich starrte ihn verständnislos an. »Ja, Sie haben sich schon gefragt, wo die Torte geblieben ist, was? Sie ist bei mir!« Ich starrte weiter. Ich hatte mich nichts dergleichen gefragt. Von was für einer Torte sprach er? Er hob den Finger. »Sie möchten die Torte zurückhaben, was?« Er drehte sich um und verschwand in seiner Erdgeschosswohnung. Als er zurückkehrte, trug er eine Torte in einer halb durchsichtigen Transportbox. Was war das für ein Rätsel?

»Kann ich das Fahrrad kurz stehenlassen?«

»Nur kurz!«, gestand er mir zu. »Und schließen Sie es ab! Wir leben in gefährlichen Zeiten!«

In der Wohnung nahm ich vorsichtig den Deckel ab. Darunter kam eine halbkugelförmige Torte zum Vorschein. Sie war unverziert und nur mit dunkler Creme umhüllt. Kurz überlegte ich, ob sie von Sven stammte, aber wäre sie dann nicht aufwendiger gewesen? Doch wer sollte mir sonst eine Torte schicken? Nachdem ich eine ganze Weile ratlos vor der Torte gestanden hatte, beschloss ich, sie anzuschneiden. Dann würde ich mit Sicherheit wissen, ob sie von einem Profi oder von einem Amateur stammte. Ich korrigierte mich. Dann würde ich mit Sicherheit wissen, ob Sven sie gebacken hatte.

Die Schneide des langen Messers fiel in einen Hohlraum und ich lachte auf. Es war eine Torte von Sven und sie war der Beweis:

Man konnte eine hohle Torte bauen, in der sich etwas verbergen ließ. Ich schnitt ein ausreichend großes Stück heraus, um einen freien Blick hinein zu haben. Vorsichtig fischte ich den Playmobilkonditor aus dem Inneren. Er hielt eine winzige Papierrolle in der Hand. Mit klopfendem Herzen rollte ich das kleine Ding auseinander. Darauf stand: »Wir werden das Schild in ›Konditorei Kotte und Scheibe‹ ändern, wenn du nur wiederkommst«.

Keine Viertelstunde später schloss ich mein Fahrrad am Rüdesheimer Platz an. Nicht vor der Konditorei – plötzlich schlug mein Herz wie verrückt. Eine Weile blickte ich ratlos quer über den Platz, dann ging ich langsam hinüber, in meinem Kopf ein einziges Chaos. Als ich gerade zur Hintertür schleichen wollte, erblickte mich Wanda durch das Schaufenster. Sie kam hinausgelaufen und rief: »Nina! Endlich bist du zurück!« Sie war grell geschminkt wie immer und mir wurde ganz warm ums Herz. »Hat er was über mich gesagt?«, fragte ich nach einer ausführlichen Begrüßung mit einem Nicken in Richtung Durchgang. Sie grinste schief. »Ich hab was gesagt«, antwortete sie. »Es ging ihm richtig schlecht, nachdem du weg warst. Und dass seine Frau gekommen ist, hat es nicht gerade besser gemacht.« Sie blickte in Richtung Laden. »Ich muss zurück. Ich hab Kundinnen.« So konnte ich sie unmöglich gehen lassen, also folgte ich ihr.

»Ich hab nicht gewusst, dass er eine Frau hat!«

»Hat er eigentlich auch nicht«, sagte Wanda über die Schulter, »sie haben sich schon vor Monaten getrennt. Keine Ahnung, warum.«

Die Ladenklingel läutete. Wanda entschuldigte sich und schlüpfte wieder hinter die Theke. Ich stellte mich so, dass ich nicht im Weg war, und versuchte weiter, mir einen Reim auf die ganze Sache zu machen. »Wohnt sie jetzt wieder hier?«, fragte ich irgendwann. Wanda kassierte von einer älteren Dame mit Hut, drehte sich dann zu mir und schüttelte nachdrücklich den Kopf. »Sie hat eine ganze Himbeersahnetorte gekauft und beim

Bezahlen gesagt, die Torten jedenfalls werde ich vermissen. Ich hab natürlich gefragt.« Wanda bediente ein Paar, das sich lang nicht einigen konnte, ob sie vier oder fünf Stücke kaufen sollten und ob ihre Bekannten irgendwelche Unverträglichkeiten hätten oder nicht. »Und sie meinte«, fuhr Wanda fort, als hätte es keine Unterbrechung gegeben, »sie zieht aufs Land. In die Nähe von Heidelberg.« Eine Frau in meinem Alter kaufte eine Packung Kekse. Fast hätte ich mich eingemischt und ihr die Sorte daneben empfohlen. »Er«, Wanda machte eine Kopfbewegung Richtung Keller, »er war jedenfalls in den Tagen danach ziemlich aufgeräumt. Ich dachte, er würde am Boden zerstört sein. Ich dachte, er wollte sie die ganze Zeit wiederhaben.« Ein Mann im Anzug wollte wissen, in welchen Torten kein Alkohol enthalten sei. »Nach einer Woche kam er dann und druckste ziemlich herum«, fuhr Wanda fort. »Und dann fragte er mich, ob ich deine Adresse hätte.« Sie sah mich schuldbewusst an. »Ich hätte dich fragen müssen, ob ich sie ihm geben darf, oder?« Mein Gesichtsausdruck schien sie zu beruhigen, denn ehe ich etwas sagen konnte, fügte sie hinzu: »Er hat gesagt, er hätte eine Torte für dich gebacken und wollte sie dir bringen.« Wanda sah mich fragend an. »Hat er?« Ich nickte. »Deswegen bin ich hier.« »Na dann! Er ist unten, obwohl Sonntag ist.« Wanda machte eine einladende Handbewegung Richtung Keller und grinste verschmitzt.

Ich lächelte zurück, trat hinter die Theke und ging von dort aus Richtung Kellertreppe. Mein Herz schlug schwer, als ich die Treppe hinunterstieg.

»Ich bin da«, sagte ich, auf der untersten Stufe angekommen.

Svens Gesicht leuchtete auf, als er den Kopf hob und mich ansah. »Du«, sagte er und ich musste lächeln, weil er immer noch an Worten sparte, wo er konnte. Das konnte gern so bleiben, wenn er mich dabei so anblickte. Ich sah ihm an, dass er Angst gehabt hatte. Ich sah ihm an, dass sie vorüber war.

»Ich kann nicht mit auf das Schild, wenn ich keine Ausbildung habe«, fiel ich mit der Tür ins Haus.

»Gut«, nickte er.

»Aber danach will ich es.« Ich konnte laut aussprechen, was ich wollte, es machte mich beinahe schwindelig.

»Gut«, wiederholte er. Dann hatte er mich erreicht und nahm mein Gesicht in beide Hände. »Wenn du nur bleibst«, sagte er rau, dann küsste er mich.

DANKSAGUNG

Dieses Buch hätte nicht entstehen können ohne die Hilfe vieler wunderbarer Menschen:

Nils Heinrich hat mich mit Informationen aus seinem früheren Leben als Konditor versorgt und meine Mutter und Thomas M. Schimmel haben mir wichtige Rückmeldung zur ersten Manuskriptversion gegeben. Die Mitglieder des Salons in Konradshöhe, Thilo Bock, Kirsten Fuchs, Manfred Maurenbrecher, Robert Rescue, Sarah Schmidt (die sich im Speziellen mit dem Buchanfang herumgeschlagen hat), Volker Surmann (dem ich außerdem die Neuausgabe verdanke), Michael-André Werner und Frédéric Valin haben mit jeder Menge Humor und Langmut mein Schreiben begleitet. Von Ulrike Benz habe ich das Mooskuchenrezept geschenkt bekommen und Burkhard Matthias hat mich mit großem Optimismus über die Ziellinie gebracht. Ohne Valentin Tritschler von der Agentur Elisabeth Ruge hätte das Buch nicht zu Esther Böminghaus von dtv gefunden, die gemeinsam mit Alice Huth der ersten Auflage den letzten Schliff gegeben hat.

Die Neuausgabe ziert glücklicherweise ein fabelhaftes Coverfoto von Susanne M. Riedel.

Am allerallermeisten bin ich Heike Pelchen dankbar, die mit ungeheurem Sprachgefühl und Einfühlungsvermögen und mit endlos viel Zeit und Geduld die entscheidende Version durchgearbeitet hat. Ohne sie wäre das alles nichts geworden.

Von Euch allen fühle ich mich maßlos beschenkt.

Daniela Böhle, November 2022